中国式现代化
德州实践教学案例选编

ZHONGGUOSHI XIANDAIHUA
DEZHOU SHIJIAN JIAOXUE ANLI XUANBIAN

本书编写组◎编

中央党校出版集团

国家行政学院出版社
NATIONAL ACADEMY OF GOVERNANCE PRESS

图书在版编目（CIP）数据

中国式现代化德州实践教学案例选编 / 本书编写组
编 . -- 北京：国家行政学院出版社，2024. 10.
ISBN 978-7-5150-2953-5

Ⅰ . D675.23

中国国家版本馆 CIP 数据核字第 2024BX9125 号

书　　名	中国式现代化德州实践教学案例选编	
	ZHONGGUOSHI XIANDAIHUA DEZHOU SHIJIAN JIAOXUE ANLI XUANBIAN	
作　　者	本书编写组　编	
责任编辑	陈　科　曹文娟	
责任校对	许海利	
责任印制	吴　霞	
出版发行	国家行政学院出版社	
	（北京市海淀区长春桥路 6 号　　100089）	
综 合 办	（010）68928887	
发 行 部	（010）68928866	
经　　销	新华书店	
印　　刷	北京九州迅驰传媒文化有限公司	
版　　次	2024 年 10 月北京第 1 版	
印　　次	2024 年 10 月北京第 1 次印刷	
开　　本	170 毫米 × 240 毫米　16 开	
印　　张	22.25	
字　　数	275 千字	
定　　价	68.00 元	

本书如有印装质量问题，可随时调换，联系电话：（010）68929022

编 委 会

主　　编：武恩智

副 主 编：王江红　杨晓玲

编委成员：赵春澄　况明珊　陈　宁

前　言

　　道不可坐论，理不能空谈。习近平总书记强调指出，学习党的创新理论的目的全在于运用。各级干部要发扬理论联系实际的马克思主义学风，自觉掌握运用好党的创新理论这一强大思想武器，紧紧围绕以中国式现代化全面推进强国建设、民族复兴伟业这个中心任务，持续解决制约高质量发展问题、群众急难愁盼问题、党的建设突出问题，有效防范化解重大风险，创造性开展工作，不断把党的二十大描绘的宏伟蓝图变成美好现实。

　　为了认真学习贯彻习近平总书记重要指示批示精神，全面落实《干部教育培训工作条例》《全国干部教育培训规划（2023—2027年）》，发挥为党育才职能作用，加强案例式教学和案例库建设，中共德州市委党校（德州市行政学院）联合市内各级党校，组织优秀师资、深入基层一线，聚焦鲜活经验、精心筛选案例，经过扎实调研、不断修改打磨，编写了《中国式现代化德州实践教学案例选编》一书。

　　该书涵盖高质量发展、营商环境、乡村振兴、文化传承、社会治理、民生工作、自我革命七大领域，集中展示了全市推进和拓展中国式现代化的生动实践，这有助于广大学员和全市各级领导干部学习、理解和运用党的创新理论，进一步提高推动高质量发展、服务群众、防范化解风险的能力和本领。

目录
Contents

01 高质量发展

架起小农户与现代农业发展有机衔接的桥梁

    ——齐河县农业社会化服务发展的新样板 …………………… 003

向"新"而行,锂钠电产业串珠成链

    ——庆云县特色能源产业转型升级之路 …………………… 019

乐陵市关于加快体育产业链发展,打造体育名城引领区的

    创新实践 ………………………………………………………… 032

乐陵市关于实施"乐快"工程,打造乡村振兴样板的

    创新实践 ………………………………………………………… 046

宁津县关于全域数字化集成改革的创新实践 ………………… 059

02 营商环境

禹城市深化政府采购流程再造 持续优化营商环境 …………… 069

武城县实施"一业一证"改革的创新实践 …………………… 079

齐河县以高质量标准化工作助力营商环境持续优化 ················· 093

乡村振兴

扛牢粮食安全大旗，筑牢乡村振兴基石

    ——齐河县"吨半粮"产能创建的实践探索 ················· 107

实施"雁归工程"，回引优秀人才当"村官"

    ——乐陵市回引优秀人才到村任职的探索与实践 ········· 123

守护文化根脉，留住记忆乡愁

    ——德州市实施乡镇村志文化工程，推进乡村文化振兴的

       探索与实践 ··· 138

打造宜居宜业和美乡村的蝶变之路

    ——临盘街道前杨村的经验启示 ····················· 151

探索底线工作机构整合的创新实践

    ——以夏津县宋楼镇为例打造乡镇安全发展共同体 ····· 166

文化传承

德州市深入挖掘大运河文化内涵的创新实践 ················· 181

德州梁子黑陶的创造性转化、创新性发展实践探索 ········· 197

社会治理

德州公安执法规范化建设创新实践·······················213

打通城市社区治理"最后一公里"的齐河探索·······················229

防止返贫监测帮扶与过渡期后低收入人口常态化帮扶衔接

  并轨的路径探索·······················245

"闭环管理":武城县创新构建舆情应对机制的实践与启示·············262

民生工作

推进紧密型医共体建设 提高县域医疗服务水平·····················277

新风公益"小基金"撬动城乡"大文明"

  ——"平原好人"新风公益基金实施过程中的经验做法启示·········289

依托智能化管理平台,点亮"武爱相伴"分散供养照料服务品牌·········302

自我革命

为政治生态精准"画像"

  ——德州市开展政治生态分析研判的创新实践·················315

创新领导干部述法机制 推动县域法治建设走深走实

  ——以禹城市法治建设创新实践为例·····················330

高质量发展

架起小农户与现代农业
发展有机衔接的桥梁 *

—— 齐河县农业社会化服务发展的新样板

"大国小农"的基本国情、农情，决定了未来很长时期内以家庭承包经营为基础、统分结合的双层经营体制仍需长期坚持并不断完善。为了更好地扶持小农户，提升小农户发展现代农业能力，加快推进农业农村现代化，为全面推进乡村振兴和农业强国建设奠定坚实的基础，2018年9月20日中央全面深化改革委员会第四次会议审议通过了《关于促进小农户和现代农业发展有机衔接的意见》。习近平总书记在党的十九大报告中也明确提出要实现小农户和现代农业发展的有机衔接。党的二十大再次强调，要"巩固和完善农村基本经营制度，发展新型农村集体经济，发展新型农业经营主体和社会化服务，发展农业适度规模经营"。齐河县作为山东超级产粮大县，在培育农业社会化服务组织、促进小农户与现代农业发展有机衔接方面作了许多有益尝试，积累了许多宝贵经验，值得我们学习和借鉴。

一、背景情况

当前，我国仍处于社会主义初级阶段。"大国小农"的基本国情，

---

* 本案例由中共德州市委党校（德州市行政学院）经济学教研部讲师郭明亮撰写。

人多地少的资源禀赋以及数千年的农耕文化，决定了我国农业生产的基本格局颇具中国特色。"人均一亩三分地、户均不过十亩田"是全国各地农业发展的真实写照。由于我国农户生产经营规模小，生产标准化水平低，产品交易成本高，抵御市场风险和自然灾害风险的能力较弱，小规模生产与大市场之间的矛盾相当突出，亟须建立健全社会化服务体系，引领带动小农户应对市场迅速变化，减少自然灾害给农民造成的风险。

加快改造传统农业、建立健全适合现代农业发展的体制机制、积极培育壮大农业经营主体是新时期农村改革与发展的基本方向和农业农村经济发展的主要任务，是实施乡村振兴战略的前提条件和重中之重。为适应农业农村发展需求，党的十七届三中全会提出，加快构建以公共服务机构为依托、合作经济组织为基础、龙头企业为骨干、其他社会力量为补充，公益性服务与经营性服务相结合、专项服务和综合服务相协调的新型农业社会化服务体系。党的十八大报告中明确提出要构建集约化、专业化、组织化、社会化相结合的新型农业经营体系。党的十九大提出要促进小农户与现代农业的有机衔接。党的二十大提出要巩固和完善农村基本经营制度，发展新型农业经营主体和社会化服务。大力发展农业社会化服务已成为全党全社会的重要共识。

齐河县位于德州市最南端，与省会济南隔黄河相望，是山东新旧动能转换先行区的重要"西翼"，总面积1411平方公里，常住人口62.1万人，其中农业人口50万人。齐河县拥有耕地面积126万亩，粮食生产功能区89.3万亩，常年粮食种植面积达220万亩以上，粮食总产量保持在22亿斤以上，素有"鲁北绿色黄河粮仓"之称，是山东省4个20亿斤超级产粮大县之一，七年蝉联全国粮食生产先进单位。

随着工业化、城镇化的快速推进，齐河县自1998年起陆续有农民进城打工，到目前全县大约有6万名农业青壮年劳动力转移到收入更高的二三产业，留在农村的主要是老人、妇女和儿童，导致务农人员老龄化严重，体力偏弱，科技文化水平低，一家一户办不了、办不好、办起来不合算的事越来越多。"谁来种地、怎么种地、怎么增效"成为制约齐河县现代农业发展的瓶颈，如何有效发挥齐河县粮食生产功能区的作用，为保障国家粮食安全作出自己的贡献也成为县乡两级党委政府思考的主要问题。

2008年，齐河县社会化服务组织初期主要是农机服务合作社。自2013年起，齐河县委、县政府将农业社会化服务作为破解现代农业发展的重要举措，大力发展农业社会化服务组织，通过周到便利的农业社会化服务，把农户经营引入现代农业发展轨道。当年，推动成立了山东齐力新农业服务有限公司，全县社会化服务组织达到168家，社会化服务组织发展迈入快车道，多种形式的农业生产经营性服务组织蓬勃发展，构建起覆盖全程、综合配套、便捷高效的社会化服务体系。目前，齐河县农业社会化服务体系已经成为现代农业经营体系的重要内容，在更高层次上改善农村生产关系，最大限度地激发农村发展活力和农业发展潜力。齐河县在农业社会化服务领域内的探索取得了积极成效，成为助力脱贫攻坚和全面推进乡村振兴战略实施的重要举措，国家、省部级领导多次来齐河县视察指导，对有关工作给予充分肯定。2019年全国农业社会化服务工作现场推进会在齐河召开。

二、主要做法

近年来，齐河县从队伍建设、服务标准、政策保障三个方面着手，大力培植农业社会化服务组织，不断完善农业产前、产中、产后全方位服务，健全社会化服务体系，为推动农业转型升级、加快乡村振兴提供了有力支撑。

（一）建队伍，让社会化服务有人干

建立健全新型农业社会化服务体系，为农民提供全方位的生产经营服务，首先要打造一支社会化服务队伍。齐河县组建服务队伍的类型有以下几种。

1. 引入企业资本形成的农业社会化服务队伍

这种模式主要是撬动涉农企业资本，利用与农业相关联的资源优势，扶持其发展为社会化服务龙头企业，该类队伍具备服务模式成熟、服务机制灵活、服务水平较高的优势。通过政府项目引导，公司为农业经营主体提供全程服务，充分发挥其服务带动作用。例如，山东省绿士农药有限公司依托高科技的植保技术和安全环保稳定的农药生产技术，设立了齐力新农业服务有限公司，成为企业资本下乡助推"三农"发展的明星企业。齐力新农业服务有限公司与附近15家农机植保专业合作社建立了长期的农业社会化服务网络关系，以专业化、标准化为目标，给农户提供农业生产服务，并于2018年率先通过了山东省省级标准化试验项目验收。公司现有员工378人，季节性用工1000人，配有植保、耕种、收获等农业机械设备496台（套），耕播日作业能力达到2000亩以上，植保日防治能力达到3万亩以上。齐力新以"公司＋合作社＋农户"的形式，建立完善农业社会化服务网络，对种植大户、种植合作社和整村制的农户进行代耕、代播、代管、代收及培训的全方位农业服务，受到了农户的一致好评。目前接受服务的农户达到3.3万户，服务面积达到28万亩。

2. 运用"合作社＋村两委＋农户"模式培育的生产服务型合作社

该模式为合作社与村两委联系沟通，通过村两委联系小农户了解生产需求，是单一的生产资料供应、农机作业，还是耕种收管一条龙服务，然后制定服务套餐，达成初步合作意向，由合作社制定精准服务方案，双方认可后签订合同，按照合同开展农业生产托管服务。村两委在中间起到了桥梁和纽带的作用，将合作社与农户串联起来，使小散农户的分散经营转变为规模化经营。齐河县依托该类合作社主要通过三种模式为农户提供农业社会化服务。

一是全程托管服务模式。这种模式是由村两委组织农户带地入社，由合作社出资组织生产经营。在生产管理上，由合作社进行土地整合、成方连片、满足大型机械的作业条件，统一制订生产计划、统一机械作业、统一采购生产资料、统一进行产品销售，有效降低生产成本，增加社员收入。根据目前的运行成本来计算，群众入社前，每年每亩小麦生产需要投入成本495元，玉米生产需要投入成本380元，共875元；入社后，每年每亩小麦生产需要投入成本404元，玉米生产需要投入成本310元，共714元。一年下来，每亩可节省161元，生产成本降低了19%。同时，每亩地每年可减少农药、化肥支出20%以上。在收益分配上，实行"上不封顶、下不保底""风险共担、利益共享"原则，扣除前期合作社垫付的各项生产成本后，按照6∶94的比例进行分配，将净利润的6%用作土地管理服务费，其余94%作为社员分红，形成了合作社与入社群众的利益共同体，强化了社员的主人翁意识。齐河县乡土丰利农机服务合作社采用的就是这种模式，2018年9月设立初期入社群众230名、土地530亩，通过近几年的实践探索，新增入社群众1600多名、土地4800多亩。

二是"菜单式"托管服务模式。这种模式是指合作社与村两委签订服务合同，根据农户需求制定个性化服务清单，通过统一采购生产资料、统一实施机械化作业等环节的服务，有效降低了农户的生产成本。目前，齐河县大黄乡德春粮食种植专业合作社已与8个村建立了稳定的托管服务关系，托管土地6930亩，为下一步实现全程托管奠定了基础。

三是公益性与经营性相结合服务模式。这种模式是指合作社通过政府招标实施生产托管服务项目，与项目区的村两委联合起来，共同做好项目实施工作，让小农户享受国家惠农项目带来的收益。例如，2020年，齐河县获批11万余亩、700多万元的中央财政农业生产托管补助资金项目，项目区农民享受到了秋季生产30%的作业服务费用资金补助，每亩能够节省60元，由齐河县大黄乡甄桥农机服务合作社等7家服务组织共同实施。通过招投标参与政府采购服务，生产托管服务切实让小农户得到了实惠。

3. 围绕小散农户培植的"抱团发展式"农民专业合作社

这种模式是由有意愿、有需求的农民社员自愿联合、自我发展，通过全体社员按照"民办、民管、民收益"的原则，发展起来的一类服务队伍，围绕社员在农业生产产前、产中、产后各环节，提供专业化的专项服务和全方位的综合服务，实现了抱团滚动式发展。例如，齐河县金穗粮食种植专业合作社，现已发展入社户数2050余户，覆盖胡官屯镇70个村庄的60000余亩耕地，目前全程托管服务面积20000亩，当年作业服务达到40万亩次。

齐河县金穗粮食种植专业合作社以服务本社社员、种粮大户为切入点，引领带动小散农户共同步入现代农业发展道路。采取"公司+合作社+农户"的模式，先后与鲁研公司、聊城市种子公司等企业合作，2019年签订小麦良种繁育合同，面积达到6000亩；引领带动种植结构调整，发展订单酒用高粱生产，面积达到1000余亩；发展特色黑小麦种植，并实现了"三产融合"，合作社加工生产的黑小麦面粉深受市场欢迎。

在生产经营活动中，齐河县金穗粮食种植专业合作社发挥了主体作用，对各类经营主体和小散农户开展全程托管服务或"菜单式"托管服务。在不流转经营权的前提下，有效地整合了小散农户的土地，实现了规模经营、规模效益。周边村庄群众纷纷把土地交给齐河县金穗粮食种植专业合作社托管。

在服务对象上，以小散农户为主，占到全部社员的90%以上，少的有两三亩地，多的有八九亩地。在服务方式上，聚焦大事、难事，重点围绕生产资料采购、植保、耕种等关键环节，提供"菜单式"服务，其余环节由农户自行打理，干小活儿、干零活儿。在服务措施上，产前，每村选定一名种地能手作为服务站长，及时反馈农户需求；产中，根据农户需求，统一提供深耕整地、宽幅种肥同播、病虫害统防统治、节水灌溉等服务，当好贴心"保姆"、生产管家；产后，对接农产品加工企业、良种公司，多元化拓宽销售渠道，延伸产业链条，提高农产品附加值，通过这些措施，有效缓解了小散农户种地难、成本高、收益低等实际问题。

在服务成效上，可概括为"三减两增一满意"。"三减"：一是通过直接在生产厂家集中采购农业生产资料，减少了中间流通环节，压减了投入成本；二是通过标准化统一作业生产，减少了种植管理成本，按照小麦、玉米两季测算，两项加起来，农户每亩地比原来自主管理可减少生产成本217.5元，降低了22.3%；三是减少农药、肥料施用量，降低投入成本，保护生态环境。"两增"：一是增加亩均单产效益，比如，通过订单模式，将小麦卖给种子企业，每斤比普通小麦高出0.12元，按照亩均单产1100斤，仅此一项每亩就可增收132元；二是增加群众收入，比如，40多户带机入社的农机手，通过参与合作社对外托管服务，每年平均增收2万元。周边有劳动能力的贫困户，不仅可以享用免费农资，而且通过参与合作社服务，每年可获得打工收入26000元，没有劳动能力的贫困户，每人每年无偿享受合作社分红1500元左右。"一满意"：通过以上措施，得到了农户认可，农户纷纷寻求与合作社合作。

4. 农村基层党支部领办的服务型合作社

该模式是充分发挥基层党组织强有力的凝聚力、向心力作用，由党支部引领，把小农户、零散土地集中起来，整合机械装备、劳动力，统一采购生产资料、统一种植管理、统一销售农产品，在农业提质增效的同时，实现了村集体增收。比如，刘桥镇西杨村年丰粮食种植专业合作社就是典型代表，合作社成立于2013年9月，由37名成员发起并组成，建社初期发展社员77人，入社土地818亩。经过一年的发展，2014年入社户数达312户，入社土地达3306亩，全村入社率达100%。党支部引领，合作社发挥主体作用，在合作社的运营下，全村土地实现统一技术指导和服务、统一良种供应服务、统一测土配方肥供应服务、统一药品有机肥供应服务、统一深耕服务、统一播种服务、统一机收服务、统一病虫草害防治服务的"八统一"，形成了从种到收的链条模式，方便了群众、实惠了群众。党支部发展实体合作社，依靠的是党支部的公信度，支部挑头，企业信任，企业与农户不直接打交道；利用支部的凝聚力创办合作社，形成规模化效益，改变原来群众单打独斗的情况，引得来企业、抓得住政策，最终受益的是企业和农户双方，集体从中获得受益，结果是三赢的局面；村集体有收入了，农户得到实惠了，企业放心了，最终提高了党支部的影响力、公信力，凝聚了人心，形成了一个良性的循环，既有利于党支部开展工作，又有利于促进村庄的快速发展。通过合作社的运营，全村每年收入达124.4万元。

截至目前，齐河县已培育各类服务主体2900多个，粮食种植综合托管率超过90%，年社会化服务面积900万亩次。

（二）立标准，让服务组织知道怎么干

农业社会化服务面向众多小农户，涵盖不同的作物和技术，如果无"标"可依，将会影响其健康发展。齐河县积极制定农业社会化服务标准，让农业社会化服务主体有"标"可依，保证了服务质量。

在政府层面上，经过多年探索，逐步建立起有齐河特色、能借鉴、可推广的农业社会化服务标准。2015年在全国率先制定了《山东省齐河县小麦、玉米质量安全生产标准综合体县市规范》《山东省齐河县小麦、玉米生产社会化服务标准综合体县市规范》，顺利通过国家相关单位专家的评审，并向全国发布，这是全国首个粮食安全生产和农业社会化服务标准综合体的县（市）规范，被《农民日报》头版进行了专题报道。两大标准严格执行小麦、玉米生产的水质、大气、土壤、耕作、管理、科技、农药使用、肥料选择、社会化服务等农业标准规范，确保农业全过程绿色、高质、高效生产。目前，齐河县80万亩粮食绿色高质高效示范区内测土配方施肥、绿色植保、小麦宽幅精播、深耕深松、机械收获等关键技术落实率达到100%。2022年齐河县以优秀等次高分通过了全国第四批农业社会化服务标准化试点项目建设。

在服务组织层面上，鼓励龙头服务企业建立更加严格、标准更高的企业服务标准。胡官屯镇金穗粮食种植合作社在开展农业生产服务过程中，拟订好服务合同，注明各个服务环节的作业标准。例如：玉米病虫害防治环节，严格执行相关农药安全使用规范，正确调配药剂，使用直升机和无人机飞防，利用地面远程喷雾设备补防，病害防治效果在80%以上，虫害防治效果在90%以上；玉米机收环节，明确作业质量相关规定，籽粒损失率≤2.0%、果穗损失率≤3.0%、籽粒破损率≤1.0%、切断长度合格率98%、割茬高度≤10厘米；深耕环节，要求耕深达到28厘米以上，耕深一致，耕深稳定性≥85%，碎土率≥50%。

齐力新农业服务公司与山东省农科院、山东农业大学、山东农业工程学院等合作，制定科学作物种植管理方案。创建了齐力新农业服务公司特有的"6S"服务模式：对合作社社员实行统一农资供应服务标准、统一测土施肥服务标准、统一栽培管理服务标准、统一植保防治服务标准、统一农机作业服务标准、统一烘干收储服务标准。公司在严格执行579项国家、行业、地方标准的基础上，又自主制定了企业标准103项，公司全程化服务标准达到了682项，并于2018年率先通过了省级标准化试点项目验收，成为农业服务行业标准化最全、最细、最精准的服务组织代表。2019年齐力新农业服务公司获得"全省农业生产社会化服务示范组织""全国星级农业服务组织"荣誉称号。2021年12月齐力新农业服务公司入选"全国农业社会化服务试点单位"，服务网络遍及齐河县各乡镇。

（三）强保障，让服务组织有干劲

社会化服务组织的重要性不言而喻，但是在购买农机等设备上投资大，加上面对众多分散的小农户，服务主体的组织成本和作业成本也相对较高，成为社会化服务发展的双重制约。要发展社会化服务体系建设，需要完善政府支持政策体系，帮助社会化服务组织做大做强。近年来，齐河县不断加大扶持力度，对于推动社会化服务快速发展发挥了重要作用。

1. 强化公益性服务保障

齐河县不断健全完善基层公共服务网络，按照"职能明确、人员到位、力量匹配、业务规范、服务有力"的建设标准，积极推进基层公共服务机构建设，全县15个乡镇（街道）均建立了农技站、水利站、粮食综合服务中心等公益性服务机构，形成了"县有技术专家、乡有技术指导员、村有科技示范户"的三级农技服务网络。

2. 强化政策扶持保障

出台了《关于加快农业社会化服务体系建设的实施意见》《关于支持农民合作社发展的实施方案》《关于促进新型农业经营主体发展的实施意见》，多措并举全力支持农业社会化服务体系建设。对提供粮食生产托管服务、有一定规模、验收合格的合作社，给予30万～50万元的补助；县财政每年发放农机补贴2000万元以上。新评定为市级示范社，奖励2万元；新评定为省级示范社，奖励5万元；新评定为国家级示范社，奖励10万元；各级扶持政策优先向示范社倾斜。另外，对各级示范社中运营规范、带动农户增收明显、助推产业振兴作用突出的予以重奖，合作社以提供生产性服务为主要内容的服务型合作社，年累计服务面积达到20万亩次以上的给予1元/亩的奖补，最高奖补20万元。

3. 强化项目扶持保障

整合农业综合开发、小农水等涉农项目资金，向新型农业经营主体倾斜，对"小麦一喷三防""玉米一防双减"等服务项目，通过政府购买服务方式组织实施；对百亩以上的种粮大户，在农机具购置补贴、良种补贴等方面给予倾斜；对辐射带动能力强、服务运作规范的社会化服务组织，优先安排实施农业项目。在金融服务方面，自2011年以来，全县小麦、玉米农业保险连续9年基本实现全覆盖。作为全省第一批、全市第一家"鲁担惠农贷"试点县，积极出台试点方案及风险补偿办法，给予农民合作社、家庭农场、农机大户等每户10万～300万元额度的无担保、无抵押贷款，累计办理贷款118笔5800多万元，有效解决了各类社会化服务组织融资难、融资贵等问题。

在人才和技术支持方面，设立了支持返乡下乡人员创业基金1000万元，累计培训各类新型经营主体带头人、返乡下乡人员等1.3万余人次，为社会化服务组织提供了有力技术支撑。在法治保障方面，组织公安局、市场监管局、农业农村局等有关部门会同乡镇综合执法办，扎实开展农资打假等专项行动，有效维护了服务组织的合法权益，确保了正常运营。

（四）效果好，社会化服务成效显著

农业社会化服务体系的不断完善，加快了小农户与现代农业发展的有机衔接，激发了乡村内生活力，畅通了城乡要素流动，形成了人才、土地、资金、产业汇聚的良性循环，巩固了基本经营制度，实现了节本增效、农业绿色发展和农业收入增加，保障了国家粮食安全，助推了乡村振兴战略实施。具体来说，实现了"三个受益"。

1. 群众受益

开展粮食生产托管服务，实现节本增效。以2019年本地市场价格测算，每托管1亩土地（每年玉米、小麦两季作物），通过开展产前、产中、产后托管服务，农户每年每亩可节约成本150元左右，社员年均增收20%左右。

2. 生产受益

全县粮食订单种植面积100万亩，2019年全县粮食总产量达到26.5亿斤，2020年夏粮产量达到13.1亿斤，打造了全国标准最高、规模最大的粮食绿色高产创建示范区——农业农村部80万亩粮食绿色高质高效创建示范区，创造了连年粮食稳产高产、优质高效、持续增产的"齐河模式"，成为引领全国粮食生产的一面旗帜，为国家粮食安全贡献了齐河力量。

3. 生态受益

通过开展农业社会化服务，推广现代农业新技术，普及农业新理念，实施农业标准化生产，有效避免了超量施肥、滥用农药的现象，减少了农业面源污染，实现了农药化肥"减量增效"。据统计，通过开展生产托管服务，每亩减少化肥、农药施用量20%～25%，提高利用率40%以上，极大地改善了农业农村生态环境，全县农作物绿色防控水平大大提升，2019年成功入选第二批国家农业绿色发展先行区。2022年齐河县成功入选省级现代农业强县、农业绿色发展先行县。

三、经验启示

（一）主要经验

1. 政府支持、政策推动

在政策扶持上，自2012年起，齐河县相继制定出台了《齐河县农业发展奖扶政策》《关于齐河县新型农民合作组织（粮食、植保、农机）的奖励扶持办法》《关于加快农业社会化服务体系建设的实施意见》《关于支持农民合作社发展的实施方案》《关于实施乡村振兴战略支持返乡下乡人员创业创新的实施意见》等，以政策推动、多措并举，全力支持新型农业经营主体和农业社会化服务体系建设。在财政资金扶持上，对提供粮食生产托管服务、有一定规模、验收合格的合作社，给予30万～50万元的补助；县财政每年发放农机补贴2000万元以上。对高产创建先进乡镇、优秀种粮合作社、家庭农场进行奖励。近年来，国家在不断加大对农业投入的同时，齐河县每年都拿出专项资金向农业生产倾斜，不断完善农田基础设施，大力提升农业社会化服务能力，从而有效保证了农业的持续发展。9年来，累计落实财政奖补资金近

1.9亿元。

2. 充分发挥新型农业经营主体的示范引领作用

目前，农业现代化的显著特点不是经营规模化，而是服务规模化，即通过社会化服务带动小农户，提升规模经营水平和农业现代化水平。新型农业经营主体不仅是社会化服务主体，同时还是现代农业发展主体、主要农产品供给主体。截至目前，齐河县农村土地流转面积达42.7万亩，占家庭承包耕地面积的33.9%，涉及5.7万农户，占全县农户数的35%。而新型农业经营主体和服务主体也呈快速发展之势，齐河县有农民合作社1927家、家庭农场305家、50亩以上种粮大户685个、社会化服务组织486家，年服务面积480万亩次。新型农业经营主体已经成为引领带动小农户的主要力量，有效实现了小农户和现代农业发展的有机衔接。例如，2020年齐河县的小麦条锈病防治取得了较好的防治效果，就是新型农业经营主体和服务主体充分发挥作用取得的成效。

3. 充分发挥基层党组织在开展农业社会化服务方面的战斗堡垒作用

发挥好基层党组织聚人心、汇合力的作用，利用支部的凝聚力领办合作社，以合作社拓展农业社会化服务凝聚社员向心力。领导班子带头，真正让党员当先锋、作表率，让群众看到党员干部发挥实实在在的作用，带动全体村民入社增收致富。西杨村年丰粮食种植合作社，就是党员带着群众干、做给群众看，联系群众、服务群众的榜样。有了合作社这一平台载体，增强了群众对党员的认同感。西杨村党支部书记李化庄领办创办合作社，先行先试打消群众疑虑，凭着敢闯敢干的劲头、一抓到底的精神，坚定不移地推进合作社发展，走出了一条强村富民的路子，真正让群众在农业社会化服务中得到了实惠。

（二）几点启示

1. 健全农业社会化服务体系是引领小农户步入现代农业发展轨道的重要路径

以小农户为主的家庭经营是我国农业经营的基本面。小农户的大量存在，显现出发展现代农业面临的困难：一是小农户不具有市场优势，存在对接大市场的困难；二是小农户不具有技术优势，先进生产技术应用不足；三是小农户不具备资金优势，农业投入能力不足，例如，耕地整治、灌排系统和机耕道路建设等小农户难以完成；四是小农户不具有规模经营优势，而规模经营是农业取得效益的主要方式；五是小农户种地的热情和经营农业的热情减退。小农户生产和经营面临这些困境，最终形成了"谁来种地，怎样种好地？"的困局。所以，引领小农户步入现代农业发展轨道，健全农业社会化服务体系是首选路径。

2. 健全农业社会化服务体系要顺应市场经济发展的规律

实践证明，发展生产性服务业能够成功破解小农户和新型农业经营主体面临的困境，这是市场经济发展的规律。因为农业生产性服务业集聚了资本、技术和管理等现代农业要素，是高度市场化的社会化大生产，是"专业的人做专业的事"，是农业生产专业化和分工协作的深度发展。通过开展农业社会化服务，帮助农户种地，能够克服小农户在对接市场、技术应用、资金投入、规模经营上的劣势。

3. 健全农业社会化服务体系要发挥政府的关键性作用

建设农业社会化服务体系是一个庞大的社会系统工程，制约因素多，涉及面广，需要多部门参与、多形式并举、多层次推进。以市场需求为导向组织生产，推动产业发展和农民增收。工作中，服务组织之间往往发生"碰撞"，相互影响服务效果，必须由政府来协调和组织，才能逐步健全和不断完善农业社会化服务体系，真正发挥组织和引导农民进入市场的作用。处于发展阶段的服务组织所能提供的服务项目还有较大的局限性，远远不能满足生产力发展的需求，政府干预在相当程度上是做好规划和统筹协调工作，无论对什么样的服务组织，都要引导其在壮大自身经济实力的同时，逐步由单项或多项服务向全程系列化服务乃至综合配套服务发展，加强合作与联合，充分发挥各个服务组织间的优势，互补短板、共同发展。齐河县刘桥镇西杨村党支部领办合作社就是政府和社会化服务紧密结合的一种形式，可以充分把党组织的政治优势与专业合作社的组织优势有机结合起来，更好地为小农户提供服务。

向"新"而行，锂钠电产业串珠成链 *

——庆云县特色能源产业转型升级之路

习近平总书记在党的二十大报告中强调，积极稳妥推进碳达峰碳中和，立足我国能源资源禀赋，坚持先立后破，有计划分步骤实施碳达峰行动。大力发展新能源产业，加快绿色低碳转型，积极推进碳减排工作，既是响应国家"双碳"目标的内在要求，也是推进新型工业化，实现制造业高端化、智能化、绿色化发展的有效路径。伴随着新能源产业的迅速崛起，锂钠电池产业正迎来快速成长期，发展空间巨大。庆云县立足传统产业"量大势弱"与新兴产业"势强力弱"的现状，聚焦项目落地要素保障与资源环境约束趋紧的矛盾还很突出等产业发展难点堵点，坚持把产业培育作为工业强县突破的"首位任务"，将实现锂钠电产业集聚发展，打造锂钠电特色能源产业集群作为发展新引擎，走出庆云特色能源产业转型升级之路。

▌ 一、背景情况

（一）锂电池产业政策支持力度持续加大

国家制定各项措施支持锂电产业发展。从2009年《节能与新能源

---

* 本案例由中共德州市委党校（德州市行政学院）经济学教研部助教巩法勇撰写。

汽车示范推广财政补助资金管理暂行办法》开始新能源汽车正式得到政策推广支持；2016年，国家首次将电池能量密度标准要求纳入新能源汽车补贴政策，能量密度更高的三元材料电池应运而生；2020年，《新能源汽车产业发展规划（2021—2035年）》鼓励企业提高锂、镍、钴、铂等关键正极材料资源保障能力；2021年，《国家工业节能技术推荐目录》将用户侧分布式智慧储能关键技术纳入推荐目录，鼓励以高效长寿命磷酸铁锂电池为核心发展智慧储能系统。

锂电池的核心应用领域为新能源汽车与储能行业，作为新兴战略性产业，国家对这两大产业政策支持力度不断加大。新能源汽车领域，《新能源汽车产业发展规划（2021—2035年）》提出，到2025年，我国新能源汽车新车销售量达到汽车新车销售总量的20%左右；储能领域，《2030年前碳达峰行动方案》提出，到2025年新型储能装机容量达到3000万瓦以上。

正极材料作为锂电池最为核心的材料之一，占据锂电池总成本的40%左右，政策端不断通过补贴技术要求，推动企业提升正极材料技术水平。自2011年起，国家开始在相关产业目录与行业规范文件中提出锂电池正极材料相关的技术标准要求，比容量即能量密度作为锂电池效能的核心指标之一。随着行业的发展，其技术标准在不断提升，2020年国家对于新能源汽车用动力电池正极材料的比容量要求达到180mAh/g以上，循环寿命达到2000次且容量保持率达到80%以上。

山东省已形成完整的新能源汽车制造产业链，为锂电产业发展提供了良好的区域环境和产业环境。2021年生产的汽车数量占全国产量的9.2%，比亚迪（济南）、奇瑞（齐河）、吉利（济南）、上汽通用（烟台）、福田（诸城）等整车工厂新能源汽车产量持续扩大，加上新能源储能电池需求增长，带动山东本地锂电池产业链生产供应规模提升。同时，山东已有的前驱体、电解液、隔膜、正负极材料、铝塑膜等锂电产业链上游配套正在加快布局，弗迪、欣旺达等动力电池企业在山东设厂，将推进更多上、下游产业链聚集。

（二）庆云县发展锂钠电产业的良好条件

1. 较好的经济基础

近年来，庆云县社会经济蓬勃发展，居民生活水平不断提高。据《庆云县2022年国民经济和社会发展统计公报》，2022年，庆云县地区生产总值190.8亿元，较上年增长4.0%。全县居民人均可支配收入25078元，同比增长6.0%。其中，城镇居民人均可支配收入32814元，同比增长4.9%；农村居民人均可支配收入19374元，同比增长7.7%。规模以上工业增加值增速9.1%、规模以上工业总产值实现125.2亿元，同比增长17.0%；第一、第二、第三产业结构为7.7：35.9：56.4。

2. 优越的交通区位优势

庆云县地处山东、河北两省，滨州、沧州、德州三市交会处，优越的地理位置与便利的交通环境为庆云县发展锂钠电产业带来了高质量的市场、供应链资源。辐射华北多个经济圈，毗邻京津冀城市产业群、雄安新区、济南和石家庄省会都市群，区域范围内客户、市场、供应充足。地理位置优越，北靠京津，南依济南，是连接华南、华北、东北的重要交通枢纽。海运交通资源丰富，距离天津港180公里、距离黄骅港90公里、距离东营港120公里、距离滨州港80公里。高速公路交错，铁路交通和通用机场不断完善，县内国道205线、233线、339线、滨德高速纵横交错，京沪高速、荣乌高速环绕周边；庆章高速规划建设中；京沪高铁二线邻近设站；庆云通用机场已获批复。

3. 扎实的电力工业基础

庆云县是北方最大的高低压电力装备生产基地，拥有一批稳健经营多年的电力装备企业，产品覆盖高低压开关柜、箱式变电站、电能计量表（箱）、电缆分支箱、配网配电箱等，为庆云电力、锂钠电产业的结合发展奠定了坚实的基础。中低压电力装备成套生产销售体系，是庆云县工业经济的主要引擎。庆云县规模以上工业企业101户，其中规模以上电力装备企业26家，2021年工业产值12亿元、纳税2500余万元。在典型电力装备企业中，红日东升是德州市"创新型高成长50强"企业、国家电网重点招标名录企业；晟运恒有4个系列产品大类、130多个品种，年营业收入近10亿元；永泰电气等企业正在开展相关多元化业务，从电力器材向充电桩业务开拓。

4. 庞大的庆云油商队伍

资金实力雄厚、遍布全国的加油站产业是庆云人独有的特色产业项目。庆云籍人员在全国经营的加油站有1万余座，是全国民营加油站的主要群体，创立中国京油、中国央化、中国京标等驰名品牌，素有"南莆田、北庆云"之称。受燃油车需求见顶、增长停滞影响，加油站行业拓展转型需求强烈。民营加油站面临的挑战主要是规模较小、难形成品牌效应；油品供应不稳定，油品质量参差不齐，大众对民营加油站还存在不信任感，很难产生强客户黏性并吸引远距离客户；竞争策略单一，多为降价或优惠；缺乏精细化管理，较多小型民营加油站为家庭式经营，科技含量低，员工素质、服务意识不高。与此同时，国家能源战略正在加强风光等新型可再生能源发展，鼓励传统加油站行业发展油电综合一体站，提高充电设施的布局。遍布全国的油商，为庆云县发展充电桩产业提供了独特的市场资源，庆云县充电桩产业与油商转型合作可实现互利共赢。

5. 丰富的绿电资源

近年来，庆云县新能源发电量稳步增加。2022年，庆云县新能源发电量11.4亿千瓦时，绿电发电量是全社会用电量的1.2倍，是全省唯一一个绿电发电量超过全社会用电量的县。同时，庆云锂钠电产业发展速度加快，培育以长信化学为代表的锂电池材料细分领域龙头，落地电芯生产、锂电池回收等梯次利用企业，为产业发展奠定了基础。

▨ 二、主要做法

近年来，庆云县坚持以习近平新时代中国特色社会主义思想为指导，深入学习贯彻党的二十大精神，按照山东省绿色低碳高质量发展先行区建设要求和市委高质量发展"重点突破年"的工作安排，抢抓国家"双碳"战略机遇，率先打响工业强县突破战役。依托丰富的绿电资源和NMP材料两大支撑，顺应外贸出口"新三样"产业发展新趋势，将锂钠电新能源产业作为"一号产业"，全要素配置，全方位推进。用20个月时间引进和培育了总投资69.5亿元的32个项目，初步形成从电池材料、电芯、PACK、储能系统到后端应用、梯次应用、回收利用等垂直布局的产业链条，构建起"左右有邻居，前后有朋友"的园区化、集群化融合产业生态。2023年12月6日，山东省委副书记、省长周乃翔同志来庆云县调研，对庆云县锂钠电新能源产业发展给予了充分肯定。《庆云"无中生有"崛起锂钠电新能源产业链》经验做法在《新华社山东要情动态》刊发。2023年12月14日，周乃翔同志对该经验做法作出批示："请省工信厅阅研。庆云县发展锂钠电新能源产业链的做法，很有启发意义。要引导各地因地制宜、发挥优势，找准切入点，探索点上开花、链上延展的特色产业发展路径，精准强链补链稳链延链，加力推进新型工业化。"

（一）抢占发展"新赛道"

庆云县抢抓山东省建设国家绿色低碳高质量发展先行区的重大机遇，依托丰富的绿电资源和锂电基础两大优势，把锂钠电新能源产业作为发展的"新赛道"，以打造京津冀锂钠电新能源产业智能制造高地为目标定位，高标准编制《庆云县锂钠电产业发展规划》，成立"一号产业"领导小组，顶格推动、统筹实施，全力实现"1612"发展目标（到2025年实现年产电芯10GWh、电池PACK6GWh、储能系统10GWh，锂钠电新能源产业产值达到200亿元）。

（二）放大能源"新优势"

截至2022年，庆云县风电、光伏总装机容量71.34万千瓦，其中风电装机容量61万千瓦，位居全市第一。2022年新能源总发电量11.4亿千瓦时，是全社会用电量的1.2倍。通过土地整合、村庄优化等方式，可挖潜开发风电装机容量46万千瓦、年发电量12亿千瓦时。总投资13亿元、总规划容量300MW/600MWh的三峡新能源庆云储能电站示范项目，一期100MW/200MWh于2021年12月并网，二期200MW/400MWh已开工建设。充分发挥绿电资源优势，有力推进绿色能源与绿色制造的深度融合，构建从绿电到发展绿动能再到赋能绿标出口产品的产业发展格局。

（三）建设发展"新载体"

坚持产业融合集群发展，规划建设一期占地面积1000亩的中庆新能源绿色近零碳产业园，分为A、B、C、D四大区域（A区为电芯、PACK区，B区为储能系统集成生产区，C区为电池材料及梯次利用区，D区为钠离子电池生产区）。其中，A区一期、B区总建筑面积14万平方米的闲置厂房成功盘活，总投资26.8亿元的6个产业项目签约入驻。总投资9亿元、占地235亩的A区工程开工建设。C区占地面积202亩，总投资2亿元的绿和年处理6000吨废旧锂电池再生利用项目和锦锂换电项目开工建设。

（四）培育产业"新高地"

树立"产业链思维"，坚持内外并重，强化产业协同，打造垂直整合的产业链生态体系。

1. 材料端

国家高新企业山东长信化学科技股份有限公司是全国最大的NMP（N-甲基吡咯烷酮）制造商，为比亚迪、宁德时代、蜂巢能源、天津力神、韩国三星、韩国LG、香港ATL等国内外知名厂商供应锂电池、半导体优质环保溶剂，2022年实现年产值22亿元。长信化学总投资8亿元的长信年产20000吨锂离子电池纳米导电剂、信敏惠年产3000吨高纯碳纳米管项目于2023年9月建成投产。咏坤年产4000吨锂离子钠离子电池负极材料项目已开工建设，钠科年产4000吨钠离子电池正极材料项目即将签约。以上5个项目全部达产后，可实现年产值36.7亿元。

2. 制造端

电芯生产企业6家，其中，中科亿博公司与钠离子电池领军企业中科海钠合作的国内首条数码钠离子电池生产线投产成功，项目达产后可日产200万只18650型钠离子电芯。宇拓新能源总投资10亿元，一期投资4.5亿元，其中设备投资3亿元，建成日产20万只5AH 18650、32650型号动力锂离子电池生产线4条，该项目已正式投产，可实现年产值10亿元、年税收贡献3000万元。振翻日产30万只聚合物锂离子电芯、承曦日产8万只32135圆柱锂离子电池、蓝方年产1GWh锂离子储能电池、凯瑞新能源手机内置电池生产项目正在建设。以上6个项目全部达产后，可实现年产能10GWh、产值46.2亿元。

3. 储能系统集成端

绿能环宇锂电池梯次利用项目，退役电池主要用于农用车、播种机等机械，进行报废电池的拆解回收利用，2023年可实现年产值5亿元，承曦储能系统集成产品、蓝方年产1.2GWh锂离子储能系统集成产品项目正在建设。以上3个项目全部达产后可实现年产能2.7GWh、产值5亿元。

4. 新能源充电桩

电力器材企业与庆云油商加油站群体"两个市场、两种资源"融合共进，"光储充放"一体化试点探索开展。2023年，普斯特年产3000套新能源汽车充电桩生产基地项目、满昆仑年产2000套新能源汽车充电桩项目、起航年产1000台新能源汽车充电桩项目建成投产，易能时代年产20万组充电模块生产基地项目正在建设。以上4个项目全部达产后可实现年产值15.8亿元。

5. 锂电池配套产品

鲁斯泰年产40万套新能源汽车YE25-YE250电机外壳制造项目和福尼特年产100万套新能源汽车电机外壳制造项目均已投产。总投资1.3亿元的开祥锂电电动工具及相关配套产品项目正在建设，投产后可年产100万台锂电电动工具及相关配套产品。以上3个项目全部投产后可实现年产值8.4亿元。

6. 后市场服务提供

锦锂电动车共享换电项目计划2023—2024年投放电动车智能换电柜2300台，锂、钠电池172500块，共享电单车、电动物流车25000辆。骑士之家电动车共享换电项目计划2023—2025年投放电动车智能换电柜2500台，锂电池60000块。以上2个项目达产后可实现年产值2.25亿元。

（五）打造城市"新富矿"

随着动力电池退役潮的到来，坚持从产业链后端发力，通过企业培育和招商引资，聚集退役动力电池资源在庆云重生重组，打造京津冀、华北东北地区动力电池综合利用产业高地。山东省唯一国家级动力电池回收利用"白名单"（梯次利用）企业——山东绿能环宇低碳科技有限公司发展态势强劲，2023年5月当选为山东动力电池回收利用协会副会长单位；投资1亿元的绿和年处理6000吨废旧锂电池再生利用项目已开工建设；总投资2亿元的中化锂电再生利用"白名单"企业投资项目正在洽谈中。配套建设占地300亩的中庆二手车交易市场，招引超越、德阳汽车回收拆解综合利用项目，助力打造"城市富矿"。

三、经验启示

（一）主要经验

1. 建立"三个顶格"，开辟产业发展"新局面"

（1）顶格定位。把锂钠电新能源产业作为"一号产业"，以打造京津冀锂钠电新能源产业智能制造高地为目标定位，举全县之力强势推进。

（2）顶格推进。成立由县委、县政府主要领导同志任组长的锂钠电新能源"一号产业"领导小组，统筹协调、系统推进产业发展、招商引资和项目建设等工作，凝聚形成工作合力。

（3）顶格工作。高标准编制《庆云县锂钠电产业发展规划》，确立"1612"发展目标，规划建设占地面积1000亩的中庆新能源绿色近零碳产业园，实现企业"拎包入住、轻装上阵"。

2. 坚持"三向发力",实现招商引资"新跨越"

(1)实施产业招商,做强产业矩阵。绘制锂钠电新能源产业链"1个图谱"和"N张清单",围绕产业链上、中、下游关键环节,按"图"寻宝、沿"链"引商,提升产业能级。目前,6个电芯项目实现"钠锂"齐飞,动力、消费、储能全领域、全覆盖;4个储能项目实现大储(发电侧、电网侧)、中储(工商业)、小储(户储、便携储)全系列、全产品;4个充电桩项目实现全要素、全链条。

(2)实施园区招商,加强产业聚集。统筹推进中庆新能源绿色近零碳产业园A、B、C、D四大区域建设,为招商企业提供良好载体平台。目前,A区一期和B区总建筑面积14万平方米已实现"满园满产"。中庆新能源绿色近零碳产业园入选省级数字经济园区试点。

(3)实施市场招商,提升招商质效。实施"委托招商"行动,聘请知名机构开展数智化精准招商,总投资19亿元的4个项目成功落地。坚持以金融活水"资润"一号产业,树立"投行思维",充分发挥县国资平台作用,积极与省新动能公司、恒邦资本等投资机构合作,组建锂钠电新能源产业发展基金,建立"园区+产业+基金"招商模式,打开"以投促招"新局面。从骨干企业、商会等聘任7名招商大使,推动更多上、下游关联配套企业落地,实现"招一个、引一串、带一片"的效果。

3. 实施"三个带动",塑造产业提升"新动能"

(1)龙头带动,壮大产业链。聚力培育一批具有市场主导力和核心竞争力的龙头企业,充分发挥长信化学、绿能环宇等链主企业的引领作用,吸引上下游企业跟进入驻、耦合共生。全国最大的NMP制造企业长信化学总投资8亿元的年产2万吨电池纳米导电剂和年产3000吨高纯碳纳米管项目建成投产。放大绿能环宇入选山东省第一个国家级动力电池梯次利用"白名单"企业的优势，与苏伊士环境（中国）有限公司合作项目深入推进；集聚凯瑞、绿和、锦锂、睿丰等4家动力电池回收利用企业，华北地区动力电池综合利用产业高地正在形成。

（2）强企带动，提升价值链。聚焦培育"专精特新"企业，优化产业布局，鼓励引导企业在更多领域提升产品辐射率和市场占有率。长信化学获得山东省制造业单项冠军。中科亿博与钠离子电池行业领军企业中科海钠合作的全国首条批量数码钠离子电池生产线全线投产，目前产能已达到日产30万只。锦锂换电与中科海钠签署"两轮电动车钠离子电池共享换电项目"合作协议，并成功举办庆云县电动车共享换电示范项目启用仪式，将以新场景、新模式、新营销开发锂钠电电池市场"蓝海"，形成"平台＋产业"双向赋能、良性循环。三峡新能源庆云储能电站并网运行，沃太年产2GWh锂电池PACK及储能系统集成项目加快建设，锂钠电新能源产业竞争力不断提升。

（3）科技带动，赋能创新链。积极对接中国科学院重大科技任务局、中国科学院物理研究所等科研院所，围绕新型储能技术、科技成果转化、产业发展规划等开展合作。鼓励企业加大科技投入，与锂钠电新能源高校院所开展科技合作，不断提高技术创新能力，绿能环宇获批设立博士后创新实践基地。以三峡储能为载体，合作成立山东科技大学德州储能技术研究院、长沙理工大学（庆云）新能源与储能技术研究院，争创以综合储能和智慧电网为基础的"双碳"样板。

（二）几点启示

1.科学确定主导产业

在确定主导产业时，要瞄准产业发展大势找机会，并基于自身基础，寻求突破并快速增长，推动新型工业化和先进制造业高质量发展。庆云县把建设工业强县作为突破县域发展瓶颈的首要任务，向"新"

而行发展工业，将锂电产业确定为全县"一号产业"，成立工作专班、编制产业规划、开展招商活动，可以说正是基于产业有前景、产业有来源、本地有基础。同时，考虑到县域实际和县级财力，庆云县明确了项目招引的基本思路：不"贪大图洋"，不盲目追求短期利益；立足产业链思维，内培外引结合，围绕上、中、下游关键环节，锁定关联企业精准发力。虽然落地单一项目投资额度不高，但项目产业关联度高、发展后劲足，可有效带动地区工业快速发展。在项目招引过程中，庆云县实施"委托招商""以商招商"多种模式，对照锂钠电新能源产业链"1个图谱""N张清单"，建链、补链、延链、强链。随着产业成链成势，链上企业互通有无，基本上实现就地取材、园内配套、自我循环。

2. 持续优化营商环境

持续优化营商环境是实现产业从无到有、由弱到强的先决条件。为了推动项目快落地、快投产、快达效，庆云县规划中庆新能源绿色近零碳产业园，建设标准化厂房。在项目招引、建设过程中，通过"一项目一专班一个微信群"的方式贴近服务。庆云县行政审批服务局坚持用好CGO（首席政府服务官）、"保姆式"服务等机制，推动"一窗办""集成办"等改革举措，全力打造"庆松办"政务服务品牌。对新引进的项目，做到政府提供房租"三免两减半"的优惠政策，从公司注册到项目投产，全程有人跟踪服务，生产以外的事不用企业操心。为拓展后端应用，庆云县推动锦鲤换电公司与中科海纳公司合作，开展电动车B端C端换电、共享电动车、即时租车和物流配送车等场景应用，助力打造两轮电动车共享换电县级示范城市。

3. 推动干部能力提升

聚焦新一轮科技革命和产业变革，围绕确定的产业发展方向，应从改革思维、"风口"产业、科技创新、资本运作等多方面，持续推动领导干部加快知识更新、优化知识结构、补齐能力短板。大力引进懂产业、懂资本运作的专业人才，优化干部结构。围绕锂钠电新能源产业，庆云县干部变身行业专家，对行业趋势、技术路线深入研究，对现有资源市场熟悉掌握。例如，在招引某电动工具项目的过程中，他们敏锐捕捉到企业对产品配套的要求，积极推动与电池制造企业、徐园子乡新材料产业对接，有效解决了原料供应难题，顺利吸引项目落地。

乐陵市关于加快体育产业链发展，打造体育名城引领区的创新实践*

乐陵市体育产业经过近半个世纪的锤炼，逐步树立起"奥运品质""行业标准制造者"等口碑，以雄厚的实力向世界人民展示了中国制造的优越性。作为乐陵市的支柱产业之一，体育产业发展呈现出基础好、发展快、品牌响等特点，培育出泰山体育产业集团、友谊体育等龙头企业引领的制造企业18家，乾亿健康等体育健身、文化、工程类企业16家，逐步形成了具有"乐陵特色"的体育产业优势聚集区。近年来，2022年"体总杯"全国体操团体锦标赛在乐陵市成功举办，这标志着乐陵市的竞技体育产业已经处于全国领先地位。为擦亮"打造体育名城引领区"名片，乐陵市以"培养链主企业，增强特色产业，构建现代产业体系、成为德州市经济发展的东部增长极"为发展目标，着力打造千亿级体育产业发展集群，推动区域体育产业协同发展。

▶ 一、背景情况

（一）体育产业高速发展

《山东省人民政府关于加快推进新时代社会主义现代化体育强省建

* 本案例由中共乐陵市委党校（乐陵市行政学校）正高级讲师张燕、讲师张媛媛撰写。

设的实施意见》提出，到2025年，我省体育产业规模达到6000亿元以上。随着体育健身上升为国家战略、国民运动健身意愿不断加强，各级政策尤其是《中华人民共和国体育法》的修订，明确了支持体育产业发展、完善体育产业体系、鼓励扩大体育供给、拓宽体育融资渠道、促进体育消费升级、鼓励社会资本投入、鼓励培养体育产业专业人才和完善体育产业统计体系等法律依据，更为体育产业的健康快速发展提供了历史机遇。

1. 形成四大制造体系，竞技类体育器材全国领先

乐陵市体育产业涉及体育装备制造、体育用品研发及检测、体育工程建设、体育健身服务、体育文化传播等领域。其中，体育装备制造业形成了四大生产制造体系：以田径、体操、举重、摔跤、柔道、跆拳道、拳击、射击射箭等为主的竞技体育器材生产制造体系；以人工草坪、塑胶跑道、场馆座椅为主的体育场馆设施生产制造体系；以健身路径、运动球类、爱动网络在线运动、运动服饰为主的辅助训练健身器材生产制造体系；以碳纤维复合材料、碳纤维自行车、XPE运动垫为主的体育新材料生产制造体系。基本形成了涉及路径类、竞技类、室内健身类、儿童类、电子智能类、场地类、运动服装类等多领域的产业体系。其中，竞技类体育器材获得社会普遍认可，处于全国领先地位。

2. 品牌优势凸显，龙头企业实力突出

乐陵市的体育品牌是行业内普遍认可的。"友谊"牌射箭器材出口至北美洲、欧洲、大洋洲等地区，是目前世界上六大专业射箭器材生产商之一。鲁辰制衣"艾图爱"商标现已成为国内大型赛事志愿者服装知名品牌。泰山体育产业集团（以下简称泰山体育）已经是竞技类体育器材的龙头企业。数据显示，泰山体育品牌价值263亿元。泰山体

育产业40余年坚持扎根德州，成为制定国际行业标准的世界知名体育品牌，全球最大的顶级赛事供应商、服务商，是世界体育大会、国际大体联两大组织顶级战略合作伙伴，与世界体育大会旗下的100多个单项协会达成战略合作，并在200多个国家和地区设立了代理机构，为国际大体联旗下180多个国家和地区组织举办的大学生赛事和全球4万多所高校提供器材和服务。泰山体育出色服务5届奥运会、3届青奥会、6届世界大学生运动会、6届亚运会、9届全国运动会等1000多次国内外大赛，成为"民族品牌，国人骄傲"。近年来已经逐步走向行业标杆，为行业发展、城市发展作出了应有贡献，具有很强的社会影响力。

3. 创新能力过硬，企业发展潜力强劲

乐陵市是全国第6家、全省第1家国家体育产业示范基地，泰山体育是行业内唯一获批建设国家认定企业技术中心和国家体育用品制造工程技术研究中心"双中心"的企业。作为我国体育用品工程化技术研究、人才培养、技术推广、成果转化的重要阵地，泰山体育科研团队先后承担了国家科技支撑计划2项、国家科技计划3项、国家科技惠民计划1项、国家重点研发计划3项及其他省部级以上项目30余项，获授权专利510项，发明专利120项，国际认证数量位居全球同行之冠，获专利数居全国同行第一，具有过硬的科技创新能力和优质产品。2021年，泰山体育全球首创的泰山碳纤维体操产品首次亮相世界体操锦标赛；主要承担研发的国产雪蜡车正式亮相并交付国家体育总局。友谊体育器材是国家体育总局射击射箭运动管理中心指定的全国唯一一家专业射箭器材生产厂家，是一家集研发、生产、加工、销售、赛事服务于一体的专业射箭器材集团化企业，该企业拥有17项自主知识产权和2项商标专利，生产技术处于国际领先地位。深厚的研发能力为体育产业创新发展注入了源源不断的动力，为企业长足发展保驾护航。

4. 产业基础良好，区位优势明显

一是产业发展有坚实基础。乐陵市是全国科技进步考核先进市、全国可持续发展试验区、国家级生态示范区，2010年被国家体育总局列为国家体育产业基地。乐陵市体育产业经过40多年的发展，技术工艺已经成熟并且逐步走向行业标杆；市场充分打开，产品进入国内外大型赛事，其实力已获得了行业的认可；乐陵市政府出台了一系列好的政策，在财政、人才、税收等方面给予大力支持。在产业实力上，收购了20世纪四大国有体育器材企业之一的北京飞鹿公司，与美国Dollamur公司、威海拓展、广东双鱼等知名企业进行合作。在市场前景上，乐陵市体育用品销售市场已扩大到166个国家和地区，其中，竞技类体育器材占全国90%以上的市场份额。二是区位优势明显。德州是山东省对接京津冀协同发展的桥头堡，是全民科学健身的首创地。乐陵位于黄三角与"环渤海"复合带和连接黄河三角洲、环渤海经济圈、天津滨海新区、辽宁沿海经济带、山东省会城市群五大经济区的中心位置。目前，有德滨高速、济乐高速、德龙烟铁路三条交通动脉在乐陵穿境而过。优越的区位是乐陵体育产业发展的强大依靠。

5. 政府大力扶持，充分发挥引领作用

乐陵市按照市委"11452"目标要求，以"体育名城"创建为根本，把准体育产业发展定位和方向，按照"统一规划，分步实施"的原则，在"产业转型升级、企业梯次培育、园区创新提档、科技投入加大、服务质效提升"上下功夫，促进体育产业向"精、特、新"方向发展，将其逐步打造成为产业结构优化、产业链条完整、产业业态融合的产业集群。充分发挥泰山体育龙头引领作用，按照"紧盯前沿、打造生态、延链聚合、集群发展"的思路，推动产业向高端化、智能

化、现代化发展。谋划了总占地3885亩的泰山体育（国际）产业园，建立了领导包保项目制度及部门联席工作机制，制定入园企业扶持奖励办法，全力支持泰山体育加快发展，吸引上下游企业入园发展，彰显品牌在行业领域内的权威和影响力。

（二）"体育+"产业融合发展

1. 体育教育行业领域创新发展

一是大力推动"体教融合"，在中小学体质检测中，率先使用泰山体育研发的青少年智能体质检测设备。体育建设工程及校服加工、办公有关物品由泰山体育承办。指导帮扶泰山体育申报山东省体医融合试点项目，推动体育产业和医疗健康产业融合发展。二是组织相关体育企业参加山东省体育行业助企发展政策解读系列线上培训班四期，上报需纳入金融辅导的企业8家，指导帮扶乐陵市勇剑跆拳道健身俱乐部成功申报第三届山东省体育消费券合作单位，着力扩大和促进体育消费，推动体育产业发展。三是加强体育教育行业领域的安全生产工作。通过举办全市体育行业领域专业从业人员安全生产培训、召开市委教育体育安全生产专业委员会成员单位联席会议、开展体育行业领域安全生产重点督导检查，对乐陵辖区内经营性体育领域培训健身类场所、高危险性体育项目场所、体育赛事活动有关组织机构等场所进行一次"全覆盖、起底式"的安全隐患大排查。

2. 体育文化游独具魅力

泰山体育博物馆于2012年8月8日正式对社会公众免费开放。博物馆展区设有序厅、岁月长河厅、奥运文化厅、科技研发成就厅及荣誉厅。泰山体育博物馆不仅展示了泰山体育产业的发展，更是对整个中国体育产业发展进程和辉煌成就的集中展现。乐陵市将泰山体育博物馆纳入乐陵市对外宣传推介的精品旅游线路，实现了体育产业与文化旅游的优势资源互补、融合发展。乐陵市现已形成以千年枣林游览区、大孙生态采摘园等为龙头的生态乡村游，以冀鲁边区革命纪念园为主体的红色文化游，以碧霞元君故居、文庙、金丝小枣博物馆等为依托的传统文化游，以泰山体育博物馆为代表的体育文化游等四大旅游品牌。据了解，泰山体育博物馆每年的接待人数近百万人次。

3.研发体育文化创意产品，满足人民群众多元精神诉求

借助世博会、文博会等大型品牌博览盛会，实现两大产业双赢。泰山体育与中国科学院联合研发的全球首家网络健身馆——爱动在线运动机，是文化产品、绿色健康产品的代表，被科技部列入"国家重点新产品"，掀起了科技全民健身的新革命，借助网络新技术新业态，用先进技术传播先进文化，这一产业融合的产物，满足了人们"足不出户"的健身需求。并在全省农村文化大院建设中发挥了重要作用，在全国新农村建设中得到广泛推广，获得国际、国内发明技术专利40多项，代表山东参展世博会、中华人民共和国成立60周年科技成果展和数届体博会、文博会，引起了众多媒体和参观者的关注。

（三）全链条规划发展

1.高端制造

建设泰山体育国际产业园，围绕体育与健康领域人工智能、大数据、芯片、新材料等核心技术，打造产业结构齐全、产业链完整的制造企业，形成以乐陵为核心、辐射德州所有体育产业的高端体育产业制造业基地。主要建设碳纤维复合材料装备产业园（生产碳纤维及玻璃纤维等复合材料）、智能冰雪装备产业园（生产仿真冰、冰刀、短道速滑防护垫等智能冰雪装备）、智能共享工厂项目（围绕产业链上下游企业招商）、头盔等儿童系列产品的研发与制造等重点项目。创新管理运营，以泰山控股为主，共同投资成立国际产业链运行公司，为入

园企业建设标准厂房，统一采购原料、统一开通物流、统一技术标准、统一产品品牌，形成完整产业链条。

2. 智慧体育

加强科技支撑，优化"政产学研金服用"创新创业环境，打造体育产业创新创业共同体，建设山东体育健康产业协同创新产业技术研究院、创新联盟、科技成果转化中试基地和泰山体育科技企业孵化器、技术创新中心，引进创新创业团队。实施建设智慧体育产业园（依托人工智能体测机、体感运动王等产品，打造5G科学健身云平台）等重点项目。成立智慧体育公司，以竞技体育、全民健身、体育产业等为基本架构，整合教育、医疗、旅游、文化等"体育+"资源，推动全民健身、网上体育等智慧体育产业发展。抢抓全民健身国家战略，开发个性化体质健康定制产品及服务平台，打造5G科学健身云平台。成立网上体育赛事公司，发展网上体育竞技游戏，举办全球首届网上奥运会。发展商业网络体育新模式，加强与体育明星、网络公司的合作，不断强化营收能力。成立网络销售公司，积极拓展线上业务和跨境电商业务。

3. 赛事服务

该规划包括世界体育博物馆、泰山体育学院、运动主题酒店、赛事直播广场、赛事服务中心和特色运动休闲小镇，体育训练、培训、康养、赛事公园及运动场馆等重点项目，丰富经营服务内容，盘活闲置场馆资源，推进场馆的有效利用和综合开发。构建体育赛事综合运营平台，通过引进各种赛事，提升赛事服务水平，打造体育赛事全产业链。充分挖掘营收潜力，通过兼并重组赛事公司、代言体育产品、赛事广告竞标等方式，提高营运能力。坚持市场导向，成立专业化公司实行项目化管理，组建分工明确、股权清晰的体育产业集团，发展全方位体育产业链条。

4. 体育教育

政府企业联合办学，成立"中国泰山体育学院"，支持学院有计划地引进国内外先进教育资源，建设一批高水平中外合作办学项目，全方位培育高素质运动员、教练员、裁判员，培养体育康复、人体力学、体育广告运营、体育赛事策划、文体创意、体育中介、体育公司运营管理等方面的人才。围绕体育产业，不断健全人才体系，强化人才支撑保障。

5. 企业并购

重点围绕制造业、智慧体育、赛事服务、体育教育等领域展开并购，不断加快对外扩张，重点输出品牌、输出技术、输出标准，提供高端化、科学化、智能化产品，构筑完整的生态链。做强集团管控与资本运作平台，培植独立的产业经营能力，在技术、市场、制造等方面发挥协同效应并形成合力，促进产业板块快速发展。

（四）乐陵市体育产业链发展中的问题

1. 从基地现状来看，基地影响力需进一步扩大

一是基地影响力不足，乐陵虽然是国家体育产业基地和国家体育产业联系点，但是影响力和吸引力不足，在国内体育产业圈内"知泰山者多，知乐陵者少"。二是竞技器材独占鳌头，民用产品的制造和营销能力不强。自2008年北京奥运会之后，泰山体育品牌的竞技器材已享誉全世界，并且占有国内90%以上的市场份额，除此之外，体育娱乐健身、体育培训、体育旅游、体育康养等服务业发展滞后，其他民用产品市场占有率低、产品研发能力低、附加值低。

2. 从产业链来看，产业链条不完整，配套能力差

从产业本身来看，产业的集聚度、产业内企业间的关联度还比较

低，产业链条还比较短，龙头大、龙身短的问题还比较突出，群体规模小。目前，乐陵市从事体育用品制造的企业仅有泰山、友谊、鲁辰、奥帆、友恒、银旺等20余家，产业内没能形成完整的链条，企业经营分散，有峰没山，资源得不到有效整合，行业整体实力提升和发展速度还比较缓慢，没能形成以点带面集群发展的良好局面。

3. 从产业结构来看，体育服务业、体育延伸产业缺失

体育服务行业作为第三行业是体育经济的核心，它主要是向体育消费群体提供服务。健身休闲、场馆租赁、运动康复、竞赛表演、体育彩票、赛事直播、体育培训等发展不成熟。体育场地服务业、体育经纪业和金融保险业、体育广告业、商品服务业、信息传播业等行业缺失。体育用品制造业、培训业、建筑业等仍有短板。

4. 从消费结构来看，居民在体育方面的消费水平较低

一是收入水平不高，居民购买力比较小，进而影响消费结构，没有把体育作为一项家庭消费长期支出。二是城市化水平低，体育场地设施不足，发展群众体育事业急需的场馆、设施以及相关服务都还处在比较落后的水平。三是居民的体育消费认知度不高。现阶段居民从事体育活动，主要是利用免费的公共体育设施，活动的内容多以跑步、篮球、足球、乒乓球等为主，活动地点基本以社区健身场地和开放场地为主，体育消费的意识较弱。四是体育产业规范化程度低，国内经营实体的经营内容和经营方式相对落后，品牌和营销意识薄弱，这些都会直接影响居民参与体育消费的热情。

5. 从制约瓶颈来看，抵御风险能力不足

一是城市接待能力有限，大型体育场馆的配套不完善等因素，使得一些品牌赛事无法进入，产业融合绝大程度上尚处于媒体宣传的初级阶段。二是受国际环境影响。在新冠疫情全球大流行的冲击下，我

国产业链、供应链的安全稳定面临重大考验。国外大型赛事几乎全部取消，泰山体育、友谊等依靠赛事生存的企业订单大幅减少。世界范围内的通货膨胀、原材料上涨、运费成倍上涨，制约着企业成本、销售、资金回流等各方面，对企业造成了严重损失，不利于企业发展。三是人才问题。近年来，虽然泰山体育重视人才引进，科技创新高度活跃，建成了国家体育用品工程技术研究中心、国家认定企业技术中心等研发平台，但其他企业均属劳动密集型企业，面临招工难题，有的企业甚至处于半停产的状态。

二、主要做法

（一）强引领，打通与企业沟通渠道

配强由市委书记、市长任总链长，政协主席及政协班子为链长，市教育体育局（市创业服务中心）牵头，市发展改革局、市工信局、市科技局、市国资指导中心、国企、银行相配合的体育产业链，统筹推进产业链园区建设、企业发展、招商引资、项目建设等重大事项，及时协调解决重大问题，切实强化组织领导，形成工作合力。一方面，主动对接上级教体局和宁津、庆云等兄弟县同级单位，进行体育产业链的交流，充分了解和掌握其在发展体育产业中的现状、困难和举措。另一方面，对本辖区的体育企业进行全方位调研和走访，组织专门人员与工信局联合进行调研，充分了解企业在疫情前后的生产经营状况和上下游配套情况，梳理和掌握它们在发展中存在的问题。通过这样的主动对接，我们认清了自身的真实情况，对于体育产业链的打造有了全新认识，结合这些新的情况会在体育产业链办公室的统筹安排下进行统一行动、共同推动乐陵市体育产业

链的健康发展。

（二）建设区域性体育消费中心城市

一是挖掘民间传统体育项目旅游资源，引入时尚多元的体育商务旅游资源，推出加入高科技元素的探险旅游资源，促进体育赛事观摩旅游资源，开发大众参与的健身活动旅游资源，拓展县城、乡镇周边健身度假旅游资源，推广放松身心的休闲娱乐旅游资源。二是着重进行体育消费观念的宣传教育，扩大消费群体。体育产业在体育用品的生产销售方面应着重进行消费观念的宣传教育，将"体育能够使得生活更加美好"当作主要的宣传教育内容，为城市居民全面宣传有关的体育科学生活方式、文明生活方式与健康生活方式，养成良好的终身体育习惯，使人们树立正确的体育消费观念。三是创建大众化的体育消费市场。鼓励非国有类型的投入进入城市体育经营实体领域，强化体育场馆方面的建设力度，为体育产业的经营提供更多的政策导向，还要提供相应的资金支持，为体育产业经营的实体发展营造良好的空间环境。同时，严格控制体育用品的质量和数量，尽可能打造多种类型、多种层次的体育用品，满足不同消费者的差异性需求。

（三）推进体育产业集群发展

大力推动小微企业发展壮大产业集群，培育产业生态建设集群。在招商引资和企业扩张上发力，通过增链补链，拉长产业链条，进一步出台政策扶持激活像五环体育这种有知名度、有生产能力的半停产企业，形成发展合力。以体育产业园为承接载体，结合《乐陵市体育产业科技园区优惠政策（试行）》的生效实施，加大精准化、专业化招商力度，着力招引一批行业内龙头企业和补链强链项目，带动引进一批前沿技术、高端人才和优秀团队。以产业链条为主线，打造链条完整、配套协作紧密、要素配置精准、规模效应显著的产业集群。

（四）突破关键领域"卡脖子"技术

一是充分发挥两个中心作用，攻克体育产业"卡脖子"技术和关键共性技术问题，开展基础性、前瞻性和共性关键技术创新研究，解决"关键核心技术、关键零部件、重大装备受制于人"的问题；以中试基地为基础，推动成果的工程化、产业化，将技术成果及时转化为经济效益；通过产学研深度合作，开展国内外合作，培养高层次人才，提升产业的整体技术水平；引领产业发展，推动上下游产业的发展，为产业内企业提供技术服务；提升体育技术创新能力及核心竞争力。二是从乐陵实际出发，培育体育产业经营管理人才。通过组织岗位培训、在职进修以及招聘引进体育经营管理人才；通过长三角有关的体育院校设立体育经营管理专业或与财经类大学合作，开设体育 MBA 系列课程等途径，集中培养体育经营管理的高层次专门人才，以人才发展带动产业发展。

（五）缔造共生互融的体育产业生态

一是利用本地优势资源进行结构调整，加速产业融合发展。未来我国体育产业发展的关键领域在于大型体育赛事、文化体育赛事旅游、高科技体育文化产品和服务。要深化体育与文化旅游的融合，进一步建设好体育博物馆，创建全国一流的体育文化中心，结合朱集镇枣林游览区、杨安镇水库等资源打造一批集运动、娱乐、旅游于一体的体育休闲旅游区。二是充分利用位于乐陵义乌商贸城的乐陵市体育用品博览城，大力发展体育会展业。结合国家体育用品检测中心的申报大力发展体育用品质量检测业，将体育用品检测做成乐陵国家体育产业基地的标杆和特色。三是深化体育与科技的融合，建设好国家体育用品工程技术研究中心、国家认定企业技术中心、博士后科研工作站、新型健身器材创新战略联盟，瞄准国际前沿体育科技，加大自我创新、联合创新和引进消化创新力度，推出文化内涵丰富的高科技产品，让乐陵成为集研发、生产、培训、实验检测、运动示范于一体的全国最具优势的体育用品"产学研"研发中心和示范中心。

三、经验启示

在区域经济发展中注重体育产业发展，有利于提升城市经济效益和社会效益。在欧美发达国家，体育产业已经成为国民经济重要的一部分。美国作为世界第一的体育强国，同时也是体育产业最为发达的国家，20世纪80年代，其体育产业的产值已经超过石油化工业，占据美国国民生产总值第2位。2017年美国体育产业增加值约为当年GDP比重的4%，对国民经济的贡献率约为汽车产业的2倍、电影产业的7倍。在发达国家，体育产业增加值一般占国民生产总值的比例在2%以上。由此可见，体育产业在国民经济中占有重要的地位。相比之下，我国体育产业增加值占GDP比重刚突破1%，距离成为国民经济支柱性产业还有较大距离，这也是乐陵市体育产业发展的重大机遇。打造体育名城引领区，有利于激活和释放现有体育资源的活力，可以扩大产业规模和提供大量的就业机会，可以加快体育与旅游、文化、教育等相关产业的融合发展，对优化产业结构和供给侧结构性改革具有重要作用。

在区域经济发展中注重体育产业发展，有利于提升区域性中心城市的影响力。体育的影响力越来越受重视，很多城市把体育作为新的发展战略手段加以利用。相关研究表明，广州亚运会的举办可以推进广州城市建设加快5～10年的发展。体育赛事的举办、体育文化的知名度、体育产业的制造实力、消费城市的发展，有利于提升城市的知名度和影响力。体育是城市文化的组成部分，对于提高城市影响力、加快城市国际化及现代化具有重要作用。打造体育名城引领区是建设区域性中心城市的重要内容。

乐陵市关于实施"乐快"工程，打造乡村振兴样板的创新实践*

推进供给侧结构性改革，促进物流业"降本增效"，交通运输大有可为。在社会再生产大循环中，交通运输是连接生产和消费的重要环节。推进供给侧结构性改革、促进物流业降本增效，对提升整个供给体系的质量和效率意义重大。必须紧紧抓住降低物流成本这个重中之重，着力在组织创新、管理创新上有所作为，进一步加大放权降费力度，加快转型升级步伐，实现更高水平的供需平衡。

▶ 一、背景情况

乐陵地处鲁、冀两省交界处，是山东省确定的7个县级区域性中心城市之一，行政区划面积1172平方公里，现辖9个镇3个乡4个街道，拥有1处国家农业科技园区、1处省级化工园区、1处省级经济开发区，是国家命名的中国金丝小枣之乡、中国调味品产业城、国家级体育产业基地、中国建筑五金产业基地、国家农业产业化示范基地、国家级商品粮生产基地，红枣、粮棉、调味品、马铃薯等农业资源丰富。滨德高速、济乐高速和德龙烟铁路在县内纵横相交，拥有5个高速出入口和1个铁路客货运站，实现了"40分钟到济南，70分钟达天津，2小时

---

* 本案例由中共乐陵市委党校（乐陵市行政学校）讲师刘爱霞、正高级讲师张燕撰写。

抵北京"。

乐陵现有一级客运站1处，乡镇客运站（客运、货运、快递、运输服务四位一体）11处，长途客运企业1家，长途线路16条；公交企业2家，新能源公交车180部，开设城乡一体化公交线路38条；快递企业11家，日均收发量超过12万件；物流快运企业46家，年零担货物运输量5.64万吨。已建成交通物流中心1处，集聚物流快运企业30家；在建乐达现代智汇综合物流园1处，是山东省重点基础设施项目。现有农村公路总长1877.4公里，其中县道109.203公里，乡道110.143公里，村道1536.239公里。目前，全市所有村庄均设立公交站点、快递物流网点，实现村村通新能源公交和物流快递。

近年来，农村客运出行需求变化及"工业品下乡、农产品进城"双向流通需求增长迅猛，给农村客货运企业及快递物流企业带来了较大影响。从客运方面来看，农村居民出行有了多元化、个性化的选择，农村客运、城乡公交客运量下降明显，客运、公交企业运营困难。从货运方面来看，农村居民对日用消费品、网货等送达时效性要求提高，但快递物流企业"进村"成本居高不下，货运场站设施分散、功能单一，不能满足"快递进村"及农产品上行等综合性需求，从而影响了农村交通运输健康可持续发展。乐陵市个别偏远行政村交通基础设施薄弱，交通运输能力相对欠缺，导致个别农村快递物流从"快递"变"慢递"。针对这一实际情况，乐陵市交通运输局开展专题调研，探索客货邮融合发展新模式，统筹解决村民出行、物流配送、邮件寄递等问题，开通了客货邮线路，农村物流"末梢"被打通，快递进村开始"加速"。

同时，乐陵市依托丰富的红枣、粮棉、调味品、马铃薯等农业资源，大力实施"乐快"工程，积极开展电商快递进村工作，全力推进客货邮融合发展，构建起"县级中转、镇级分拨、村级配送"三级快递物流服务体系，打通物流快递服务群众"最后一公里"，实现工业品、消费品入村，农产品进城"双循环"。乐陵市共有130个行政村，在德州率先实现了快递进村全覆盖。2020年，实现网络零售额13.8亿元，同比增长41.5%，总量和增幅均居德州市县域第二位。交通物流快递进村、客货邮融合发展相关工作经验被交通运输部、省交通运输厅、邮政管理局发文推广，乐陵市被列为2021年山东省客货邮融合发展样板县。

二、主要做法

（一）打造多元配送体系，创新客货邮新型合作模式

1. 创新实行"快快合作"模式，提升快递行业末端服务能力

针对过去快递物流企业无序竞争、投递成本高、群众快递需求难以充分保障的问题，2020年以来，乐陵市以政府引导，市场化运作的方式，整合圆通、申通、韵达等5家快递公司快递业务，深化"快快合作"，联合创建乐陵世纪通达有限公司，建成5000平方米的自动化分拣中心，实行统一管理、统一分拣、统一配送、统一结算；在全市16个乡镇（街道），利用原来的交通场站场地，建设16个乡镇快递物流服务中心。以乡镇快递物流服务中心为依托，跟每个行政村大型超市进行合作，建立了130个村级快递服务点，构建起"县级中转、镇级分拨、村级配送"三级快递物流服务体系，形成以共配中心为基点，以镇级服务站为支点，以村级服务点为网格，全覆盖、无盲区的共配供给商贸快递物流服务网络格局。1名业务员、1个乡镇、1个服务站可同时操作多家公司的快递包裹，实现了共配共收，极大地提升了运输效率，

缩减了下乡成本，群众收发快递时效明显提高。

2. 创新实行"交邮合作"模式，提升快递配送效率

乐陵先后投入新能源公交车180部，开通线路39条，是德州第一个实现村村通新能源公交的县市。乐陵邮政系统有19处乡镇网点和600个村级网点。为充分发挥新能源城乡公交全覆盖的运力优势、邮政基层网点优势，引导公交公司与邮政公司合作。先在朱集镇、郑店镇等5个乡镇（街道）开展"交邮快合作"试点，根据农村现有运行的公交班线，由公交公司为邮政快递企业提供"定点、定时、定车、定线"的代运快件服务，在共配分拣的基础上，实行公交车专线投递，邮政村级便民服务站、邮乐购站点、镇级快递物流综合服务中心互相叠加服务，推出"点对点""一站式"专属定制服务，打造了"县乡快件分流＋客运捎带运输＋农村网点派送"的运行体系，有力推动物流降本增效，实现资源整合，优势互补，全面、深入推进合作。目前，该模式已在各乡镇（街道）推广，每天运行50个班次，单次配送时效提高了1小时，惠及沿途200余个村庄，累计收发快递3200余件。

3. 整合推动"快商合作"，实现多元高效服务

实行"快递＋商超"模式，依托商场超市、农资商店等人员流量较大的第三方场所，向下延伸代派快件服务网络，实现方便群众收寄快递和附带增加商超收入"双赢"。引导快递企业在全市所有城区快递驿站、乡镇综合服务中心和村级服务网点使用溪鸟、快宝派件系统，快件入库、上架、出库流程更加顺畅，取件人凭码取件，派送效率进一步提升，企业人工成本下降60%，群众收发快递时效提高40%。自智能取件推广以来，农村快递派件量不断增加，日处理快递总量由原来的不到10万件增至12万件，其中农村快件派收日均达7万件，占全市总派件量的60%，企业运行成本下降，快递送达时效全面提升，村民

收取快递更加方便。

（二）加快基础设施建设，优化运输通道布局

1. 强化城乡路网保障

抢抓"四好农村路"建设机遇，近年来，乐陵大力实施"四好农村路"三年集中攻坚，累计投资5亿元，实施重点道路提档升级、自然村通达、养护大中修、危桥改造四大工程，累计建设改造"四好农村路"500余公里，改造危桥34座，结束了花园、大孙两个乡镇不通三级路的历史，全面实现村村通公路，所有乡镇驻地10分钟到达国省道干线，为群众便捷出行，助力乡村振兴，提供了有力的交通基础保障。枣林游览路入围"全国最美农村路"的评选。在畅通城乡大路网的同时，督导协调为879个村新增硬化面积270万平方米，打通通户道路最后一米。朱集王双志村被评为山东省"最美街巷"。

2. 强化城乡运力保障

累计投入新能源公交车达到180部，科学设置城乡公交线路39条，在德州各市县率先全面实现村村通新能源公交。配备先进的智能调度系统，提供出行信息一站式服务，实现城乡居民"出门见路、抬脚上车"，建制村公交车覆盖率达100%。同时，接入"车来了"App，可以实时查询公交位置、营运时间等信息，保证线路、站点信息的准确度，为货物寄递节省了时间、降低了成本、提高了效率。通过引导公交公司实行管理体制改革，先后设立党员先锋号、雷锋号车队、文明服务示范岗，不断提升公交服务质量，好人好事不断涌现，并全面落实军人、残疾人及60岁以上老人免费乘公交车政策，将党委和政府的惠民政策真正落细、落实，获得了群众的广泛认可和好评。同时，积极落实宁乐庆协同发展战略要求，乐陵—庆云旅游公交专线、宁乐庆城际公交专线先后开通运行，联通沿途重要商贸区、旅游区等20多个站点，为区域人流、物流、商流高效对接、互惠共赢创造了有利条件。

3. 强化园区平台支撑

为改变传统物流"小、散、弱"的发展局面，引进实施总投资12.1亿元、占地484亩的乐达现代智汇综合物流园项目，按照国家5A级综合物流园标准建设，通过"互联网＋大数据＋新能源"技术，实行智能化、信息化、标准化运营，打造辐射京津冀鲁的区域性智慧物流中心，大力发展现代智慧物流。全部建成后，可容纳物流企业500家，年货物吞吐量700万吨，带动就业人员2000人。同时，加快占地50亩的交通运输综合服务提升项目建设。重点建设新能源智能充电停车场、智能信息调度中心、快递分拣中心、智能候车站点等设施，探索智能化、集约化公交和快递服务，打造客货邮融合县级枢纽。目前，新能源公交场站、快递分拣中心、信息调度中心已全部建成并投入使用。

（三）突出政策支持引导，提升发展综合效能

1. 加强组织领导，政策支撑

将客货邮融合发展工作列入年度重点任务和乐陵市"十四五"规划，统筹协调推进，成立政府主要负责同志任组长，交通运输、邮政、财政、商务、农业农村、供销等部门为成员的工作领导小组，密切沟通协调，明确责任分工，研究推进农村客货邮融合发展，形成推动合力。先后制定了《乐陵市农村客货邮融合发展推进方案》《关于在乐陵市开展快递进村试点工作的实施意见》等一系列文件，将客货邮融合发展资金纳入公共财政预算体系，统筹协调使用。鼓励金融机构对物流、邮政快递、客货运输等企业给予重点融资扶持。积极向上争取资金支持，以保障各项建设顺利进行。支持邮政企业利用邮政寄递、"邮乐购"平台与快递、电商、客运、物流等企业开展合作，推动信息共享共用。指导快递邮政、物流、运输企业等结合市场需求，通过合作、联盟、合资等方式壮大市场运营主体。积极发挥新业态行业党建引领作用，推动道路运输行业党建、快递行业党建结对互助、联动互促，为农村客货邮融合营造良好的发展环境。

2. 推动消费挖潜，质效升级

大力支持设立快递行业工会，开展技能培训、安全讲座等一系列活动，引导快递行业提高服务水平。支持综合服务点加载美团团购、盒马鲜生等社区团购业务，形成"城乡产、销两端"的良性互动。同时，引导快递企业积极参与电子商务进农村综合示范工程，全面推动农村生产增量、消费挖潜。

3. 服务特色产业，惠企利民

在"金丝小枣"成熟期设置"候鸟站点"，安排保鲜物流专用车辆到小枣主产区等候，批量接单、批量发货，直接发往省（市）级物流集散中心，节约周转时间1.5天以上，有效保证了果蔬的新鲜度。为百枣纲目、德盛斋、新飞达调味等农副产品企业开辟"驻厂专线"，快递公司在厂内即可完成打包、分拣，大幅缩减了产品运输的时间及环节。目前，快递物流进厂、进企近20家，仅金丝小枣、调味品等农副产品电商配送业务每年就可带动农村增收3000余万元。

（四）依托本地特色资源，增强农业品牌效应

1. 积极搭建电商平台

授权睿来福有限公司在京东商城建设"中国特产·乐陵馆"，销售乐陵金丝红枣、调料、扒鸡等优质特色农产品，助力特色产业转型升级。抢抓省商务厅联合阿里巴巴共建"兴农扶贫频道"的契机，力促百枣纲目、乐飞2家企业成功入驻，入驻企业居全省第3位、德州第1位。截至目前，三家店铺运营情况良好，平均销量同比增长达20%。

2. 大力培育龙头企业

针对乐陵市枣制品企业各自为战，缺乏统一宣传销售平台，特色产业知名度低、公用品牌利用率低等问题，深入开展调研，制定了《千年枣林红枣品牌建设暨线上销售实施方案》，整合现有红枣种植、加工、销售资源，培植山东金枣乡现代农业发展有限公司为线上销售龙头，打造集红枣种植、产品加工、线上销售、线下展示、直播带货、品牌培育于一体的产业链，畅通红枣种植农户、红枣加工企业与产品用户之间的销售渠道，开辟红枣产业发展新途径。目前，金枣乡天猫旗舰店已正式上线，运营状况良好稳定。

3. 不断创新营销模式

自2020年以来，为了有效应对新冠疫情对红枣制品等农特产品销售的影响，乐陵市超前谋划，加大资金扶持力度，以政府背书融合流量效应的模式，实施"市长＋短视频带货"和"市长＋网红直播带货"等新型营销模式，成效显著。主动对接微视、贝壳视频等短视频平台，创新打造"县长带货"的营销模式，短视频上传后，日均成交量100余单。邀请副市长进入乐陵市农特产品专场直播间为产品带货，推广乐陵市红枣等农特产品品牌。

4. 着力加强培训力度

在德州县域率先开展乡村振兴电子商务培训班，特邀知名专业讲师，重点围绕特色物产、资源挖掘包装、电商平台运营与销售、宣传打造、电商直播等主题进行现场授课，乐陵市电商龙头企业电商负责人讲授经验技巧，企业代表、农村合作社负责人、农业种植养殖户、农村自主创业人员等500余人参加了培训。据初步统计，培训直接带动农村自主创业人员在各大电商平台开设网店100多家。同时，为了推动实现乐陵市体育产品线上销售，在泰山集团技术中心组织举办"乐陵市体育器材线上销售培训班"，重点围绕线上产品布局、各电商平台营销策略、直播带货、跨境电子商务等方面进行现场授课，100余名体育产业企业相关人员参加了培训，开拓了体育产品销售新模式。

（五）强化交通运输行业和城乡路网科学监管

1. 建立交通运输动态监控平台，探索实现运输车辆全天候监管

为了从根本上解决营运货车视频监控和驾驶员安全培训不到位的问题，为客货运行业监管提供第一手真实资料，压实企业主体责任，消除安全隐患，采取"政府引导、市场化运作"的方式，建立客货运行业信息监控中心，为货运企业提供24小时监控服务，对超速行驶、疲劳驾驶等违法行为给予及时提醒预警，帮助货运企业实时监控车辆动态，帮助驾驶员纠正不良驾驶行为，最大限度消除安全隐患、严防安全事故，真正实现货运企业全天候监管。目前，信息监控中心已投入运行，66家企业、1000余辆货车纳入平台监控，得到省交通运输厅领导的充分肯定。

2. 强化科技治超联合执法，提升科技治超水平

联合公安交警部门，用好非现场执法、动态监控等信息化手段，继续在S240加强定点执法，并加强夜间布控严查绕行乡村公路逃避执法行为。今年以来，共开展联合执法集中活动9次，共检查各类运输车辆6.3万辆次，查扣超限超载车辆456辆次，卸载货物1.3万吨，超限超载率由原来的5%下降至0.3%以下，并查处涉运政违法车辆10辆次。

3. 建立农村公路养护信息数据库

对县、乡、村三级公路全面排查，建立了系统翔实的农村公路信息化档案，为长效管理养护提供了科学依据。在此基础上，建立农村进行公路养护信息数据库，依托GPS设备和CAD制图，将全市1条国道、4条省道、11条县道、10条乡道和1042个村庄的村道，共计

2200余公里全部纳入。在信息库中可以随时查看每一条道路的起止点、路面材质、路线长度、路面宽度和线路交叉情况。既摸清了全市道路的底数，又为后续规划、养护、管理工作提供了数据参考和技术支撑。同时，结合农村公路养护工作实际，切切实实将数据库应用到实际养护工作中，市交通运输局进一步延伸数据库使用范围，将数据库中的道路信息导入天地图中，道路巡查员只需用手机在现场拍照，现场照片便能随时导入地图并精准定位，使数据库更直观、更形象、更易操作。现已存入图片4万张，基本将全市2000余公里的县、乡、村道进行了全覆盖。现在只需打开电子地图就能查看任何位置的道路基本情况和路线交叉、安防设施情况，大大节省了工作时间，节约了工作成本。

（六）坚持规范有序，提升服务水平

1. 明确站点服务规范

制定客货邮融合站点建设标准和运营服务规范，统一站点名称并设置标牌，明确场站功能配置、线路经营、仓储配送、安全管理、信息服务等要求，将服务价格、服务承诺、收寄验视、禁止寄递物品目录、损失赔偿办法、应急处置、安全操作规范等统一制作成制度牌上墙公示。

2. 规范邮件快件配送流程

明确货物邮件服务时效、交接程序、投诉处理等要求及结算标准。

3. 严格执行安全运营规则

落实寄递安全实名收寄、收寄验视、过机安检"三项制度"，确保农村客货邮运营安全规范。

三、经验启示

乐陵市城乡交通运输一体化水平显著提升，实现了快递进村全覆盖，邮政快递专线每日运行50个班次，投递邮政快件5万余件，每年为邮政和快递企业节省投递费用35万元，为公交公司增加收益30万元，带动了农产品销售和电商发展，促进了城乡公交可持续运行。围绕金丝小枣、调味品等特色农产品，做好快递助农文章，农产品配送每年可增加农民收入近亿元。以金丝小枣为例，枣农可以通过手机把订单传输给快递员，快递车辆直接开进枣林，快递人员10分钟就可以把新鲜小枣现场包装运出，小枣采摘期平均一天可发3000单，让特色产品实现"上午在树上，下午在路上，晚上在百姓桌上"。

（一）强化有力措施，"全方位"政策是保障

1. 加强领导，高位推进

坚持高标准规划，将客货邮融合发展列入"十四五"规划。坚持高规格领导，成立领导小组。坚持高效率推进，建立"为企服务直通车"制度。

2. 出台政策，大力扶持

根据企业发展需要，出台10余项扶持政策。

3. 抢抓机遇，夯实保障

坚持用足、用好上级支持政策，为交通综合服务中心等5个客货邮融合项目申报专项债券。

（二）构建三级体系，"全要素"融合是关键

1. 县级分拣

由政府出资实施"综合服务"提升项目，建设快递分拣中心，引导快递企业进驻，深化"快快合作"，实行统一管理、分拣、配送，节约快递企业人工成本60%，提升出港效益11%、派送效率40%。

2. 镇级分拨

利用乡镇原有的交通场站和空置房屋，通过市场化运作，建设乡

镇快递物流服务中心16处，并将17处乡镇邮政网点作为补充。

3. 村级配送

以行政村为单位，选择交通便利的农村超市、农资网点，设立130处村级快递服务点，统一挂牌制度、上墙制度、货架制度，规范提升多功能站点26个，开设快递进村公益岗130个，实现快递进村全覆盖，打通物流快递进村"最后一公里"，实现了工业品、消费品入村，农产品进城"双循环"。

（三）推进路网建设，"全网络"畅通是保证

1. 建好公路网

实施"四好农村路"三年集中攻坚和提质增效行动，累计修路500多公里，所有乡镇通达三级路、驻地10分钟通达国省干线，实现村村通公路。

2. 建好公交网

大力实施农村客运体制改革，动员协调承包农村客运班线的车主退出客运市场，将个人经营的公交线路全部无偿收回，淘汰超期服役客车66部，累计投入新能源公交车180部，开通公交线路39条，在德州各市县率先实现村村通新能源公交及实现城乡公交一体化运行，2023年2月5日，在全省率先实现全域全员无限期免费乘坐城乡公交车，将惠民政策落到实处。

3. 建好物流网

德龙烟铁路货运站成功启用，乐陵大宗货物运输迈入"有铁路"时代。同时，科学编制全市现代物流产业发展规划，与有关高校共建乐陵综合交通物流研究所，制定了《乐陵市关于加快现代物流产业发展的意见》，积极构建现代物流体系，降低快递物流成本，全面推进区域性物流枢纽城市建设。

（四）拓展"客货邮+"，"全领域"推进是源泉

1. 引导发展新模式

结合本地产业优势，引导企业积极发展农村"客货邮+电商"、旅游、农业等模式。

2. 积极搭建新平台

引导农村客货邮经营主体与电商企业合作，提供日用消费品、农资下乡和农产品进城"网上下单、一键送达"服务。

3. 探索建立新合作

与景区景点合作，为特色景区产品、传统手工艺品、乡村民宿伴手礼等提供高效的运输寄递服务。与农副产品生产经销企业合作，开通农副产品定制化运输专线、季节性运输专线等特色客货邮线路。

宁津县关于全域数字化集成改革的创新实践 *

党的十八大以来，以习近平同志为核心的党中央深刻把握信息化条件下社会建设的特点和规律，就数字化转型作出一系列新论断、新部署、新要求，为引领中国经济从高速增长阶段转向高质量发展阶段指明了前进方向、提供了根本遵循。习近平总书记指出，数字技术正以新理念、新业态、新模式全面融入人类经济、政治、文化、社会、生态文明建设的各领域和全过程，给人类生产生活带来了广泛而深刻的影响。[①] 他强调，要加大投入，加强信息基础设施建设，推动互联网和实体经济深度融合，加快传统产业数字化、智能化，做大做强数字经济，拓展经济发展新空间[②]；要利用区块链技术探索数字经济模式创新，为打造便捷高效、公平竞争、稳定透明的营商环境提供动力，为推进供给侧结构性改革、实现各行业供需有效对接提供服务，为加快新旧动能接续转换、推动经济高质量发展提供支撑[③]；要运用大数据促进保障和改善民生。大数据在保障和改善民生方面大有作

---

　　* 本案例由中共宁津县委党校（宁津县行政学校）办公室张峰峰、宁津县委改革办主任桑倩倩撰写。

① 《习近平书信选集》第一卷，中央文献出版社2022年版，第362页。
② 《习近平关于网络强国论述摘编》，中央文献出版社2021年版，第132页。
③ 《习近平：把区块链作为核心技术自主创新重要突破口　加快推动区块链技术和产业创新发展》，《人民日报》2019年10月26日。

为。[①]习近平总书记的这些论述，不仅揭示了数字化转型的重要性，而且还指明了其发展路径和目标，为我国的数字化改革提供了理论指导和行动指南。

一、背景情况

总的来说，宁津县在全域数字化改革的背景下，充分发挥了政策引导、数字化赋能、数字化应用场景等多方面的优势，推动了全县的数字化转型和发展。一是政策驱动。宁津县在推进全域数字化改革的过程中受到了政策的驱动。比如，《山东省"十四五"数字强省建设规划》中提出，要坚持以点带面、示范引领，推动经济社会各领域开展数字化改革先行先试，创新引领数字化发展。二是数字化赋能绿色发展。宁津县引进了腾讯云、忽米网两个国家级平台，带动了44家企业上云，打造了一批智慧工厂、数字车间，如迈宝赫、罗赛罗德等。三是数字化应用场景。宁津县将互联网、大数据等融入工业、农业、城市建设等领域，让城市会思考、让生活更美好，持续擦亮"数字宁津""智慧宁津"新名片。四是数字化转型。宁津县立足产业优势，坚持全域思维，抢占数字经济新赛道，融合大数据、互联网、云计算等现代信息技术，实现了MES系统应用多点开花，市级智能制造标杆企业、省级数字化车间、省级数字经济园区相继落地。五是数字化发展方向。宁津县将聚焦数字化发展方向，持续发展和扩大数字化应用领域，努力探索出一条全域数字化发展新路径。

---

① 《审时度势精心谋划超前布局力争主动　实施国家大数据战略加快建设数字中国》，《人民日报》2017年12月10日。

二、主要做法

（一）坚持顶层抓、抓顶层，实现整体性机制重塑

一是抓好高位推进、机制统筹。聚焦优政、惠民、兴业、强基四大领域，系统谋划县域数字化发展战略，建立数字化平台集中统一管理机制，部署县级自有"政务云""工业云"，对已落地的应用场景归集整理，搭建组件库、模块库、数据库和算法库，实现信息系统上线和迭代更灵活、投入和运维成本更低。二是抓好平台底座、场景导入。基于腾讯云、忽米网两个国家级双跨平台打造"工业大脑"，依托天空地一体化农业大数据平台打造"农业大脑"，利用智慧城市运行管理平台打造"城市大脑"，实现全域覆盖。强化自主开发的信息化平台、应用程序的管理，实现平台应纳尽纳、数据应享尽享，推动三大领域"筑云、聚数、赋能"。三是抓好上层部署、基层原创。梳理分析上级部门部署的业务事项和应用场景，推进各部门政务数据接入、管理、共享、交换和开放，打破"数据壁垒"和"信息孤岛"，实现不动产管理、公积金线上办理等19个事项一次办、一链办。

（二）突出全领域、全区域，推动系统性动力变革

一是加速抢占数字经济新赛道。坚持先进制造业强县主攻方向，聚焦破解中小微企业识云上云难题，建立"产业链长 + 平台公司"协同机制，发挥腾讯云、忽米网"双引擎""双驱动"作用，实施梯次上云计划。对链主企业、骨干企业，"一对一"引导企业部署"私有云"全周期管理方案；对其他规上企业，分行业推送上云解决方案；对小微企业，提供生产、销售、管理等全环节模块化自由组合方案。同时，按照"亩均效益"评价结果分类给予补贴。二是加速拓展智慧城市新

场景。开展智慧城市建设"问需于民"活动，创新"点菜单"式改革机制。深化融合"舒心就医""医护到家""心电一张网"等场景，打造新型"互联网＋医疗健康"服务；开展智慧课堂应用，建设智慧校园，推进学校安防、食品安全等智慧化管理；建设全省首创、覆盖全县的"天空地"一体化智慧农业大数据平台，深入推进"科技壮苗"行动，实现数字赋能苗情升级；建设县级智慧养老云平台，实现需求有派单、上门有定位、服务有照片、事后有回访全过程管理；推进市政公用设施物联网应用，部署智能"四表"、智能照明、智能停车和智能快递柜等感知终端，提升城市智能化服务水平。三是加速探索政府运行新模式。围绕政务服务内外兼修，深入推进机关内部"一次办好"改革，打造数字机关；深化"双全双百"工程，新增54项高频事项极简办、集成办、全域办、跨省办。围绕政府监管精准有力，用好智慧环保、智慧市监等监管平台，推广"住建清欠宝"App等应用程序，推进信用管理、产品溯源等系统建设。围绕基层治理提质增效，加快试点布局智慧社区；推进省级数字乡村试点建设，构建引领乡村产业振兴的数字经济体系和适应城乡融合发展的数字治理体系。

（三）聚焦提素养、强能力，涵养常态化用"数"思维

一是培养"数字干部"。将学习贯彻习近平总书记关于数字化建设的重要论述作为重大专题，列入"第一议题"、必学课程，持续加强党政领导干部"云思维"培训。打造两个数字化改革教学实践基地，常态化开展新基建、工业互联网和电商等现场教学。深化警航中队"无人机＋智慧警务"模式，持续擦亮宁津"空中卫士"数字化改革品牌。二是引育"数字人才"。推进京深数谷产业园建设，成立数字化专家智库，精准招引和培育数字化领域"高精尖缺"人才。依托凯斯锐、山速、伯朗特等工业机器人制造企业，推广普及生产线机器人100台，把数字技能融入职业教育体系，加快培养符合数字产业化需求的应用型、操作型"数字工人"，构建现代产业工人和工业机器人融合的劳动力供给体系。三是打造"数字市民"。推广普及"爱山东"App和"宁疫安""二维码验房"等本地特色应用，创新互动体验、媒体端演示等宣传方式，提升群众对数字化的知晓度和接受度。

三、经验启示

（一）加速抢跑数字经济新赛道

坚持先进制造业强县主攻方向，全力破解中小微企业识云上云难题。一是加快推进企业上云。发挥首席数字服务官作用，建立"亩均效益"评价结果导向的精准补贴机制，开展标杆示范引领行动，加快构建分行业、多场景、全链条、多层级的链主"灯塔工厂"。迈宝赫入选省级智能工厂、省级智能制造标杆企业，罗赛罗德健身器材入选省级数字化车间。目前，全县上云企业总量已经达到102家，3家企业入选全省数字经济重点项目，先后入选省DCMM贯标第一批试点县、省数字经济"晨星工厂"试点县。二是加快推进集群上线。建立"产业办＋平台公司"协同机制，突出产业整体推进，打造了全国首个全国健身器材制造业二级节点平台，推动2个乡镇工业园28家家具企业集体上云。加快"天空地"一体化智慧农业大数据平台迭代升级，入选省级数字乡村试点，获得全国"绽放杯"5G应用征集大赛"乡村振兴"专题赛二等奖、全省数字乡村建设创新大赛案例优秀奖，央视新闻联播2次报道。三是加快推进园区上线。建设京深数谷数字经济产业园，引进腾讯云、忽米网两个国家级"双跨"平台，与赣州智能产业研究院、苏州迈艾木软件公司开展深度合作，腾讯云获评省级工业互联网平台、省级第一批优秀数字产品，先后入选省级数字经济园区、省级工业互联网园区，省级新型数据中心试点。

（二）加速探索数字政府新模式

突出资源整合、提升效能，全面建设省级新型智慧城市建设试点。一是打造城市管理"一个平台"。加强顶层谋划布局，全面建设智慧城市运行管理平台，接入智慧社区、智慧应急、智慧市监、智慧城管等16个部门的应用管理场景，连续两年获评全国数字政府创新成果与实践案例，获评省新型智慧城市网络安全创新案例，入选全省视频智能应用试点、省一体化大数据平台县级节点建设试点。二是深化政务服务"一个窗口"。深化"双全双百"提升工程，共计240项高频事项实现极简办、集成办、全域办、跨省办；"爱山东"宁津分厅推出"组 e 通""线上评残""津快就业""微连心"等6个本地特色拳头应用，爱山东"居民码"测试版上线并开展场景化应用，推动"无证明办事大厅"再升级，加快推进"无证明"城市建设。三是推进机关内部"一次办好"。不断深化机关内部"一件事"集成改革，推进机关业务数字化，2023年4月为全县各级各部门单位配备平板电脑，县委常委会会议等重要会议活动推进平板电脑无纸化办公；推进政府采购全流程电子化，同年6月完成全市第一单政府采购电子合同。

（三）加速拓展数字社会新场景

创新"点菜单"式改革机制，坚持以群众需求为导向布局智慧场景。一是打造智慧医疗体系。深化"互联网＋医疗健康"模式，县医院入选全国心电一张网·心电诊断中心项目试点，"智慧中医药"入选全省国家中医药综合改革示范区"揭榜挂帅"改革项目，"舒心就医"入选中国新型智慧城市建设百佳案例，全国智慧共享中药房建设现场会在我县召开。二是创新智慧养老供给。创新"居家社区养老＋数字化"模式，建设县级智慧养老云平台，实现养老服务供给及监管的智能化、可视化、数字化，入选全省医养结合示范先行县。三是加快智慧社区建设。扎实推进全市优化营商环境"一把手"工程，加快打造"数字红利惠社区"品牌，上线9大板块、170项便民服务，目前已经完成3个成长型智慧社区和5个基础型智慧社区，可实现80%城市社区覆盖。同时，智慧校园、智慧照明、智慧停车、智能垃圾分类、智慧调解等一系列便民应用场景全面落地，全面打造了实用、好用、爱用的群众便民生活圈。

营商环境

禹城市深化政府采购流程再造 持续优化营商环境 *

政府采购营商环境作为我国营商环境的重要组成部分，对国家整体的营商环境有着一定的影响，优化政府采购营商环境是建设法治政府、廉洁政府的重要内容，是深化政府采购改革、打造优良营商环境、促进县域经济健康发展的重要措施。近年来，政府采购规模和采购次数不断加大，做好政府采购流程的提升再造工作，对于落实好纾困惠企政策、打造市场化、法治化、国际化营商环境、构建亲清政商关系、支持企业发展，提升整体经济发展具有重要的意义，不断推进政府采购营商环境建设工作，对推动全国营商环境整体优化、培育和激发市场主体活力发挥了积极作用，政府采购营商环境正沿着市场化、法治化、国际化方向稳步前进。

禹城市不断深化财政体制改革，坚持把优化政府采购营商环境作为打造"亲清"政商关系的桥梁，在制度创新、政策落实、监管服务等方面转换思路角度，处处从企业发展方向考虑，用心用情服务企业，政府采购营商环境持续优化，打造优"采"禹城名片，获得了社会广泛好评。

＊ 本案例由禹城市财政局政府采购监督科科长张晓杰撰写。

▶ 一、背景情况

2018年11月，中央全面深化改革委员会第五次会议审议通过了《深化政府采购制度改革方案》，为深化政府采购制度改革、加快建设现代政府采购制度提供了根本遵循。2019年7月，财政部发布了《关于促进政府采购公平竞争优化营商环境的通知》，为构建统一开放、竞争有序的政府采购市场体系指明了工作方向。随后，山东省认真贯彻落实党中央决策部署，按照财政部有关要求，制定了一系列相关配套文件，如《山东省深化政府采购制度改革工作方案》《山东省优化营商环境创新突破行动实施方案》等。这些都为优化政府采购营商环境提供了机制引领和制度保障。

在禹城市委、市政府的坚强领导下，财政部门坚决贯彻落实好山东省和德州市出台的一系列政策措施，结合禹城本地实际，率先做好优化政府采购营商环境工作，2023年2月获得"全国优化营商环境卓越奖"，全国仅8个县级单位获评，禹城是山东省唯一获奖的县级单位。同年7月，禹城市被评为"2022—2023年度政府采购百强市（县、区）"，禹城市财政局被评为"2022—2023年度政府采购百强市（县、区）突出贡献单位"。

▶ 二、主要做法

（一）从"零跑"到"领跑"，率先全面推广全流程电子化

禹城市借助"大数据""互联网+"等信息化技术，系统整合政府采购业务平台、采购信息公开平台、政府采购电子交易平台及政府采

购网上商城平台等政府采购相关业务系统，禹城领跑全省全面推进政府采购全流程电子化，相关做法入选《山东省优化营商环境标杆案例汇编》，切实实现政府采购数据赋能，参与各方"少跑腿"。

一是"信息共享化"流程更简。精简供应商参与政府采购活动需要提供的资料，取消主体入库信息原件验证，所有资料手续"一窗受理"，电子化交易"一网运行"，大幅提升交易效率和各方参与政府采购活动的便捷度。二是"文件无纸化"成本更低。从发布采购需求、报名投标、专家评审、中标公示等全过程无纸化操作，供应商免费获取招标文件，网上上传投标文件，每年可节约标书印刷费、运送费等近300万元。三是"全程零接触"效能更高。优化交易流程，采购过程中，从文件制作、投标、开标、评标到确定中标候选供应商等环节，均在网上开展。"数据跑腿"实现了投标人从原来的"只跑一趟"到"一趟都不跑"的转变，全程用时较以往减少30%以上，近三年的政府采购项目全部采用电子标，远程投标不见面开标模式，依托"网上开标大厅"，实现投标人从"只跑一趟"向"一趟都不跑"的转变。通过远程异地评审系统，打破了地域空间限制，实现了评标专家资源的跨市共享，消除"信息孤岛"，降低评标成本，提高了政府采购项目的评审效率和交易质量。四是升级应用电子签章技术。采购人和供应商均可通过线上进行政府采购合同签章，完成合同的在线签订，生效后的合同自动在山东省政府采购信息公开平台公示。政府采购合同电子签章的应用，实现了政府采购流程的再度优化，更加有效地规范了各方行为，在节约中标供应商时间成本和费用成本的同时，切实保证了合同的真实性，防止擅自修改合同，有效地保护了中标供应商合法权益，助力中小企业发展。五是开通政府采购资金支付在线查询服务。供应商可实时查询项目资金拨付情况，为企业动态掌握项目资金提供便利。

六是自2023年8月1日起系统实现政府采购中标通知书线上签发。中标通知书在线签发率达100%。七是将政府采购政策规定嵌入政府采购数字化平台。通过技术手段压实采购人主体责任，保证政府采购政策的落实落地，政府采购交易系统实现大数据分析功能，多角度抓取数据信息，有效预警，为财政部门提供准确的数据增值服务，维护好市场主体的权益。

（二）"降成本"加"促融资"，政采政策激发企业内生动力

流动资金如同企业运行的"血液"，很大程度上决定着企业的生存与发展。禹城市积极推行政府采购领域制度创新和流程再造，充分发挥政府采购政策功能，"降成本""促融资"双线发力，着力激发企业内生动力，力争让企业少出钱、减负担、早拿钱、借到钱。

一是免收保证金让企业"少出钱"。全面取消政府采购投标保证金，对信誉良好的中小微企业不再收取履约保证金，供应商可以用银行、保险公司出具的保函提交履约保证金，在降低政府采购参与门槛的同时，每年可减少企业资金占压总数达6000余万元。二是告知承诺"减负担"。实施政府采购供应商资格信用承诺制，供应商可提前在"中国山东政府采购网"查询本单位缴纳税收和社会保障资金情况，在参加政府采购活动时仅需按照采购文件规定格式提供承诺函即可，切实降低制度性交易成本。在政府采购资格审查环节，采购人和代理机构可登录"中国山东政府采购网"在"开评标管理"栏目中查询。同时，资格信用承诺制的应用减少了因资格审查时提供的资料不全等问题造成的废标情形，使更多的供应商有机会参与政府采购活动。三是预付款制度让企业"早拿钱"。采购人在合同签订生效且具备实施条件后5个工作日内支付预付款，货物类预付款比例不低于合同金额的40%。采购项目实施以人工投入为主的，可适当降低预付款比例，但不得低于10%，与疫情防控有关的采购合同预付比例可达100%。自政策发布后，年均设置不低于4000万元的预付款。四是推行"政采贷"企业"借到钱"。参与政府采购活动的中小微企业，可在"山东省政府采购合同融资与履约保函服务平台"注册登记后填写融资需求，通过进入"融资超市"自选或者"撮合模式"与金融机构对接，实现政府采购合同融资。原则上不再要求中标（成交）企业提供除自然人保证以外的任何形式的担保，并对融资供应商实行优惠利率政策，有效缓解了企业融资难融资贵的问题。截至目前共发放政采贷23笔，发放贷款资金6000余万元，切实缓解了中标企业资金压力。

（三）推行"预留份额＋价格评审优惠"机制，加大支持中小企业力度

中小企业是经济和社会发展的重要力量。禹城市持续加大对中小微企业的政策扶持力度，在印发的《禹城市政府采购规程（试行）》中明确预算单位专门面向中小企业预留的情形，项目预留情况在政府采购意向中提前明确，鼓励不专门面向中小企业的项目采取最高价格扣除标准执行，通过"预留份额""价格评审优惠"等一系列定向措施，进一步优化中小企业参与政府采购活动的市场竞争环境，让更多的中小企业能够参与到政府采购项目中来，激发市场活力和内生动力。一是预留采购份额，打通"单行道"。要求主管预算单位对适宜由中小企业提供的采购项目统筹管理，公开招标数额以下的采购项目原则上全部预留给中小企业，保证本单位采购项目预算总额的45%以上专门面向中小企业采购。二是价格评审优惠，优先"开绿灯"。鼓励采购人、采购代理机构对未预留份额的采购项目或者采购包评审时将货物、服务类按小微企业报价的20%（工程项目为5%）顶格价格扣除。三是促进公平竞争，吹响"裁判哨"。明确采购人不得以企业注册资本、资产总额、营业收入、从业人员、利润、纳税额等规模条件和财务指标作为供应商的资格要求或者评审因素，不得在企业股权结构、经营年限等方面对中小企业实行差别待遇或者歧视待遇。通过集中在全市范围开展备选库名录库资格库专项清理工作，消灭在政府采购活动中设置各种违反公平竞争的条款和门槛现象，切实维护了公平竞争的市场秩序。禹城市近三年预留份额均超过45%，实际由中小企业承接的项目金额占比年均超过90%。

（四）构建"诚信采购"体系，让政府采购效率更高

一是强化政府"阳光采购"。建立集"采购预算、采购需求、采购文件、采购结果、采购合同、履约验收"于一体的"六公开"政府采购诚信体系，积极构建公平竞争、诚实守信、规范执业、高效有序的政府采购营商环境。全面推行意向公开，采购活动开展前至少30日发布采购意向，以方便供应商提前知晓信息，及早准备，做到政采意向应公开、尽公开。除紧急采购项目外，全市政府采购项目意向公开率达100%。二是强化政府采购绩效评价。深化事前绩效评价，做好项目价格测算，实现政府采购事项科学精准纳入预算，避免资金流失。深化事后绩效评价，建立规范工作流程和科学评价指标体系，将评价结果与后续项目执行挂钩，压实采购人主体责任，提升资金使用效率。三是强化代理机构管理。建立"定期抽查+约谈提醒"工作机制，每周随机抽检1~2个项目，掌握政府采购执行情况。对首次参与政府采购的代理机构，提前"谈话提醒"项目负责人，明确要求，阐明红线，签署工作承诺书，通过帮助代理机构找准突出问题和薄弱环节，挖掘深层次的原因，精准提升代理机构执业水平。按照政府采购的相关法律法规要求并结合工作实情印发执行《加强政府采购代理机构内部控制管理的指导意见》，社会代理机构按照此指导意见建立起更加完善的

内控制度，促进政府采购代理机构内部管理更加规范有序；依托"线上＋线下"模式，强化社会代理机构培训力度，提升他们的执业能力。通过引导和规范，推动代理机构由重程序的合规型代理向重需求的专业化代理升级。四是畅通供应商救济渠道。在政府官方网站、财政局公众号等平台公示监督举报电话，对收到的供应商投诉、举报材料，应严格依法处理，做到公平公正，将办结时限从国家规定的30个工作日压缩至10日以内，办结情况及时向社会公开，切实维护好各方合法权益。近三年未发生投诉事项。五是打造"信用＋督导"模式。依托《政府采购领域诚信建设暂行办法》《政府采购负面清单》等一系列政策文件，以政府采购信用评价指标体系为抓手，全链条评价政府采购各主体在采购活动中的行为，常态化排查清理政府采购领域的不良行为，尤其做到维护政府采购公平竞争，切实减轻企业负担。建立政府采购领域守信激励机制，对守信的市场主体免交投标保证金，少交甚至不交履约保证金，履约保证金以"银证保函"形式收取，减少企业资金占压，切实减轻企业负担，将激励政策发挥到实处。坚持重拳出击、常抓不懈，持续加大监督检查力度，对在采购活动中发现的虚假承诺等违法失信行为予以严肃处理，持续开展违规收取无法律依据的保证金专项检查，有效净化政府采购市场环境。

（五）积极推广政府采购"网上商城"，淘宝式购物让更多企业公平参与政府采购

借鉴网购模式，打造集规范、便捷、开放于一体的政府采购"网上商城"。通过政策讲解和宣传，引导采购人借助齐鲁云采政府采购网上商城规范采购。同时，帮助禹城籍企业供应商入驻网上商城，拓宽禹城企业的服务范围，提升禹城籍企业知名度。近三年来，禹城市发生网上商城采购业务年均达3000笔以上，采购金额年均不低于1500万元，108家禹城籍企业入驻网上商城，经营范围涵盖计算机、打印机、复印机、办公家具等货物类产品，车辆租赁、车辆加油、印刷、车辆维修维护、工程造价等服务类产品以及小额零星工程类项目的承接，面向全网提供年均不低于3000次的服务，年均总额不低于1000万元，活跃度居德州地区首位。

（六）用好"832平台"采购攻略，推进乡村产业振兴

近年来，为深入贯彻落实习近平总书记在全国脱贫攻坚总结表彰大会上的讲话精神，禹城市财政局认真落实《财政部 农业农村部 国家乡村振兴局关于运用政府采购政策支持乡村产业振兴的通知》《山东省财政厅 山东省农业农村厅 山东省乡村振兴局等6部门关于印发〈深入开展政府采购脱贫地区农副产品工作推进乡村产业振兴工作方案〉的通知》等文件要求，充分发挥"832平台"消费扶贫采购优势。在此基础上，禹城市财政局结合工作实际，倾力打造《"832平台"操作手册》。扶贫"832平台"怎么使用？供应商是谁？都有哪些交易方式？采购人有哪些具体的交易流程？应注意哪些事项？对于这些问题在手册中都有详细的讲解。为了加深理解，禹城在第一时间召开了专题培训会议，指导预购单位开通"832平台"采购账户，通过实际操作，熟练掌握采购流程。通过加强组织领导、发挥部门优势、加强管理引导及服务指导，持续扎实推进"832平台"扶贫产品的采购，三年蝉联德州各市（县、区）优秀等次。

（七）创新"服务＋宣传"机制，让政府采购政策覆盖面更广

一是服务专员"主动帮"，优选财政局34名业务骨干担任首席服务专员，精心制作《政府采购问答》电子手册，精心梳理、及时更新政府采购政策，以问答方式向禹城企业推送、宣传、解读政府采购相关政策文件和流程操作，点对点服务企业，及时收集企业反馈的问题并对问题进行耐心细致的解答。二是推行"政府采购推介官"制度，保证每个采购人都能切实知晓采购人职责、履行采购人义务、深度参与优化政府采购营商环境，促进采购人和外地供应商及时了解禹城市现行的政府采购政策，为实现参与禹城政府采购人员政策全覆盖工作打下坚实的基础。三是在官方媒体设置专栏，让更多的人了解政府采购。通过在禹城市财政局公众号设置"政采小问答"专栏，让越来越多的人能正确知晓政府采购，促进更多的企业愿意参与政府采购活动。四是借助媒体，积极宣传工作动态。通过将禹城市现行的政府采购工作动态及时宣传，让更多的供应商了解禹城现行政策，知晓禹城营商环境的优秀，从而吸引更多的优质供应商参与禹城建设。

三、经验启示

优化政府采购营商环境主要从以下几个方面实现。

第一，多措并举，消除各种不合理门槛和限制。通过出台政府采购负面清单等官方文件，建立清理、纠正政府采购有违公平的行为的长效机制等方式，进一步压实采购人主体责任，严禁以不合理的条件对供应商实行差别待遇或歧视待遇，严禁违规设置供应商资格条件，从而破除各种不合理门槛和限制。严格落实公平竞争审查机制，坚决清理妨碍公平竞争的规定和做法，确保各类市场主体平等地参与政府采购活动。

第二，完善政采项目交易规则，解决市场主体的资金难题。通过对于免除投标保证金、履约保证金收取方式、预付款比例、缩短付款时间、不允许收取没有法律依据的保证金等有关涉及资金内容的限制，形成正式文件下发，进一步加大助企纾困力度，减轻企业资金压力。

第三，强化数字化支撑，为市场主体提供便利化服务。通过扎实推进"数字化政府采购"，着力打造集网上交易、服务和监管于一体的政府采购平台。

第四，正向引导，加强对市场主体的规范。通过定期梳理并发布政府采购知识问答或者典型问题清单，加强规范引导和警示教育。

虽然政府采购营商环境建设工作取得了较好的成效，但与政府采购改革、制度建设的目标还有一定距离，仍需进一步优化。

一是避免过度降低供应商入围门槛。为提升营商环境，相关部门出台了一系列政策，让供应商进入政府采购市场更加灵活、便捷，但部分供应商借此投机取巧，不注重提升其服务质量，反而用各种方法来规避监管。例如，有的供应商在违规被处罚后，不是反思整改、有效提升，而是注销本企业，重新注册新公司继续经营；还有的供应商故意用畸低的商品报价参与政府采购活动，扰乱市场的交易秩序。这些不仅给采购人带来了诸多困扰，而且不利于政府采购的良性循环。

二是监管手段需与时俱进。交易秩序监管是多层次的、综合的，既需要相关部门的联动，也需要技术手段的支持。而由于跨部门、跨区域的数据运用还存在不足，导致与之相适应的监管手段相对滞后，不利于推动政府采购营商环境的优化。

总之，优化政府采购营商环境既是深化政府采购制度改革的必然要求，也是推动经济高质量发展的重要抓手，整体工作的完成依旧任重而道远。

武城县实施"一业一证"改革的创新实践 *

习近平总书记明确指出，法治是最好的营商环境。党的十八大以来，以习近平同志为核心的党中央全面推进依法治国，以更有力的法治举措推动营商环境不断优化。近年来，武城县始终坚持以习近平新时代中国特色社会主义思想为指导，深入学习贯彻习近平法治思想，一体推进法治武城、法治政府、法治社会建设，不断深化行政审批制度改革，持续优化法治化营商环境，群众在法治领域的获得感、幸福感、安全感明显增强。

进入新时代新阶段，推进经济高质量发展成为必然要求。推进经济高质量发展离不开法治化的营商环境。法治化的营商环境对于孕育更多新动能、激发更多新活力具有重要催化作用。当前，我国经济社会发展面临复杂形势，打造市场化、法治化、国际化的营商环境成为落实中央提出的构建国内国际双循环新发展格局新要求的重要举措。

为进一步优化营商环境，2019年9月，武城县率先在全省实施行业综合许可即"一业一证"制度改革。"一业一证"改革是进一步深化"证照分离"改革，推动审批服务从"政府供给侧"向"企业需求侧"转变的首创性举措，也是激发市场活力的一次有益尝试。从过去

---

* 本案例由中共武城县委党校（武城县行政学校）正高级讲师时红燕、高级讲师郭艳丽、助理讲师孔晨曦撰写。

的"一证一办"到"一业一证",武城县实现了全流程最多跑一次,一张许可证覆盖全行业。这正是该县将"重复证明"统一整合,实行流程再造的具体体现。本案例主要立足于武城县改革实践,梳理改革思路,辨析改革路径,提出深化改革的有关建议,以期对此项改革在全省乃至全国推广能够提供有益的参考。

为深入贯彻落实党中央、国务院及省委、省政府关于深化"放管服"改革、优化营商环境的决策部署,进一步激发市场主体活力,破解"准入不准营"问题,让企业和群众"少跑腿""不跑腿",打造"无差别、无障碍、无后顾之忧""可预期、可信赖、可发展"的营商环境,2019年9月,武城县率先在全省探索实施行业综合许可即"一业一证"制度改革。

一、武城县"一业一证"改革的背景情况

(一)群众有需求

近年来,武城县积极推进商事制度改革,优化企业开办流程,深化"证照分离"改革,持续实施"一次办好",营商环境不断改善。虽然取得了一定成效,但是对于涉及多项许可的行业,市场主体仍需层层"通关","准入不准营"的问题依然存在。办证群众普遍反映,办证前所需资料不了解,办证流程不明确,办证时间太长,一个行业需要办多个证才能开业。特别是有些行业准入涉及多项许可证,要一项一项去办,一个部门一个部门去跑,还要等一项许可证办完后,才能继续去办另一项许可证,而且到每个部门办证都要交一套材料,浪费了办证人的时间和精力。如群众想开一家电影院,需要分别办理电影放映经营许可、公共场所卫生许可、食品经营许可3个证,承诺办理时

间是30个工作日左右，需跑3～4个部门，办理各种证照手续。还要一次次排队，一次次填表，给申请人办证带来了诸多不便，"准营"堵点消磨掉了"准入"的便捷。

（二）上级有要求

2020年4月，山东省人民政府办公厅印发《山东省加快流程再造推进"一业一证"改革试点实施方案》，决定在部分市县对餐饮、便利店、药店等20个行业进行试点"一业一证"改革，将一个行业多张许可证合并为一张载明相关行政许可信息的行业综合许可证。

（三）现实有问题

针对营商环境中存在的"堵点""痛点""难点"问题，在充分调研的基础上，县政府办公室于2019年9月印发《武城县深化"流程再造"、推进"照后减证"、实施"行业综合许可证"改革试点的工作方案的通知》，提出探索推进"一业一证"改革。将娱乐行业、公共场所、药品经营、食品经营、出版物经营等5个行业列为首批"一事一证"改革清单，实现一件事情全程办理，并先后于2019年9月30日、2020年1月2日、2020年4月30日以武城县政务服务管理办公室的名义制定《行业综合许可证登记制度》《行业综合许可证实施办法》《"一链办理"工作实施方案》《关于开展行业综合许可"一业一证"改革的实施方案》，并成立工作领导小组。对事项办理流程进行再造，探索通过联合审批、联合勘验等方式最大限度地精简办事流程和环节。实行"一窗受理、并行审批、限时办结、统一发证"模式，变"多窗受理"为"一窗受理"，解决了事项互为前置、群众多次跑腿的难点。

武城县自2019年9月以来的改革探索走在了全省各县、市、区前列，为全省推进试点改革积累了宝贵经验。

二、武城县"一业一证"改革的实践探索

"一业一证"改革，是指通过再造审批管理服务流程，将市场主体进入特定行业涉及的多张许可证整合为一张行业综合许可证，实现"一证准营"。这项改革的主要目的是破解"准入不准营"的问题。"一业一证"改革的核心在于一个"减"字，也就是减材料、减环节、压时限，让经营者少跑腿、不跑腿，有效提升了行政效能和办事效率，极大地激发了市场主体发展动力。

（一）主要做法

1.流程再造，多证合一

对行业相关行政审批事项的审批环节进行重新梳理和流程优化再造，推行"一次告知、一表申请、一窗受理、一同核查、一并审批、一证准营"的"六个一"综合服务。

一是"一次告知"。武城县对一个行业涉及所有许可事项的审批条件进行整合梳理，形成一张全面、准确、清晰、易懂的告知单，一次性告知申请人。截至目前，已经制定了56张行业告知单，涉及行业56个。

二是"一表申请"。按照共用信息共享应用、个性信息单独填报的原则，整合申报材料，对同行业事项名称、编码、类型、设定依据、行使层级、受理条件、服务对象、申请材料、办理时限、收费项目等要素梳理整理，制定了药品行业、食品行业、娱乐行业等申请表，截至目前共计8个申请表已经全部投入使用。

三是"一窗受理"。为全力打造"一站式集成审批服务"全新模式，以群众办事"只跑一窗、一次办好"为目标，在政务服务大厅设

置"一业一证"窗口,实行受审分离,前台综合受理,后台分类审批,统一窗口出件的服务机制,简化审批环节,避免了简单事项办理时间变长、受理办件质量不高、办事群众体验感不强等情况的发生,有效提高了办事效率。

四是"一同核查"。对需要现场核查的事项,组织人员进行现场踏勘,实行一次完成现场踏勘,就可以解决多个许可事项的现场需求。截至目前,对"一业一证"事项现场核查40次,较以前节约了60%的时间。

五是"一并审批"。"一业一证"中涉及的多个审批事项的办理时限,按照用时最短事项的时限确定。审批由串联改为并联,整合出一套审批文件,一次性审核、审批,以"一次通过"为特征,全面压缩办理时限,整合全流程审批事项。

六是"一证准营"。按照省市文件的要求,制定出"行业综合许可证"样式,加载集成有效经营许可信息的二维码,实现行业经营许可信息一码覆盖。版面内容将包括行业类别、经营主体、经营场所、许可项目和发证机关。一张"综合许可证"覆盖全行业。

2. 创新主导,健全制度

一是创新工作方法。实行容缺受理、秒批秒办、帮办代办等新型工作方法,进一步拓展"秒批"事项范围和数量,将更多的涉企审批事项纳入"秒批秒办"范围,做到"即报即批"。延伸网上服务链条,为企业开通证照、材料免费寄递服务。公共场所卫生许可、食品经营许可(预包装食品销售、散装食品销售、特殊食品销售许可)、变更许可(限经营条件未发生变化)、延续许可(限经营条件未发生变化)和食品小餐饮登记等实行告知承诺,容缺办理制度。申请人提出许可申请后,收件人员一次性告知审批条件和需要提交的材料及提交渠道,申请人在规定时间内将经签章的告知承诺书和申请材料一并提交,在材料齐全、符合法定形式、书面承诺申请材料与实际一致的前提下，申请人可在受理后当场拿到许可证。各类行政审批服务事项需要现场踏勘的，根据项目需要，灵活采用实时连线、远程核查、视频会议等远程踏勘、评审方式开展工作。

二是完善健全制度文件。2019年9月县政府办公室印发《武城县深化"流程再造"、推进"照后减证"、实施"行业综合许可证"改革试点的工作方案的通知》，全面推进"行业综合许可证"（一业一证）改革的实施，制定"行业综合许可证"（一业一证）制度和规范，制定首问负责制、容缺受理制、帮办代办制度、诉求处理制度、特殊情况处理制度等，切实做好后勤保障工作，推进行政审批工作顺利进行。

3. 部门协作，扩大宣传

为确保审批和监管无缝对接，杜绝审批上的漏洞和监管上的盲点出现。将行业综合许可证的项目建立"双向推送"联动机制，推送信息主要内容有项目名称、地址、联系人、联系方式，推送人姓名、联系方式及附件，推送时限为审批事项办结当日，项目审批结束，行政审批局将相关审批信息内容推送至各单位后，各单位履行监管职能，切实守住相关领域的安全底线。

充分利用报刊、广播、电视、网络等多种方式，广泛宣传行业综合许可证的积极作用，及时总结、宣传、推广行业综合行政的典型经验，提高公众对行业综合许可证的认识，切实让企业和群众感受到行业综合许可证的便利之处，为"一次办好"改革发展营造良好社会氛围，不断扩大改革受益面，努力推动政府公共服务能力不断提升和营商环境持续优化。

4. 稳步实施，改革深化

按照成熟一批公布一批的原则，分批次向社会公开"一业一证"

实施清单。"一业一证"改革以社会关注度高,与群众和企业生产生活关系最密切的领域和事项为突破口,首批对药品零售、食品经营、电影放映、公共场所医疗器械等行业实行"一业一证"改革,将药品经营许可证、食品经营许可证、医疗器械经营许可证、公共场所卫生许可证、电影放映许可证等许可证件合并为一证,核发全县统一的行业综合许可证。之后,逐步扩大到便利店、商场超市、餐饮住宿、民办培训服务等行业。

为切实让群众少跑腿、方便办,在改革取得一定成效的基础上,进一步创新"一业一证"审批协作联动机制,探索实行"一业一证"四级通办。目前,已在8个镇街及城市社区设置"一链办理、一业一证"专窗,由县行政审批服务局及镇街、社区便民服务中心配备专业帮代办工作人员,实行"一业一证"四级通办审批全程代办制,负责对接行业综合许可审批事项申办单位,根据企业、群众意向、需求和行业实际,制定具体代办服务方案,一次性告知申办单位应办理的所有行政审批事项,全程协助申办单位准备申请材料及专网系统录入。广运街道的荀先生是2020年12月31日到就近社区递交的食品经营许可申请材料,工作人员告诉他"现在可以实行'一业一证',并且能四级通办",在荀先生尚在惊喜之时,工作人员已经帮助其提交完申报材料,荀先生只是拿笔签了名字就结束了申请过程。2021年1月4日荀先生收到一张从未见过的行业综合许可证,感慨道:"没想到在社区、在家门口还能办县里的事,真是太方便了。"

(二)取得的成效

1.优化了营商环境

"一业一证"改革中,武城敢闯敢试、先行先试,主动承担具有全局意义的改革探索,为全省复制推广积累经验。该项改革让经营者

"拿证即开业"，把更多精力用在经营上，真正让企业和群众感受到行业许可证的便利之处，受到了办证群众的一致好评。通过实行"一次告知、一表申请、一窗受理、一同核查、一并审批、一证准营"，市民在政务服务中心通过"一业一证"专窗办理"行业综合许可证"时，只需提交一套材料，跑一次腿，就能拿到所在行业的综合许可证。每张行业综合许可证上都有一个二维码，记载着市场主体所有许可信息，社会公众和监管部门可通过手机扫码查询各项许可信息，实现"一证准营、一码亮证"，有效破解了企业"准入不准营"的堵点问题，激发了市场主体活力。

2. 激活了市场主体

截至目前，已累计发放行业综合许可证1000多张，并对涉及的娱乐行业、公共场所、药品经营、食品经营、出版物经营等行业制定27张行业服务告知单，以二维码形式对外发布，行业已实现全覆盖。"一业一证"的改革，大幅提升了"准营"的快捷度和便利度，极大地激发了市场主体活力和企业发展的动力。在提前服务、材料审核、现场踏勘等环节再造审批审核流程，办理时限压缩至5～15个工作日。

3. 形成了武城经验

武城县"一业一证"改革的典型做法被省、市多家媒体和党报党刊进行报道。2019年在德州新闻、德州新闻观察栏目重点播出武城县行业综合许可证的典型做法，2020年6月8日以《全省率先市、县联办出证，率先在市、县两级全面开展一业一证为"德办好"加码》为题，在《大众日报》重点报道武城县佰家康大药房办证过程。2020年7月9日以《拿证即营业，破解"准入不准营"难题》为题，在山东新闻联播节目重点报道武城博信医药有限公司办证过程。这一改革举措营造了良好的社会氛围，有效推动了武城县政府公共服务能力的提升和营商环境的持续优化。

（三）改革中遇到的问题

1. 思想认识不到位

一是对行业综合许可证作用认识片面。许多部门的干部主观上把行业综合许可证作为没有法律依据的"假证"，简单地将其视为政府发挥作用的"形象产物"，不认同综合许可证的许可信息，没有充分认识到其代表、纽带等功能。二是对自身职责定位不准。目前，除行政审批服务局认为自己有明确分工外，其他部门普遍对自身承担的职责定位不准、认识不够，有的干部认为"行业综合许可证是审批服务局的自发行为"，这些错误观点都没有坚持行政审批改革，规范简化程序的思想格局。

2. 信息共享存在阻力

虽然政务服务系统在行政审批部门利用率达到100%，但是在其他监管部门还存在应用未用的情况，电子政务信息资源开发利用都按部门业务要求进行，政务信息资源实际控制权和管理权分散在各部门手中，出于信息安全因素的考虑，设置了各种权限和保密规定，自然而然地形成了各种障碍，从而影响各部门间的协同，导致日常工作中完成的审批事项在信息推送中存在重复录入的情况，加大了业务量。

大数据时代，数据成为政府管理和社会生活中的一项重要因素，政府部门内部及其与公民社会的关系将被重新建构，形成新的大数据治理模式，这种治理模式创新，不仅是政府内部自身的数字化改革，而且还是具有深远影响的社会变革和管理方式的创新。现阶段，普遍存在省一级各建各的、各部门各建各的，系统整合，数据互通的问题，需要我们各部门为之付出努力。

3.协同配合有待加强

改革涉及的业务部门在各自领域的信息化实现程度不一，且缺乏业务协同，审核标准各不相同，决定企业、群众改革感受度和体验感的往往是"最短的那块木板"，若一个部门出现"卡顿"，就会造成整个流程"死机"。例如，药店行业按照现有法律法规的规定，涉及市、县和基层所三级核查单位。改革推行一并核查，统一开展同一药店行业申请涉及的相关现场核查流程，但实践中往往由于具体核查单位业务承载能力（具有现场核查资质人数与业务办理量之比）差距较大，影响了整体核查的时间和效果。

（四）改进的方法

1.更新观念，转变工作方式方法

在顶层设计上怎么改、如何改？基层干部和人民群众才是体会最深的人，加强配套措施，鼓励购买服务，强化业务水平，加强审管互动，保持政务公开等一系列的问题，都要考虑在其中，基层的难点在哪里，群众的什么需要最迫切，加大转变政府职能和简政放权力度，用最短的时间、最快的速度，把服务企业和群众的事项办理好，让群众成为改革的监督者、推动者、受益者，让企业和群众评判改革成效，不能自说自话、自娱自乐。政府部门一定要更新观念、转变作风、优化服务、提升效能。工作目标从"办结"提升到"办好"，改革范围从依申请的政务服务扩大至政府全部行政行为。

2.一网通办，做好数据互通共享

加快与政务服务平台的统一数据互通，自然人、法人统一身份识别，实现企业一次登录，政务服务审批"一张网覆盖"。优化审批系统功能，推进审批"全覆盖、全流程"。除法律法规有明确规定外，凡是当事人提交且通过政务服务平台在线平台能够查询到的材料，不应再要求申报单位重复提交；凡是政务服务平台已收取规范化电子材料的，不得再要求申请人重复提交纸质版材料，应尽快完善网上审批系统建设工程，以山东省政务服务网为载体，整合相关审批自建系统，有效整合各部门相关资源，确保人民群众，各单位企业在办事过程中避免重复录入，实现层级联动，各部门协同办理。

将电子材料标准化、科学化。打通"信息孤岛"，破除"数据壁垒"。使数据"跑"起来、信息"动"起来，真正实现全方位的跨层级、跨区域、跨系统的"一次办好"，确保群众真正地感受到改革带来的红利。

3. 强化监管，打造公平市场环境

"一业一证"改革的亮点之一，就是审批流程再造，最终目的是高效节能，增强服务意识。但值得注意的是，审批流程集成化再造，并不意味着降低标准、放松监管。所以，在持续深化审批制度改革，不断加大"放"的力度的同时，更要注重日常监管的严格落实。要健全市场监管规则，完善事中、事后的监管体系，避免出现"重审批、轻监管"的问题，打造公平竞争的优质市场环境。合理划分各部门之间监管权责，注重监管领域管理的标准化和权威性。推进跨部门联合监管与综合监管。健全事中、事后监管机制，在新一轮的改革中，把更多行政资源从事前审批转换到事中、事后监管中。

4. 完善机制，确保改革取得成效

一是建立经营范围规范应用机制。在经营范围查询系统提供"药店""母婴用品店"等主题式套餐服务，一键生成行业经营范围规范化表述，在准入环节为企业提供更加便利、明确、透明的服务。二是建立试点行业"告知承诺制"。对试点行业审批事项，逐项将符合告知承诺制改革要求的承诺书替代申请材料、环节，涉及仅销售预包装食品等审批事项实现即来即办，审批时限"压减再压减"。三是建立行业综合许可"好差评"机制。依托审批自建系统及市、县级政务服务平台，实现"一业一证"相关事项"好差评"全覆盖，形成评价、监督、反馈、整改的评估导向反馈机制。四是建立综合监管执法机制。将双随机抽查与跨部门综合执法有机结合，研发双随机事中、事后监管执法平台，实现对同一企业、一次检查、多任务实施，切实减少对市场主体正常生产经营活动的干预。

三、武城县"一业一证"改革的经验启示

（一）深化改革必须坚持以党的创新理论为指导

深化"放管服"改革，必须坚持以习近平新时代中国特色社会主义思想为指导，深入学习贯彻习近平法治思想，增强"四个意识"，坚定"四个自信"，做到"两个维护"，坚持新发展理念，推动高质量发展，建设现代化经济体系，推进政府职能深刻转变，大幅减少微观管理事务和具体审批事项，最大限度地减少政府对市场资源的直接配置和对市场活动的直接干预，加强公正监管，提高政务服务能力和水平，持续优化营商环境，更大地激发市场活力、增强内生动力、释放内需潜力，促进经济社会持续健康发展。

（二）深化改革必须坚持以人民为中心

推进"一业一证"改革，从"以部门为中心"到"以企业为中心"，本质上就是刀刃向内的自我革命，体现了以人民为中心的改革价值导向。此项改革站在"用户体验"的角度，以群众眼中的"一件事情"为标准，整合归并以往由多个部门办理的相关事项，实现群众办"一件事情"全流程"最多跑一次"，真正做到了把"立党为公、执

政为民"的理念融入施政目标、施政方式、施政过程，充分体现了党全心全意为人民服务的宗旨。人民立场是中国共产党的根本政治立场。中国改革开放之所以能够取得伟大的历史性成就，其中有一条宝贵的经验就是我们党始终坚持以人民为中心。坚持以人民为中心，是习近平新时代中国特色社会主义思想的基本方略之一，也是全面深化改革的根本价值取向。

（三）深化改革必须坚持以问题导向为重点

问题导向是改革开放的宝贵经验，问题是时代的声音，也是改革的起源。习近平总书记指出，改革是由问题倒逼而产生，又在不断解决问题中而深化。深化"一业一证"改革也要针对发展中出现的新情况、新问题，一是转变政府职能，进一步简政放权，用政府权力的"减法"，换取市场活力的"加法"；二是完善改革方案，确保改革奔着问题去，对着问题改，要有的放矢，对症下药，科学有序地推进各项改革；三是聚焦改革中遇到的突出问题，敢于较真儿碰硬，敢于直面困难，要知难而进，以更大的勇气和担当推动改革，自觉地把使命放在心上，把责任扛在肩上，努力在深化改革中取得更大成绩。

（四）深化改革必须坚持以法治保障为支撑

营商环境集中体现着一个国家或地区发展的重要软实力。营商环境的不断优化完善，法治的关键支撑作用功不可没。打造更好的营商环境，要用好改革和法治两个抓手。改革和法治如鸟之双翼、车之两轮。优化营商环境，要坚持在法治下推进改革，在改革中完善法治。一是坚定不移深化改革，进一步厘清政府和市场的边界，推动政府职能转变，让有效市场和有为政府更好地结合。二是尊重市场经济规律，通过市场化手段，在法治框架内调整各类市场主体的利益关系。三是在改革中不断健全完善制度法规。"一业一证"改革涉及的审批流程再造和监管机制创新，目前尚无直接的法律依据给予支撑，在改革实践中要将那些行之有效、人民满意、企业支持的做法用法律法规固化下来，拓宽完善反馈渠道，及时听取来自广大市场主体的意见建议，不断完善法治建设规划，为改革的顺利推进提供法治保障。

齐河县以高质量标准化工作助力营商环境持续优化 *

标准是人类文明进步的成果。从中国古代的"车同轨、书同文"到现代工业规模化生产，都是标准化的生动实践。伴随着经济全球化的深入发展，标准化在便利经贸往来、支撑产业发展、促进科技进步、规范社会治理中的作用日益凸显。近年来，齐河县始终坚持以习近平新时代中国特色社会主义思想为指导，以高质量标准化为引领，不断深化行政审批制度改革，持续优化营商环境，进一步推进政务服务运行标准化、服务供给规范化、企业和群众办事便利化，更好地满足人民日益增长的美好生活需要，为推动高质量发展、创造高品质生活提供了有力支撑。

一、背景情况

习近平总书记强调，标准决定质量，有什么样的标准就有什么样的质量，只有高标准才有高质量。2021年，中共中央、国务院印发的《国家标准化发展纲要》明确提出：推动行政管理和社会治理标准化建设。探索开展行政管理标准建设和应用试点，重点推进行政审批、政务服务、政务公开、财政支出、智慧监管、法庭科学、审判执行、法

---

* 本案例由齐河县行政审批服务局刘京杰、宋玉香、聂舒展、费红丽撰写。

律服务、公共资源交易等标准的制定与推广，加快数字社会、数字政府、营商环境标准化建设。2022年，《国务院关于加快推进政务服务标准化规范化便利化的指导意见》中明确要求，2025年底前，政务服务标准化、规范化、便利化水平大幅提升。

近年来，各地围绕审批服务事项管理、业务受理等外在流程，已经形成较为完善的标准化体系，但对于审批内部流程缺少专门的标准规范，审查要点不明晰、办理环节不透明等现象仍然存在，工作人员不能熟练地掌握更多行业领域审批服务业务的操作流程，承担不起"多面手"的角色，为常态化轮岗、换岗，防控廉政风险带来一定的阻力，亟须形成审批服务业务流程标准，让每个办事环节都规范透明、运行高效，切实破除审批"隐形门""任意门"，让审批流程科学规范、标准统一、一目了然，更好地为企业群众服务，打造公开、透明、高效的政务服务环境。

新时期、新阶段，上级的要求、群众的诉求、工作的需求，为齐河县探索开展行政审批和政务服务领域标准化工作，指明了新方向，明确了新任务。

二、主要做法

2021年至今，齐河县为打造公开、透明、高效的审批服务环境，强化全链条廉政风险防控，以标准规范为引领，以群众需求为导向，以法律政策为依据，以深化改革为着力点，全力推动行政审批和政务服务标准化建设，创建了"标准引领、规范统一、数字赋能、高效便捷"的审批服务新模式。

（一）探索形成标准化工作新做法

1.健全组织机构，强化标准培训

首先是机制上，建立"1+3"工作机制。"1"即一套工作专班，成立标准化专门领导小组，下设审批流程标准化、智能审批标准化、内部管理标准化、制度体系标准化四大工作专班。"3"即标准引领、循序渐进、学用结合"三项原则"。坚持标准引领，在事项梳理过程中，充分应用标准化工具，确保基础工作标准规范；坚持循序渐进，每周精细梳理5个审批事项，设立标准化管理人员、科长、分管领导、专班四级审核制度，确保创建内容高标准、高质量；坚持学用结合，通过边创建、边验证、边应用，推动全局业务标准化提升。其次是人员上，注重培训实效。在行政审批各领域配备标准化专兼职工作人员50余人，确保标准化与行政审批工作有机融合，定期召开工作部署会、推进会、培训会，组织全员学标准、学流程、学业务，积极参加上级标准化部门组织的培训考试，多人获得标准化从业人员专业能力证书，获评企业标准化工作及评价人员、标准化良好行为评价专家，组织重点业务标准化培训累计30余次，人均培训时间超30小时，为标准化工作开展提供智力支撑。

2.搭建标准体系，促进标准规范

全面梳理行政审批相关标准、规章制度和业务流程，通过深入调研和需求分析，搭建了以服务提供标准体系为核心，通用基础标准体系、服务保障标准体系、岗位标准体系相配套的智能审批服务标准体系，包含41项国家标准、7项地方标准和390余项自发编写的业务办理规程、智能应用规程、内部管理规范、人员岗位标准，力求每个业务环节、工作流程、时限节点都有标准可依、有规范可控。

3.统一审批标准，编制审批规范

一是编制审批流程图。对承担的238项审批服务事项开展精细化梳理，明确每一项审批业务从收件、受理到审核、决定等各个环节，探索出条理清晰、环环相扣的"四色模块审批流程图"，累计梳理编制371个审批流程图。二是编制业务办理规程。以"审批流程图"为基础框架，不断拓展标准化事项要素，明确申请材料受理要求、示范文本、特殊程序、补齐补正、结果获取等环节信息。同时，细化量化受理审查标准、审查要点，统一事项编写要素17章49款。建立标准文本四级审核制度，确保每项标准都层层审核把关，快速审核规范，绝不因提速而降低质量。累计规范204项高频业务办理规程，对外进一步提升企业群众办事可预期性，对内进一步依标准规范审批服务行为。

4. 开展标准宣贯，加大实施力度

标准的生命力在于实施，为保障编制的标准切实规范运行到实际工作中，从改善行政审批大厅工作环境、提升服务品质、提高工作效率着眼，运用"OSM现场管理"模式，对政务服务中心内的物品、设备、人员、空间等，按照"三易三定"（易取、易放、易管理，定位、定容、定数量）的原则进行管理，细化点位360个，确保整个大厅都规范有序，以大厅"软环境"夯实服务"硬支撑"。组织全员进行宣标、贯标，开展多场礼仪规范化培训、业务标准化研讨、经验全局化分享等学习活动，用理论和实操两种考试形式，检测全员对照标准掌握情况，进一步加深工作人员对标准中相关内容的认知程度，对贯彻执行标准化审批工作起到了指导规范作用。

5. 健全督评机制，确保标准落地

推出"1+2"保障工作法，即成立一个标准实施监督检查专班，下设标准实施监督检查和标准体系自我评价两个工作小组。一是将重点工作督查与标准化实施检查相结合，组织开展"领导干部走流程"活动，体验业务标准化办理流程；开展业务督查工作，对业务运转、踏勘工作、公车使用、案卷归档等情况开展督导检查；开展案卷评查活动，对文书制作标准化进行综合评查。及时发现问题、记录问题、反馈问题、改正问题，不断修改、调整和完善标准内容和标准体系。二是根据监督检查情况定期进行自评，实现标准制定、实施、信息反馈和标准修订的闭环管理，使标准和审批服务工作呈现出相互融合、相互促进的良好局面，做到政务服务事事有标准、时时有标准，保障各项工作规范、有序、高效进行。

（二）创新开拓"标准化＋"新模式

1. 标准化＋科技赋能

齐河县运用"互联网＋"思维，利用大数据、"AI+RPA"技术，对审批流程中存在的人工重复操作、不涉及主观意识判断的环节，固化为智能审批流程，开发了智能抓取、智能比对、智能填报、智能制证、智能公示等技术，在标准体系搭建过程中，重点将智能审批固化为流程列入各项业务办理规程中，在全省率先打造了"建设项目全链条智能审批"服务模式，得到住建部及多个省级部门的高度认可，并专程到齐河县调研指导，改革经验在省市复制推广。此外，不断拓展智能服务场景，推出了证照到期智能提醒、工程项目管控平台、企业掌上预约开户、政策法规库、基层电子证明直通车、企业开办"一窗通"短信通知平台以及"云上审批样板间"等一系列智能服务场景，同时将其编写成标准规范，充分发挥标准引领审批服务智能化、规范化的作用。以政策法规库为例，梳理汇总审批服务相关法律依据、制度依据，开发建成行政审批系统政策法规库，按照业务类型、事项名称系统归集审批工作应知应会的法律法规条例，实时补充和删减新出台的相关政策法规，为标准化审批服务提供全方位的政策法规支撑。

2. 标准化 + 大厅管理

政务服务大厅是"放管服"改革的重要载体，齐河县以点带面，将标准化工作拓展到政务大厅进驻部门，制定《齐河县政务中心进驻窗口业务流程标准化工作方案》，首批组织7个进驻部门，围绕企业群众办理量大、需求量高、针对性强的审批服务事项，通过培训、流程图编制、书面审核、实际体验等环节，规范了21项高频事项办理流程，推动政务大厅业务办理流程标准化。紧紧围绕"为企业和群众提供'五星级'政务服务体验"的总体目标，从窗口端和审批端双向发力，加快推动政务服务从政府供给导向向群众需求导向转变。严格按照一窗受理11S标准化服务规范，强化组织、队伍和廉洁文化建设，不断转作风、树形象、提服务，做到来有迎声、问有答声、帮有谢声、怨有歉声、走有送声，为办事群众提供统一引导咨询、综合收件、办件分转、统一发证等辅助性通办服务，实现人员专业化、服务精细化、办事便捷化、创建一体化建设。

3. 标准化 + 事项下沉

近年来，齐河县不断加强县、乡、村三级政务服务体系标准化建设，推动政务服务资源、力量下沉，整合政府侧、市场侧、社会侧资源，搭建丰富多样的高效服务渠道，全县共建成基层政务服务站点203个，其中镇村政务服务站点123个，社会合作站点80个，推动政务服务实现"就近办、多点办"。2022年3月，齐河县依托标准化改革，以业务办理规程为标准，在全市率先推行"县镇同权"改革，围绕"县级审批服务事项在园区和中心镇全部实现"的目标，在开发区、祝阿镇挂牌成立行政审批服务分局。2024年4月，在潘店镇、赵官镇、宣章屯镇、表白寺镇增设4个行政审批服务站，通过直接办理、全程代办等形式承接了县级实施的工程项目、商事登记、社会事务、涉农等238

项审批服务事项，构建起"1（县审批服务局）+2（审批服务分局）+4（审批服务站）"的全县域覆盖的审批服务体系，累计办理业务近万件。

（三）总结提炼标准化工作新成效

1. 全面巩固和深化改革成果

一是制定全省首个智能审批服务市级地方标准。为深入贯彻落实习近平总书记关于标准化工作的重要指示精神，大力推进智能审批领域标准化工作，齐河县自2020年起逐步探索智能审批与标准化工作相融合，主导起草的德州市地方标准《智能审批服务规范》于2023年9月批准发布，成为该领域全省首个市级地方标准。该标准在贯彻落实中央、省、市对于智能技术应用要求的基础上，参考了11项规范引用文件，归纳提炼数字化审批领域的经验和做法，明确了智能审批的基本原则、基本要求、服务对象、服务内容、服务评价与改进等内容，为推进政务服务数字化、标准化、规范化提供技术参考，填补了山东省行政审批领域数字化改革标准的空白，走在了全省前列。

二是推动全市"同办德州"改革。齐河县以"一套标准管审批"为基本原则，规范化编制审批流程图和业务办理规程，结合政务服务事项标准化提升工作，大力实施"同办德州"改革，构建市县两级同一事项、统一标准、服务同质且无差别、一体化的审批服务体系，得到了市局领导的大力支持和认可，先后两次在齐河县召开全市审批流程标准化研讨会和推进现场会，编制200项高频审批业务办理规程，在全市审批系统推广实施"齐河样本"，创新打造了无差别受理、同标准办理的审批服务体系。

三是突出标准化示范带动作用。争创了"齐河县智能审批服务标准化试点"，创建期为两年的省级标准化试点，提前一年就交上了标准化"答卷"，顺利通过了山东省市场监督管理局的验收。主动承担山东省"提升工程建设项目审批业务流程标准化"揭榜挂帅试点任务，聚焦工程建设项目审批过程中的痛点和堵点问题，积极探索工程建设项目审批业务流程标准化改革，将工程项目改革推向新的高度，2023年12月，山东省工改"揭榜挂帅"创新试点任务现场会在齐河县召开。

同时期，中国标准化协会专家组按照《企业标准体系要求》（GB/T 15496—2017）、《服务业标准化工作指南》（GB/T 24421）等国家标准以及《标准化良好行为评价与管理准则》（CAS/GSP 001—2023）的要求，对标准化工作基本要求、体系搭建、标准实施、评价改进等方面进行了全面综合评价。专家组一致认为，齐河县行政审批服务局的标准化工作体系健全、结构合理、运行有效，促进了业务流程、内部管理及制度体系标准化良好行为水平提升，树立了行政审批领域发展标杆，是全市唯一获评全国"4A级标准化良好行为"的单位。2024年4月，进一步总结标准化建设与智能审批工作经验，将实践探索转化为理论成果，在中国知网发表论文《智能审批标准化探索与实践——以齐河县行政审批服务局为例》，为智能审批与标准化互动研究提供理论支撑，为完善智能审批标准化体系建设与发展路径提供方向指引，形成了可复制、可推广并且具有示范带动意义的"齐河模式"。

2. 不断优化和提高审批效率

一是审批效率显著提升。通过标准化建设，审批人员快速掌握业务要领，减少材料补齐补正次数，依法设定标准化、规范化、数字化的审批流程，通过机器人自动运行进行审批工作，在解放人工劳动力的同时，实现信息的快速传递、处理和共享，共推出智能审批目录170项，涉及审批服务事项65个，审批效率显著提升70%，企业群众跑腿次数减少50%，降低企业时间成本48%。

二是推动政务服务事项要素标准化。围绕政务服务事项开展事项要素核查、修改、完善等标准化提升工作，以办事环节、时限、材料为重点，进一步推动"四减"（减材料、减时限、减费用、减跑动）。依托山东省政务服务事项标准化梳理和管理系统，动态更新大厅办事指南、零基础模板等服务手册，并强化成果应用，推动实现政务服务事项在桌面端、窗口端、自助端、移动端、电视端"五端"体验一致，提升企业、群众的获得感和满意度，为"高效办成一件事"奠定扎实的基础。

三是助推深化"高效办成一件事"改革。依托编制的业务办理规程，将多个相互关联的事项有机融合，对企业和个人全生命周期各集成场景任务进行整合部署，有效推进"高效办成一件事"事项流程再造；统一的标准规范，促进容缺事项承诺办、异地事项跨域办、政策服务免审办，为"一件事"跨部门、跨层级、跨区域实施，打通了痛点、堵点、难点。今年以来，齐河县行政审批服务局紧紧围绕《国务院关于进一步优化政务服务提升行政效能推动"高效办成一件事"的指导意见》的部署要求，立足企业群众办事需求，坚持以"高效办成一件事"为目标，扎实推进企业和个人全生命周期服务事项集成联办，推动国家部署的13个"一件事"和108个高频、面广的办事场景，实现"一件事一次办""一类事一站办"，企业和群众满意度持续提升。

3. 有效预防和治理廉政风险

一是依托审批流程标准化梳理，对行政许可各事项的法律依据、办理条件、工作程序、时限要求等进行严格界定，让审批流程一目了然，权力运行公开透明，切实破除审批权力的神秘感，进一步压缩自由裁量空间，督促审批人员树牢廉洁用权意识。开发建成"全流程廉洁审批智能查询评价系统"，企业群众可随时随地线上查看申请事项的办理进度，办理业务像"网购"一样便捷，让审批服务在阳光下运行，在规范审批服务行为的同时，为企业群众业务查询提供便利化。

二是建立企业群众诉求高效沟通机制。对回应企业群众诉求进行标准化梳理，将"12345"市民热线工单回复流程进行标准固化，提高回复效率。在全市率先开展政务服务业务"全量回访"工作，对政务大厅办理的全部业务进行"一对一"回访，对回访工作人员统一进行标准化沟通技能指导，由传统的"被动受理问题"转变为"主动发现问题"，围绕业务办理的各个环节，重点征求企业群众对审批效率、办理流程、服务态度、满意度等方面的意见建议，并依据反馈问题进行分析应用，全程跟踪督导整改，不断改进标准化服务机制，进而提高审批效率，提升服务质量和市场主体满意度。2024年上半年，累计回访业务43000余件，群众满意率达99.86%以上。

三是严格规范依法审批。一方面，在业务流程标准化梳理过程中，先后排查出廉政风险点13处，进一步补充了审批服务信息保密制度、现场踏勘管理办法、印章管理使用制度、审批工作委员会工作机制等多项管理制度，填补了制度的空白，促使各项工作任务相互协调、相互促进、相互补充、相互强化，进而产生强大的组织力，提升行政执法规范化水平。另一方面，审批流程标准化梳理是在法律、法规的框架内不断推进的，形成的业务办理规程既是依法依规审批的重要依据，也是行政执法监督的重要抓手，还是对行政执法监督的刚性约束，以标准促提升、以监督促整改、以规范促执法，实现对行政执法的全过程、全链条、闭环式监督，提高行政执法监督效能。

▧ 三、经验启示

（一）标准化工作要以企业群众的需求为出发点

习近平总书记多次强调，"把是否促进经济社会发展、是否给人民群众带来实实在在的获得感，作为改革成效的评价标准"①。只有把企业和群众满意度作为营商环境的硬指标，切实提高解决实际问题的效率，有效回应企业和群众的关切，才能真正激发市场主体活力，实现经济社会高质量发展。齐河县标准化建设始终牢记以企业群众需求为导向，充分开展调研，积极听取服务对象的意见建议。例如，在调研时发现，部分企业群众反映审批过程充满神秘感，不知道哪些具体审批环节，针对这一情况，齐河县充分发挥审批人员的主观能动性，探索如何拉近企业群众与政府部门之间的距离，让审批环节一目了然，而图片是最直观的视觉感受，便绘制出一张张色彩鲜明的流程图，提高了审批效率和质量，形成企业群众与政府部门的"双向奔赴"，向优化营商环境迈出坚实的一步。

（二）标准化工作要以法律意识的建立为保障点

标准化工作并非简单的技术问题，它涉及法律、法规、政策等多个方面。在制修订标准过程中需要考虑标准的技术内容与相关法律法规的协调性，以及在相关法律法规、方针政策下考虑标准制定的科学性、合理性以及时效性。因此，开展标准化工作应首先树立正确的法律意识和法治观念，以确保标准化工作的合法性、公正性和有效性。在工作开展初期，加强对法律法规的学习，建立完善的标准化工作制度，加强与相关领域部门的沟通与合作，才能确保标准化工作的顺利进行。

（三）标准化工作要以干部队伍的建设为着力点

建立健全标准化人才队伍标准体系，由"一把手"带队，层层抓好落实，以更高标准带头示范，培养高素质的干部队伍，构建多层次

---

① 《习近平：深入扎实抓好改革落实工作　盯着抓反复抓直到抓出成效》，《人民日报》2016年2月24日。

人员培养培训体系，鼓励工作人员遵从工作本身流程，一级做给一级看，一级带着一级干，积极为干部职工创造人人努力成才、人人皆可成才、人人尽展其才的发展条件，参与标准从制定、发布到实施的全过程，定期分享标准化工作动态和经验，以交流学习提能力，以经验分享促发展，激发干部队伍的内在潜能，完善了工作标准的同时，也加强了标准化人才的培育，既各司其职、各负其责，又和衷共济、齐心协力，形成以身作则、以上率下、整体推进的生动局面。

扛牢粮食安全大旗，筑牢
乡村振兴基石 *

——齐河县"吨半粮"产能创建的实践探索

习近平总书记指出，"我国是人口众多的大国，解决好吃饭问题，始终是治国理政的头等大事。虽然我国粮食生产连年丰收，但这就是一个紧平衡，而且紧平衡很可能是我国粮食安全的长期态势。我国耕地就那么多，潜力就那么大，在粮食问题上不可能长期出现高枕无忧的局面。因此，任何时候都不能放松粮食生产和对农业的支持"①。"农业大省的责任首先是维护国家粮食安全。要把粮食生产抓紧抓好，把农业结构调活调优，把农民增收夯实夯牢，把脱贫攻坚战打好打赢，扎实实施乡村振兴战略，打造乡村振兴的齐鲁样板。"②

藏粮于地、藏粮于技，粮食安全和粮食生产关乎国家政治稳定和社会经济发展。齐河县以"吨半粮"创建为抓手，探索粮食"绿色优质高产高效"的成功经验，扛起作为全国重要粮食主产区的政治担当和责任担当。本文以齐河县"吨半粮"产能创建为例进行实证分析，阐明齐河实现全国最大面积"吨半粮"生产能力建设的基础优势和六

---

*　本案例由中共齐河县委党校（齐河县行政学校）高级讲师孙德奎、高级讲师杨全培、助理讲师张霏霏撰写。

①　习近平：《论"三农"工作》，中央文献出版社2022年版，第54页。

②　《习近平：切实把新发展理念落到实处　不断增强经济社会发展创新力》，《人民日报》2018年6月15日。

大举措，并在此基础上总结"抓信念、抓统筹、抓保障"等经验，以期为粮食产能创建提供有益借鉴。

一、齐河县"吨半粮"产能创建的背景与优势

（一）齐河县"吨半粮"产能创建的背景

无农不稳，无粮则乱。粮食是生存问题、经济问题，也是社会问题、政治问题，关系到我国国家发展全局。习近平总书记强调，"实施乡村振兴战略，必须把确保重要农产品特别是粮食供给作为首要任务"[①]，"要始终把保障国家粮食安全摆在首位，加快实现农业农村现代化，提高粮食综合生产能力，确保平时产得出、供得足，极端情况下顶得上、靠得住"[②]。随着生产力的发展，我国已经用有限的资源稳定解决了14亿多人口的吃饭问题，但这并不意味着粮食生产不再重要。当前世界正处于百年未有之大变局，国际形势复杂严峻，全球粮食产业链供应链不确定风险增加，我国粮食供求紧平衡的格局长期不会改变。今后一个时期粮食需求还会持续增加，供求紧平衡将越来越紧，确保粮食安全的弦要始终绷得很紧。2022年全国两会期间，习近平总书记在看望参加全国政协十三届五次会议的农业界、社会福利和社会保障界委员时指出，"在粮食安全这个问题上不能有丝毫麻痹大意，不能认为进入工业化，吃饭问题就可有可无，也不要指望依靠国际市场来解决"。可见，在新形势下，党和国家对于粮食生产的重视程度不但没有降低，反而在不断提高，确保粮食安全需要

[①] 习近平：《论"三农"工作》，中央文献出版社2022年版，第330页。

[②] 《牢牢把握东北的重要使命　奋力谱写东北全面振兴新篇章》，《人民日报》2023年9月10日。

上下同心筑牢国家粮食安全防线。在这样的导向下，各地政府对粮食生产的重视程度越来越高，粮食生产已经成为政治使命，成为地方党政部门的中心工作。这点在齐河"吨半粮"生产能力创建的过程中可以明显感受到。

创建大面积"吨半粮"示范区，是德州在全国率先提出、举全市之力推进的重大工程。"吨半粮"产能创建的首战告捷，充分印证了德州市委、市政府决策的前瞻性、正确性、开创性，体现了为国护粮的责任与担当。齐河县作为全国超级产粮大县，坚决落实德州市委、市政府部署要求，牢记粮食安全"国之大者"，扎实推进农业组织化、规模化、标准化、智能化、品牌化、产业化，率先实现20万亩全国最大面积集中连片"吨半粮"生产能力、亩产1546.33公斤（小麦亩产693.91公斤，玉米亩产852.42公斤）；2022年粮食总产28.75亿斤、增产1.05亿斤，入选全省唯一的乡村振兴重点工作督查激励县，荣获国家农业现代化示范区、山东省现代农业十强县等省级以上荣誉称号17项，全国春季农业生产现场会等10场省级以上农业农村工作会议在齐河县召开。2023年中央一号文件指出，"全方位夯实粮食安全根基，强化藏粮于地、藏粮于技的物质基础……开展吨粮田创建"。齐河县认真贯彻落实中央精神，坚决扛牢"粮食安全"大旗，承担超级产粮大县责任，推动良种、良法、良技、良机、良田、良制、良网深度融合，确保2023年实现45万亩、2024年形成50万亩的"吨半粮"生产能力，在全国打响"吨半粮、齐河创"品牌，为德州在打造乡村振兴齐鲁样板上率先突破贡献齐河力量。

（二）齐河县"吨半粮"产能创建的基础和优势

齐河县农业资源丰裕富饶，拥有耕地近130万亩，常年粮食种植面积达220万亩以上，素有"黄河粮仓"的美誉。齐河县站在保障国家粮食安全的政治高度，以做优做强粮食产业为抓手，推动农业规模化、组织化、标准化、智能化、品牌化、产业化"六化"发展，在"绿色优质高产高效"的基础上，梯级建设农业大县、农业强县、现代化农业强县，粮食总产连续16年超过22亿斤，连续7年获评全国粮食生产先进县。

1. 地貌形态多样，地力基础较好

齐河县地处黄河下游左岸，系黄泛冲积平原，地貌形态受黄河影响甚大。黄河每一次决口及河道变迁，都使地面在不同程度上改变起伏，河系重构，土质更新。黄河历史变迁，冲刷淤积的时间、地点、流速、流向不同，因而形成了地形起伏、岗洼相连、沙丘溜道并列的复杂现状。

从类型上来说，齐河县域内的地貌类型大体有以下六种：决口扇形地、河滩高地、浅平洼地、背河槽状洼地、缓平坡地及沙质河槽地。[①] 其中，黄河沿岸为决口扇形地，这也是齐河县最主要的地貌类型。全县共有82.29万亩决口扇形地，占总面积的40.45%。其特点是地势高，沿黄河向外逐渐倾斜，受侧渗影响，潜水埋深1~2米，故盐碱地较多。临黄河堤内、徒骇河两侧与县西北边缘故河道为河滩高地，全县共有25.5万亩此地类，占总面积的12.53%。临黄堤内滩地，土壤多为沙壤土，因受黄河弯曲回流影响，局部落淤为黏土，无盐碱化现象。徒骇河两侧1~2公里范围内地形较高，也属河滩高地。华店乡、刘桥乡、焦庙镇、潘店镇、仁里集镇的部分地区，有洪水泛滥堆积而成的缓岗地。河滩高地和缓岗地往往伴有浅平洼地和槽状洼地，如大黄洼、沿老赵牛河洼地等。河滩高地和缓岗地因地势较高，潜水埋深2~3

---

① 参见《齐河县农业志（1949—2010）》，第95—96页。

米，土地较少碱化。分布在黄河决口淤积区的北缘与徒骇河高地之间的为浅平洼地，全县共有14.98万亩此地类，占总面积的7.36%。浅平洼地多是静水沉积而成，土壤表层质地多是黏质土，不易耕作。旧河槽或决口泛滥河道多为背河槽状洼地，面积达到18.01万亩，占总面积的8.85%。沿老赵牛河、邓金河、赵牛新河等分布较长的槽状洼地，是洪水泛滥形成的溜道，是静水沉积而成，表层质地为重壤土。因质地偏黏，又比较肥沃，是粮食重要产区。缓平坡地主要分布在决口扇形地与浅平洼地和槽状洼地之间，面积达到59.49万亩，占总面积的29.24%。该地类的表层质地多为壤土，由于地势平缓，坡度较小，如灌溉不合理或排水不畅，易出现盐碱化。最后一种地类是沙质河槽地，面积达3.20万亩，占总面积的1.57%。这种地类主要分布在黄河决口扇形地内，其是指因决口冲刷形成的一些指状溜道。这种地类因地势低洼，易涝易碱。

齐河县域范围内地形地貌受黄河影响甚大，呈现出多样化的特征，六种地类各有特征。总体而言，虽然齐河县域内盐碱地较多，但易于耕种的地类在面积上占有优势地位，这对于粮食高产而言具有重要的意义。

2.水资源丰富，灌溉较为便利

灌溉是农业生产过程中必不可少的环节，其首先满足了作物对水分的要求。与此同时，灌溉还可以调节土壤温度、湿度、土壤空气和养分，甚至有些灌溉形式还可以培肥地力和冲洗盐碱。简言之，灌溉是确保稳产高产的重要手段，而就农业灌溉来说，齐河有丰富的水资源可以利用。

齐河县域内河系比较发达，地表水资源丰富。齐河县总体属海河流域，总土地面积1411平方公里。黄河滩区为黄河流域，即黄河系；

徒骇河以南为徒骇河系；徒骇河北为德惠新河系。黄河为齐河县东南边界，属过境河流，上自马集乡潘庄入境，由祝阿镇油坊赵庄出境，全长63.4公里，流域面积37.18平方公里。徒骇河属于海河流域，位于黄河下游北岸，流经河南、河北、山东三省从西南向北呈窄长带状。河道全长436公里，堤防全长747公里，流域总面积13902平方公里。齐河县境内主要支流有赵牛新河、老赵牛河、六六河等。德惠新河位于徒骇河和马颊河之间，是1968年至1970年新开挖的一条河道，上起德州市的平原县王凤楼，流经陵县、临邑、乐陵、庆云入滨州市，境内河道长度121.59公里，流域面积2138.51平方公里，齐河县境内流域面积12.21平方公里。与此同时，齐河县因为毗邻黄河，引黄灌溉也十分方便。20世纪70年代以来，齐河先后建成潘庄、李家岸、韩刘、豆腐窝4个引黄自流灌区和王庄、王窑、大王庙3个虹吸灌区，全县灌区灌溉面积104.2万亩。

除了可利用的丰富的地表水，齐河县的地下水资源量也十分丰富。所谓地下水资源量是指与当地降水和地表水体有直接水力联系、参与水循环且可以逐年更新的动态水量，即浅层地下水资源量。根据《德州市第三次水资源调查评价》，齐河县地下水资源量为22402万立方米，地下水资源量模数为16.49万米^3/千米^2。在总量丰富的条件下，齐河当地的地下水资源可开采量也是十分丰富的。2022年的勘测数据显示，齐河县含跨流域引水补给地下水可利用量为15158万立方米，当地地下水可利用量为12074万立方米。

综上所述，齐河因为水资源丰富，农业灌溉条件可谓是得天独厚。一方面，齐河有着丰富的地表水资源可以利用，县域内的水系及黄河水都可以为农业灌溉提供条件；另一方面，全县的地下水蕴藏量也十分丰富，并且浅层水以淡水为主，这为机井灌溉提供了十分便利的条件。

3. 气候条件优越，利于高质高产

齐河属于暖温带半湿润季风气候区。年平均气温13.5℃，年均降水量622毫米，风速2.2米/秒，无霜期217天。主要气候特点是四季分明，气候温和，冷热季和干湿季明显。春季干旱少雨多风沙，夏季炎热多雨时有涝，秋季凉爽常有晚秋旱，冬季严寒干燥雨雪稀少。具体而言，这种气候条件对农业生产有以下几点影响。

第一，光照资源丰富，作物光合作用时间长。日照时数年均2678.9小时，全年日照率60.4%。年光能总辐射量平均为533817焦耳。农作物生长季节内（4—10月），日照平均为1700.1小时，日照百分率为59.1%，在省内属居中偏长，属北方长日照区。第二，气温适宜，农耕期长，适合多样化的作物生长。齐河县的农耕期为286.2天，积温5041.2℃，这为多种多样的作物种植提供了极大的便利条件。第三，地温以7月为轴形成对称，适宜两季耕种。全县年平均地面温度15.2℃，平均最高地面温度26.9℃，平均最低地面温度8.7℃。上半年随深度增加而降低，下半年随深度增加而增高。年变化呈一峰一谷型，以7月为轴形成对称。4月中旬气温上升到14℃以上，是春播的好季节。7月气温上升到顶点，以后开始下降，10月初下降到18℃以下，是秋种的佳期。第四，降水量相对较少且高度集中，适宜晚秋作物的生长成熟。齐河县多年平均年降水量为622毫米，最大年份达1131.8毫米（1961年），最小年份仅为220.2毫米（1968年），极值比为5.14。降雨的年际变化大，降水量高度集中。夏季（6—9月）降水量占全年的75%。

齐河县域内四季分明，日照时间长，气温地温适宜。在这种气候条件下，不仅农耕期长，而且适宜多样化的植物生长。就农作物种植而言，小麦、夏玉米、棉花及春花生都是适合种植的作物类型；就发展林业果业而言，杨树、柳树、刺槐、苹果树、梨树、桃树等都是适合栽种的树木类型。可见，就气候条件来说，齐河发展农业的自然条件是十分优越的。

二、齐河"吨半粮"产能创建的主要做法

（一）坚决落实"书记抓粮"

习近平总书记在党的二十大报告中指出，要全方位夯实粮食安全根基，全面落实粮食安全党政同责，牢牢守住十八亿亩耕地红线，确保中国人的饭碗牢牢端在自己手中。齐河县牢记"国之大者"，坚持书记带头、层层压实责任，设立四级书记"指挥田"13万亩，县抓万亩高产片、镇和管区抓千亩示范方、村抓百亩样板田，形成了"齐心抓粮"强大合力。注重科学谋划、分步实施，科学编制《"吨半粮"生产能力建设规划》，县级优先建成20万亩集中连片核心区，各镇街跟进建设1万~5万亩高产创建示范区，逐步实现整县制"吨半粮"。完善奖补政策、加大资金投入，近三年来发放抗逆保穗、病虫害统防统治等各类补贴19.9亿元，设立200万元基金重奖"粮王"、种粮能手，让种粮有收益、有奖励、有荣誉，拿出真金白银保障粮食增产增效，激发了全县农户种粮的积极性。

（二）全域推动"保地稳粮"

粮食生产根本在耕地，耕地是粮食生产的命根子，只有守住耕地数量红线底线，才能切实维护国家粮食安全。齐河县坚决落实"藏粮于地"的要求，累计投入15.72亿元，建成高标准农田120.82万亩，占全县耕地总面积的92.9%；建成全国最大的80万亩粮食绿色优质高产

高效示范区，打造高标准农田全国样板。持续深化用地养地可持续发展，广泛应用深耕深松、测土配方施肥、秸秆精细化还田等技术，"吨半粮"核心区土壤有机质含量提升0.5个百分点；首创"秸秆全量粉碎还田""种养结合化＋生物多样化"的技术模式，获得农业农村部发文推广。严格落实耕地保护制度，建立3445人的田长队伍，联动监管、从严执法，近10年增加耕地4万亩，以全省第一名的成绩入选省级耕地保护激励县。

（三）高效推进"集约种粮"

农业的组织化程度是现代农业发展的标志，发展适度规模经营是现代农业的方向。齐河立足差异化功能定位，引导各类新型经营主体多元发展，健全农业社会化服务体系，实现小农户和现代农业发展的有机衔接。大力实施新型农业经营主体提升行动，出台促进新型农业经营主体高质量发展的实施意见，发展种粮合作社、家庭农场、种粮大户3000余家，集约化、专业化种植粮食110万亩，亩均增产5%；引导工商资本开办现代农业服务公司，培育社会化服务组织586家，粮食综合托管率91%，主要农作物全程机械化率100%，全国农业社会化服务现场会在齐河召开。联动国有企业发挥优势作用，依托齐源集团、乡村振兴集团等县属国有企业，全面推广"供销社＋国企＋乡镇联合社＋党支部领办合作社＋新型经营主体＋农户"的联农带农模式，开展"耕、种、管、收、储、运、加、销"全链条综合托管服务，实现领着农民干、帮着农民赚，户均稳定增收2000元以上，1016个村集体经济收入全部超过20万元，有效带动多元共赢。

（四）创新赋能"科技增粮"

习近平总书记强调，"中国现代化离不开农业现代化，农业现代化关键在科技、在人才。要把发展农业科技放在更加突出的位置，大力推进农业机械化、智能化，给农业现代化插上科技的翅膀"①。齐河县充分利用农业科技发挥支撑作用，并建立了农技服务体系。县农业农村局、乡镇农技站的农技人员以及村科技示范户和种粮能手共同组成了"县、乡、村"三级农技服务网络，形成了科技服务体系的目标，即"万亩有技术专家，千亩有技术标兵，百亩有技术骨干"。建立县乡村三级服务体系，累计投资6000余万元，建成1处县农业技术推广中心和15处乡镇（街道）农技推广服务站，组建起150人的农技服务队，实现每万亩农田拥有2名以上的专业技术推广人员，集成推广小麦"七配套"、玉米"七融合"等绿色高产高效技术，关键农技到位率达到100%。这种县有专家团队、乡有技术员、村有明白人的县乡村三级农技服务体系，对于提高农民的种植能力和农业生产水平起到了积极的推动作用，为农民们"能种地"和"种好地"提供了制胜"法宝"。深入推进现代种业提升工程，与行业龙头金来种业开展合作，建成3.5万亩良种繁育基地，选育申报认定粮食新品种4个。与山东农业大学共建全国唯一的小麦育种全国重点实验室、小麦产业研究院，吸引20余名院士、专家团队陆续入驻，围绕小麦育种、生产、加工等全链条深度攻关，全力抢占小麦育种产业制高点。

（五）突出抓好"减损节粮"

习近平总书记指出，减少粮食损耗是保障粮食安全的重要途径。齐河牢固树立节约减损就是增产的理念，在增产和减损两端同时发力，健全常态化、长效化工作机制，扎实推进"收、储、运、加、销"全链条减损，创新实行粮食烘干仓储一体化，投资5亿元建成粮食综合服务中心16处、智能恒温粮仓38座、粮食烘干塔33座，储备规模达

① 《解放思想锐意进取深化改革破解矛盾 以新气象新担当新作为推进东北振兴》，《人民日报》2018年9月29日。

到60万吨、日烘干能力1.08万吨，在全国产粮大县中率先实现烘干仓储设施乡镇全覆盖。同步推行粮食代烘干、代加工、代储存、代清理、代销售"五代"服务，粮食从地头直接烘干入库，年节粮减损7000吨以上。充分发挥国企优势，加强机收减损技术培训，小麦、玉米收获环节损失率分别低于国标1.2个百分点和2个百分点，年可节粮3万吨。全域推广"国企＋联合社＋合作社＋农户"粮食高效减损物流模式，实现亩均减损5%，原粮"四散化"运输比例达到80%。

（六）聚力实施"产业兴粮"

习近平总书记指出，"要把产业振兴作为乡村振兴的重中之重，积极延伸和拓展农业产业链，培育发展农村新产业新业态，不断拓宽农民增收致富渠道"[①]。作为全省同时入选国家农业现代化示范区、国家现代农业产业园的县，我们积极推动粮食全产业链高质量发展，落地鲁粮、旺旺等龙头企业41家，年粮食加工能力28万吨、总产值73亿元，粮食就地加工转化率达到80%。实施品牌强农工程，县属国企注册成立"黄河味道·齐河"区域公用品牌，整合纳入74个"三品一标"认证产品，与13个省市、500余家商超实现联动合作，齐河优质粮价格高于市场均价7%、亩均增收230元以上。同时，在全省率先完成粮食应急供应网点建设，培育粮油应急加工、储运企业6家，落实地方粮食储备6.2万吨，确保供应充裕、市场稳定。

三、齐河"吨半粮"产能创建的经验启示

齐河县作为山东省三个粮食总产超过20亿斤的超级产粮大县之一，

---

① 《牢牢把握高质量发展这个首要任务》，《人民日报》2023年3月6日。

不断推进农业生产现代化、努力促进主产区粮食的增产增效，不仅是契合各级党政部门的中心工作与政治使命，更在工作推进过程中成为齐河全县上下统一的集体共识与社会责任。齐河县粮食高产创建的成功，根本在于全县形成重视粮食生产的集体共识，基础在于打造条线权责明晰的组织管理体系，动力在于形成保障涉农项目顺利落地的财政支持。齐河县通过牢固信念、协调动员、财政支持三种举措，成功实现了齐河县粮食生产的高产创建。

（一）抓信念：抓粮食就是讲政治

在粮食高产创建过程中，政府通过中心工作、书记牵头、政治激励等多种手段在全县范围牢固树立起"抓粮食就是讲政治"的社会信念，充分激发全县干部群众对粮食生产的重视，形成了全县上下全力以赴抓好粮食生产的社会风气。

齐河县自开展粮食高产创建以来，坚持把扛稳粮食安全责任作为重要政治任务，通过将农业农村部80万亩粮食绿色优质高产高效示范区作为工作主要平台，实现整建制推进粮食绿色高质高效创建工作。齐河县每年的县委一号文件与政府工作报告都将推进粮食产业的发展作为重要内容，粮食生产是齐河县委及政府部门的重要工作与中心工作。由此，粮食高产创建工作从农业局的部门行为转变为由县委、县政府牵头，多部门联合行动的中心工作。

齐河县构建"全员全域全链条抓粮食"的闭环式工作机制的决心体现在各项创建工作的力度上。2021年9月30日，齐河县召开"吨半粮"生产能力建设动员大会，标志着"吨半粮"创建工作的全面展开，并将"示范引领、打造标杆"作为"吨半粮"工作的目标定位。2022年4月19日，齐河县召开乡村振兴重点工作推进会议，全面部署粮食生产工作，进一步增强粮食高产创建在全县工作中的重要性。2023年

2月1日，县委经济工作会议召开，将粮食生产纳入全县年度考核任务，提出确保粮食耕作面积不减，产量持续增加的要求。2023年3月31日，在县委农业农村工作会议暨绿色优质高效现代化农业强县建设推进大会上，齐河县不仅对农业农村工作进行了全面的部署，还对2022年度农业农村工作中的先进单位和个人进行了通报表扬，并颁发奖牌、证书。历数关于粮食生产的政策文件，齐河县先后出台了《齐河县粮食高质高效创建实施方案》《关于开展"吨半粮"生产能力建设工作的意见》《齐河县全链条节粮减损行动实施方案》《2023年齐河县"吨半粮"生产能力建设方案》等政策文件，齐河县将要人给人、要钱给钱、要政策给政策的"三给三要"指导思想内化为粮食生产工作的中心思想，逐渐形成全县上下一致、协同作战的集体合力。

（二）抓统筹：纵向到底、横向到边

1. "纵向到底"的统筹领导机制

坚持粮食生产工作以县委、县政府为核心，以农业农村局为牵头部门的统筹领导机制。在权力结构上，农业农村委员会办公室设在县农业农村局，齐河县委副书记担任农业农村委员会办公室主任，并兼任县农业农村局局长，统筹负责全县农业领域的工作。自农业农村局成立以后，主要承担扶贫开发工作职责，负责统筹研究和组织实施"三农"工作规划和政策，协调解决"三农"工作重大问题；承担管理种植业、畜牧业、渔业、农垦、农业机械化、农产品质量安全等职能。由此，齐河县的粮食生产工作以县委、县政府为领导核心，以农业农村委员会、农业农村局为直接负责单位，以各乡镇（街道）为具体执行单位，形成了上下贯通的统筹领导机制。

在乡镇层面，齐河县精心构建了以党委副书记、副镇长、人大主席等主要领导分管的乡镇农业办公室，这个机制致力于确保农村工作得以切实贯彻落实。同时，齐河县还搭建起了四级联创共建体系，将国家、省、市、县各级农业主管部门连接成一体，实现从中央到基层的精准合作，形成了从国家到地方的强大合力。这种联动机制架起了粮食生产工作的桥梁，让资源、信息和支持能够畅通无阻地流动，确保了各级政府协同合作，共同致力于齐河的农业发展。

2. "横向到边"的部门协作机制

农业作为一项系统的工程，高度依赖各部门之间的充分协作。如今，在从农业大县向农业强县的转型期，齐河县更是成立由县委、县政府主要负责同志为总指挥（县委书记孙修炜和县委副书记、县长陈光春二人是总指挥），县委、县政府分管负责同志为副总指挥，县有关部门单位和乡镇（街道）主要负责同志为成员的农业强县建设工作推进指挥部，负责指导、推进和协调农业大县建设工作，及时研究解决遇到的重大问题。其中，领导小组办公室设在县农业农村局，负责农业大县建设工作的统筹协调、督导考核；各乡镇（街道）党政主要负责同志作为农业强县建设的第一责任人，要亲自研究、成立专班，统筹解决辖区内遇到的各项问题，推进农业强县建设落到实处。

除了农业局内部的协调，还有对外委办局的协调。在具体的工作中，发展改革部门主要负责向上争取国家政策项目支持，并精心抓好各类支农项目的整合，确保政策资源的充分利用；人社部门需积极引进农业科技人才，与专家团队进行紧密对接，全力以赴为农业领域提供优秀人才的支持和服务保障。财政部门则重点关注资金保障工作，为粮食高产创建、"吨半粮"创建活动提供充足的经济支持。农业农村部门负责科学规划各项工作，争取更多的资金和项目支持，并积极提供专业的技术指导服务。水利部门主要负责加强水利工程建设，特别是加大农业灌溉用水的保障力度，确保农作物的灌溉需求得到充分满足。科技部门着力推动科研成果的转化，并安排农业科技特派员提供指导服务，使先进科技成果在田间地头得到充分应用。气象部门加强气象保障工程建设，提供精细化气象监测服务，为粮食生产提供准确可靠的气象数据，并在防灾减灾方面提供必要的支持。此外，自然资源、应急管理、供销、粮食安全保障、金融风险安全保障、齐源集团、乡村振兴集团、电力等相关部门都是齐河农业发展过程中不可或缺的力量。通过各级各部门的紧密协作，形成工作合力，才能推动齐河农业迈上新的台阶。

总而言之，齐河县在粮食生产工作中充分发挥了各级政府、各部门的作用，建立了紧密的联动机制。在关键时刻，各级领导、干部、农民共同奋斗，展现出了团结协作的强大力量。齐河县在"吨半粮"创建过程中取得的阶段性胜利，有可能为其他地区在粮食生产等方面提供有益借鉴。

（三）抓保障：用好惠农政策工具

惠农政策滋润田间，大国粮仓根基稳固。财政支持是保障粮食安全、推动粮食高产创建的重要动力与物质基础。齐河县通过落实涉农惠农政策、统一采购良种、农业生产设施补贴、科研攻关补贴等多种形式的财政补贴，积极推进涉农项目有效落地等方式，在保障粮食生产安全、推动产量持续增长上为农业经营主体提供了充分的支持与帮助，几乎覆盖粮食生产的全部环节，充分彰显了齐河县的财政支持在维护粮食安全、推动粮食生产中的重要意义。2021—2023年齐河县累计落实耕地地力保护补贴、种粮农民一次性补贴、轮作休耕补贴、农机购置补贴等上级财政一揽子支持资金5.6亿元。2020—2022年成功完成超过30万亩的高标准农田建设任务，投入资金超过5.37亿元。仅在2022年，齐河县就获得国家农机补贴资金1225万元，用于补贴640台农机的购置。同时，县级农机设备更新补贴资金达763万元……

财政项目的持续保障，使得齐河农业从各种涉农惠农补贴的投入、农业生产设施的更新与优化到粮种这一关键"芯片"的研发与落地等各个环节得以顺利推进，为进一步推动产能创建和粮食产业的可持续发展提供了源源不断的动力。

实施"雁归工程"，回引优秀人才当"村官"*

——乐陵市回引优秀人才到村任职的探索与实践

2018年6月，习近平总书记在视察山东时指出，乡村振兴，人才是关键。要积极培养本土人才，鼓励外出能人返乡创业，鼓励大学生村官扎根基层，为乡村振兴提供人才保障。

乐陵市在积极研究、大胆探索、综合研判的基础上，提出了"实施'雁归工程'，回引优秀人才到村任职，助力乡村振兴"的工作理念，从搭建平台、拓宽渠道，确保"引得回"，优化政策、强化激励，确保"留得住"和健全机制、提升能力，确保"有作为"三个层面回引优秀人才回村任职，形成了"能人回乡、资金回流、企业回迁"的良好局面。在探索与实践的基础上，总结形成了四条实践经验：一是强化组织领导，搭好台、再唱戏；二是落实落细服务，扶上马、送一程；三是严管厚爱结合，立规矩、强保障；四是抓好宣传引领，选典型、树标杆。

一、背景情况

乐陵市位于山东、河北两省交界处，是省政府确定的七个县级区

---

* 本案例由中共德州市委党校（德州市行政学院）党史党建教研部讲师张洪彬、助教钟胜男撰写。

域性中心城市之一。现辖9镇3乡4个街道办事处、1处国家农业科技园区、1处省级开发区和1处省首批化工产业园，面积1172平方公里，人口近70万人，是著名的"中国金丝小枣之乡"。近年来，乐陵市针对农村"空巢化"、经济"空心化"等社会现象，围绕"农村需要什么样的带头人，如何选好带头人，带头人要干什么事"等核心问题，大胆探索实践，着力优化环境，持续改革创新，经济社会快速发展，城乡面貌明显改善，回引优秀人才到村任职条件逐渐成熟。

（一）有需要

"人才兴则事业兴，人才强则乡村强"，实施乡村振兴战略，关键在于人才振兴。乐陵作为外出务工大县，90%的农村青壮年外出务工，村里大多数是留守老人、妇女和儿童，人才流失严重，造成农村基层班子青黄不接、村干部队伍后继乏人，对乐陵的可持续发展造成了严重影响。2017年换届前，乐陵农村党组织书记平均年龄55岁，最大的已经77岁，20%的村党支部书记无合适人选；农村党员60岁以上的占52%，三年以上未发展党员村有509个。农村生产经营型人才仅757人，平均每村不足1人，人才匮乏已成为制约乡村振兴的最大瓶颈，迫切需要回引一批能人，带来新观念、拓展新产业，进一步夯实产业基础，充实组织队伍。

（二）有愿望

乐陵作为山东省有名的劳务输出大县，常年外出务工经商人员有30多万人，其中流动党员有2800多人，一大批有思想、有抱负、敢闯敢干走出去的能人，在外成就了一番事业。尤其是先期外出创业的一些能人，在外开阔了眼界，积累了一定资金和技能，而且他们对家乡有很深的感情，桑梓情怀浓厚，有回乡创业和带领百姓共同致富的主观愿望。另外，随着务工地区城市环境与资源承载力问题日益突出，一些在外务工人员的发展遭遇瓶颈，而此时，随着乡村振兴战略的大力实施，各种政策不断向农村倾斜，农村创业环境日益优化，对在外优秀人才返乡创业形成了吸引。近年来，乐陵市委狠抓干部作风建设，政治生态持续优化，为在外优秀人才到村任职提供了良好土壤和环境。2018年，德州市干部作风建设大会在乐陵召开，进一步激发了在外人员回家干事创业的热情。据统计，广大乐陵籍在外就业创业人员积极为家乡提供双招双引线索1200多条，有84人有意愿到村任职，为实施"雁归工程"奠定了基础。

（三）有政策

2021年，中共中央办公厅、国务院办公厅印发的《关于加快推进乡村人才振兴的意见》中提出，坚持农业农村优先发展，坚持把乡村人力资本开发放在首要位置，大力培养本土人才，引导城市人才下乡，推动专业人才服务乡村，吸引各类人才在乡村振兴中建功立业，健全人才工作体制机制，强化人才振兴保障措施，培养造就一支懂农业、爱农村、爱农民的"三农"工作队伍，为全面推进乡村振兴，加快农业农村现代化提供有力人才支撑。乐陵市委、市政府在认真贯彻落实上级关于乡村振兴工作总体要求的基础上，立足职能、创新举措，制定出台了《关于实施"雁归工程"回引优秀人才到村任职的实施意见》，制订"125"和"351"回引培养计划，常态化、多渠道鼓励和吸引乐陵籍在外优秀人才到村任职，积极引导人才要素向乡村流动。因此，更多视野开阔、能力突出、实力雄厚的在外优秀人才进入村两委班子，挑起发展农村经济、带领群众脱贫致富的担子，探索出一条引得进、留得下、能创业的乡村人才振兴新道路。

基于以上三点，乐陵市积极研究，大胆探索，在综合研判的基础上，提出了"实施'雁归工程'，回引优秀人才到村任职，助力乡村振兴"的工作理念，并积极付诸实践。

二、主要做法

（一）搭建平台、拓宽渠道，确保"引得回"

实施"雁归工程"，关键要在"回引"二字上下苦功夫，用心用情、尽心尽力。

一是健全组织"引"。深入实施"风筝工程"，按照"易于集中、方便灵活、多重有效"的原则，在外出务工人员集中的北京、天津等地，建立47处流动党组织和人才服务站，发挥回引人才返乡创业、到村任职牵线搭桥作用，提供优秀人才回引"一站式"服务，引导在外人才致富不忘本、离乡不褪色，为家乡发展积极贡献智慧和力量。建立靶向精准的政策宣传体系，市乡两级建立在外务工创业人员、流动党员微信群，先后通报经济社会发展最新成果、介绍干事创业优良环境、发布到村任职政策30期，吸引外出人员返乡创业、到村任职。天津"馒头大王"张海广在乐陵驻津流动党员、党委的支持和鼓励下，筹备返乡创业——他在家乡乐陵投资1000余万元，建设一处集馒头生产、销售、仓储、物流、直播带货于一体的高标准厂房。这一切的顺利实施，得益于管服融合的党建新模式，加快了政策、土地、项目等发展要素的双向流动，为在外能人回流反哺家乡提供了便利。

二是定向沟通"引"。建立市乡村三级联动机制，市级领导带头到包保乡镇（街道）驻外流动党员党组织开展走访慰问，每季度乡镇（街道）领导班子成员走遍辖区所有村，村干部走访优秀外出务工家庭实现全覆盖，全面摸清在外优秀人才情况，做到流向地点、从业情况、政治面貌、返乡意愿、入党志愿、履职愿望"六个清楚"。在此基础上,综合分析村级班子配备需求,将752名在外优秀人才纳入定向回引需求库。针对有返乡任职意愿且符合条件的155名优秀人才,市乡领导主动回应任职愿望诉求。如花园镇每年召开恳谈会、观摩会、联谊会等32次,实行"分管领导、管区干部、包村干部、村干部"的"四包一"跟踪服务机制,动员在外能人主动融入家乡发展。截至目前,全镇引回67名人才进入村两委班子,占全镇村两委干部的62.6%,其中24名担任村党组织书记,成为推动乡村振兴、强村富民的坚实力量,一批回引党组织书记和所在村庄得到各级认可。近年来,1人被推选为德州市党代表、7人被推选为乐陵市人大代表,房家新村被评为"全国民主法治示范村",恭敬李村被评为"山东省先进基层党组织",大韩新村党委书记韩向勇被山东省委授予"担当作为好书记"的荣誉称号。

三是丰富活动"引"。依托驻京流动党员党委和各级党组织,以乡情、亲情、友情为纽带,连续2年举办"我为家乡绘蓝图""百名流动党员返乡创业"等活动,邀请300余名优秀人才到民生工程、产业园区、乡村振兴等重点项目现场实地观摩,让在外优秀人才切身感受家乡变化,知晓家乡的优惠政策,增强返乡的信心和决心。2022年以来,花园镇围绕经济社会高质量跨越发展要求,用好乡情纽带,积极发展"雁归经济"。一方面,将经济发展地方贡献部分的10%,返还企业法人所在村集体,增加村集体收入。另一方面,由班子成员带队,组织税务部门、村级党组织书记、乡贤近亲属等组成8支招商队伍,到北京、天津、济南、东营、沈阳等地上门拜访花园籍企业家及乡贤,鼓励他们为家乡建设献计出力,引导资本、项目等要素回归集聚。

（二）优化政策、强化激励，确保"留得住"

如何让在外优秀人才勇于放下在外的事业，返乡带领父老乡亲发展，关键在于健全配套优惠政策，建立正向激励机制，增强返乡吸引力。

一是提高待遇保障。制定回引优秀人才到村任职专项扶持政策，对到村担任村党组织书记的优秀人才，在享受乐陵市农村干部同等经济待遇的基础上，市财政每年列支200万元，设立回引人才到村任职专项奖励资金，每年评选"到村任职优秀人才"，给予每人1万元的奖励。鼓励他们大力发展村级集体经济，根据工作业绩，提取一定比例的集体经济收益作为激励报酬，最高一次性可奖励10万元，让他们在经济上有甜头，给予政治激励和物质奖励。同时，建立返乡人才创业园，开展"百名流动党员返乡创业"行动，推出"一揽子创业政策包"，开设项目审批、融资担保等12条"绿色通道"，推行产业飞地党建共同体建设，在招商引资、招才引智、京津冀项目转移承接等方面牵线搭桥，提供线索，为返乡任职人员带领村集体创业提供最大便利。如大韩戎威远服装厂作为乐陵市大韩村村民韩向勇回乡建立的服装厂，总投资约300万元，其中，乡村振兴扶持资金就有100万元，自筹资金200万元，一期占地面积约4500平方米，厂房面积2000平方米，年生产保安服装100万套，销售额7000万元以上。企业运营后，服装加工厂可以为本村和周边村庄提供就业岗位100余个，年集体增收8万元，在解决了当地居民就业的同时也增加了村集体收入，富裕了人们的生活。此外，随着服装厂的建成落地，同时启动的项目还有大韩社区党群服务中心及大韩村"365暖流中心"，可覆盖周边7个行政村，为群众提供了方便快捷的服务，为党员及车间工人提供了学习培训的场地，也为当地的留守儿童、留守老人提供了良好的学习、休闲、娱乐环境和场所。

二是进行精准扶持。针对部分软弱涣散村历史遗留矛盾多，村级集体经济缺乏项目启动资金，导致返乡创业人员到村任职打不开局面的问题，坚持构建市乡一体、部门联动式服务体系，对党组织软弱涣散、矛盾隐患较多的村，建立市领导包保、市直部门联系帮扶、"第一书记"驻村、乡镇党政班子成员挂包的"四位一体"帮扶体系，定期召开工作调度会、座谈会，听取回引人才在推动工作过程中存在的问题、意见建议，"一村一策""一事一策""一人一策"提供解决方案，切实"扶上马""送一程"，帮助破解难题，化解矛盾，打消返乡任职顾虑。对公共资源匮乏、发展村级集体经济缺少启动资金的，整合涉农资金项目，每村3年内给予不低于30万元的村级集体经济发展扶持，重点发展特色优势产业，破解"巧妇难为无米之炊"的忧虑。对干群矛盾突出、群众基础差的村，加大民生项目倾斜力度，由到村任职人员牵头实施，解决村民广泛关注的重点难点问题，在为民办实事中，厚植群众基础。

三是实施暖心激励。在政治上，对表现突出的返乡任职人员，推荐担任"两代表一委员"，列席全市重大会议、重要活动。以最大比例从优秀到村任职村干部中招录公务员和事业编制人员，拓宽到村任职村干部成长渠道，2019年以来，2名返乡任职村干部获得公务员、事业编制人员身份，实现从村官到乡镇干部的转变。同时，优先推荐参选"最美共产党员""优秀共产党员""劳动模范"等荣誉，提升广大返乡干部干事创业的积极性和主动性。如铁营镇张王官村返乡任职人员王登玉因工作突出，被评为"2019年度最美共产党员"，享受德州市级劳模待遇。

同时制定"雁归经济"优惠政策，明确乡贤企业按税收的10%

返还乡贤所在的村集体，款项由企业与村集体共同监督使用，用于困难群众走访救助、村内路桥完善等民生实事，实现在外乡贤与镇村的"双向奔赴"。2022年以来，大韩新村每年拿出10万元村集体收入用于建设运营"暖心食堂"，解决村内96名70岁以上老人的用餐问题。房家新村党支部书记通过电商平台基础，让本村种植的蜜薯、养殖的笨鸡蛋等产品热销网络，带动180多人就业，村集体每年增收20万元。在生活上，安排专人对返乡任职人员及其家人进行全程跟踪帮扶。符合乐陵大学生人才就业安置办法的，优先予以办理，在配偶就业、子女上学等方面提供政策支持，将返乡任职村干部的子女、配偶和父母纳入服务体系给予关心关爱，每年安排免费体检一次，市乡领导不定期走访慰问，现场解决困难，确保返乡干部工作无忧。

（三）健全机制、提升能力，确保"有作为"

引得回、留得住是基础，让返乡任职人才在带领党员群众谋发展上"有作为"才是核心。这就需要建立健全在外优秀人才到村任职培养锻炼机制，让他们有能力、有压力挑起发展农村经济、带领群众脱贫致富的担子。

一是开展返乡任职提能行动。按照"把人才引回家乡创业、把党员培养成致富带头人、把致富带头人培养成村干部"的思路，开展阶段性培训。任职前，采取设岗定责、跟班锻炼、试用任职等方式，引导优秀人才积极参与民主议事、村务监督、民生事业等村级事务，让他们在脱贫攻坚、拆迁安置、乡村治理、维稳处突等急难险重任务中历练。任职后，通过组织"走出去"学习先进地区经验、"引进来"开展专题培训等方式，开展党的建设、乡村治理、村级集体经济发展等方面的培训27场，选派230余名科技指导员下乡到乡村授课，帮助村民解放思想、开拓思路，提升服务农村经济社会发展能力。同时，开展村民评村官活动。结合党组织书记抓基层党建述职评议，每年年终，由乡镇党委组织村民，对返乡任职人员德、能、勤、绩等方面综合考评，确定等次，优秀者表彰奖励，广泛宣传；不满意者，限期整改，使返乡任职人员既有动力又有压力，形成一心干事谋发展，大干快干争一流的工作氛围。

二是实行"一对一"帮带机制。建立机关干部帮带返乡任职人员机制，从市直部门选派党员领导干部担任特派员，进行"一对一"帮带，缩短适应期。花园镇恭敬李村返乡任职优秀代表李方勇，在任职之初，面对群众反映最强烈的土地问题无处着力。为此，市委选派市农业农村局张世峰和花园镇司法所干部田作民到村担任特派员，"手把手"教方法、出点子，挨家挨户做工作，联合村两委班子开展"三资"清理，收回68户村民5年所侵占的集体土地235亩，树立了威望，打开了工作局面。在此基础上，李方勇带领村民成立含德厚水产养殖合作社，开展泥鳅养殖和淡水养殖，不断改变全村人民软弱涣散的精神面貌，让村民当股东，老百姓的生活更有奔头了。

三是建立压力下传机制。推行到村任职干部试用期制，对返乡任职优秀人才先试用半年，由乡镇党委统筹安排到村党支部书记助理、村委会主任助理等岗位锻炼，期满进行思想和工作实绩综合考察，考察合格者再予以任命。不断推进返乡人员定向培养工程。把优秀人才回引培养进行统一规划，按照"把优秀人才引回家乡创业、把创业人才培养成致富带头人、把致富带头人培养成村干部"的思路，依托"村级党校""科技小院""田间课堂""送智下乡"等载体，分层分类开展返乡人员政策理论、特色种植养殖技术、加工制造等"菜单式"培训27场，选派230余名科技指导员下到乡村授课，促进开拓思路、解放思想，提升服务农村经济社会发展能力。

三、经验启示

乐陵市通过实施"雁归工程"，探索出了一条外出能人返乡任职创业的新路径，初步形成了接地气、可复制、可借鉴的有益经验。

（一）强化组织领导，搭好台、再唱戏

回引人才是一项系统工程，只有在好政策、大环境等因素的共同作用影响下，外出优秀人才才会"燕归来"、唱好戏。乐陵市坚持把回引优秀人才返乡任职创业放到全市整个发展大局中来实施谋划，做好顶层设计，出台制度文件，建立工作机制，在思想认识、政策引导、发展规划、教育培训、服务保障、乡情召唤等方面打出了一套精准高效的"组合拳"，消除了人才返乡任职创业的各种障碍。同时，随着全市基础设施越来越完善，交通物流越来越便捷，区位优势越来越凸显，具备了吸引优秀人才返乡任职创业的环境和条件，人才返乡成为水到渠成、顺理成章之事，为乡村振兴注入了勃勃生机和持久动能。

无论是发展产业，带领大家过上好日子，还是加强和改进乡村治理，维护好农村社会和谐稳定，都需要农村基层党组织发挥战斗堡垒作用，以党建引领，绘就乡村振兴新蓝图。为此，乐陵激活人才回引，大力实施雁阵行动计划四大工程（"雁归工程""风筝工程""雏雁工程""巾帼头雁工程"），134名外出人才回村任职，其中70人担任村级主职干部，村级干部抓乡村振兴能力显著提升。同时，按照"上下贯通、严密有序、易于管理、多重覆盖"的原则，逐步探索建立市委流动党员工委、乡镇（街道）和市直工委流动党员党委、流出（入）地党支部等多重覆盖的党组织体系，形成"一制双服四平台"管服融合党建新模式。通过"线上+线下"双线服务通道,为广大乐陵籍老乡搭建回村任职、返乡创业、互助发展、建言献策4个平台,明确党组织教育、党员管理、党员监督、党建宣传、服务群众等5项职能,确保流动党员流动不流失、高飞不离线,以组织融合带动产业融合、资源整合、服务聚合、市场联合,实现把党支部建在产业链上、流动党员聚在产业链上、家乡群众富在产业链上。截至目前,在北京、天津成立流动党员党委,在京津、济青等地建立40多个流动党支部,2887名在外流动党员全部纳入管理,为流动党员返乡提供源源不竭的动力。据统计,全市共有千余名在外人才返乡创业,其中64名回归人才进入村两委班子,40名当选担任村两委主职干部,比例高达63%。他们以超前的眼光、开阔的视野、灵活的头脑,成为带领农村发展、带动群众致富的重要力量。

(二)落实落细服务,扶上马、送一程

回引人才以中青年为主,他们有热情、有梦想,但经验不足,工作方法少,导致有时出现有劲使不上、情绪波动等情况。在这方面,党委和政府既要从政策机制、产业项目、能力提升等大的方面高点定位、统筹考虑,又要从土地供给、资金支持、矛盾调处等小的方面出台针对性、操作性强的帮扶措施,给予他们全方位的鼓励和支持。还要注意政策措施不应只聚焦短期目标的实现,或者将其视为针对某一薄弱环节实施的单项帮扶行为,围绕"留得住""有作为"进行系统性、持久性的研究谋划,在"扶上马"的同时更要在"送一程"上下功夫,从而减少回引人才在任职创业过程中的不稳定因素,使其既走得稳更走得远。

一方面,探索全域土地综合整治模式,推动资源规模化高效利用。在16个乡镇(街道)18个村试点完成"一村一块田"建设,推动130

个行政村党组织领办合作社全覆盖，带动22.6万亩土地集中入社、统一经营。另一方面，探索"国企+"模式，推动农村集体资源市场化运营。通过"合作社+村企+国企"模式，由合作社和村企对农村土地资源、村集体资产资金等进行整合，与国企对接合作，由国企进行市场化运营，解决农户单打独斗、村集体不善经营等难题。朱集镇枣林村探索"村社企联建"模式，将网格化整建制流转，将枣林整体流转给国企，实现枣树由原来的合作社经营向国企统一经营的转变，通过打造乡村文化旅游、发展林下经济等，实现枣林村的集体经济收益三级跳，从2016年的不足10万元到2019年的突破50万元，再到2022年的79万余元。

另外，要提供技术指导，打造智力"引擎"。只有不断充盈老百姓的头脑，使其身怀专业化的技术，才能为乡村振兴提供原动力。乐陵市投资200万元，建设启用新农村发展学院。依托学院平台专门邀请高校讲师、农业技术员等各类专家学者前来授课，举办调味品企业专题培训、食品安全培训、蔬菜种植技术培训、农村社会化服务培训、农村集体经济发展培训等30余场次。王屯村溢香农作物种植专业合作社还与德州学院签订技术服务协议，农业专家定期到田间进行专业指导、现场授课，真正实现"送技术上门"，让群众在家门口接受培训。杨安镇聚焦"调味品产业高质量发展"，创建全省唯一的调味品产业共建共享实验室，围绕产业链部署创新链、汇聚人才链，与全国28所高校、科研院所签订53项人才引进协议，引进研发人员23名。借助乐陵市"科技兴企"项目，先后建设豪德飞天电商产业园、杨安镇调味品返乡创业园、小镇会客厅项目，构建产学研创新联合体，成立杨安镇调味品产业集团有限公司。大力实施"产才强镇"发展战略以来，共吸引227名"调二代""调三代"返乡创业就业，推进17个项目落户扎根,为60余家企业招聘专科以上人才129名;以柔性合作、引进假日专家等方式,建立涵盖120余人的师资库,为推动全镇经济社会高质量发展提供了人才支撑。

(三)严管厚爱结合,立规矩、强保障

返乡任职创业人员在知识层次、思想境界、纪律观念等方面个体差异较大,在短时间内实现整体性跃升有一定难度。所以,必须进行有效管理、严格考核,制定出责任清单、负面清单,对他们能干什么、不能干什么,干好怎么样、干不好怎么办,都要有明确的说法、具体的标准,这样才能保证他们长期专心履职。要让回引人才清楚,只有尽心尽责,经得住评议,得到群众认可,薪酬才能拿到,位子才能坐稳。市里出台了相关政策文件制度,专门听取回引人才的意见建议。制订回引人才发展党员专项计划,每年拿出10~20个名额定向用于回引人才,积极鼓励引导符合条件、群众认可的回引人才向党组织靠拢。每年以最大比例从农村党组织书记中定向招录公务员、事业编制人员,拓宽返乡任职人才成长渠道。如返乡创业的清华大学博士唐强,回村担任党支部书记的王登玉、韩向勇,先后被乐陵市委评为"最美共产党员",其中王登玉、韩向勇还分别被评为山东省、德州市"担当作为好书记"。在生活上,对符合条件的回引人才及时发放"人才绿卡",享受出行、就医、居住、子女入学、家属就业等10大类35项服务。深入实施"家门口关爱行动",将回引人才子女、配偶和父母纳入"365暖留工程"服务保障体系,每年免费健康体检一次,及时帮助其解决困难问题。

对存在顾虑、缺乏信心的回引人才,乡镇党委、管区积极靠上做工作,主动登门介绍家乡情况、发展环境,讲解各项政策,热切表达家乡对他们的期盼。花园镇恭敬李村李方勇在北京从事餐饮行业多年,并创建了"小胖美食"连锁品牌。为邀请李方勇回村任职，镇党委书记周强五赴北京亲自动员做工作，终于使李方勇打消了疑虑，决心回村任职。同时，针对外出务工经商人员需求集中的创业指导、户籍办理、医疗保险等事项，打造线上、线下两个服务平台，8大类67项事项可异地直接办理或线上办理，真正实现"零跑腿"，让外出人才有了归属感。一系列举措让外出人员深切感受到家乡的真诚和温暖，也触动了其内心深处的家乡情怀，纷纷表示愿意为家乡发展贡献自己的智慧和力量。

但也应看到，不能仅靠催着干、推着干、逼着干，关键还要把他们的困难当作党委和政府的困难，把他们的愿望当作党委和政府的愿望，让回引人才有更多的获得感、归属感，从内心深处激发他们服务群众、奉献家乡的自觉性、主动性。近年来，乐陵市狠抓干部作风建设，政治生态持续优化。2018年，全市干群矛盾信访量同比下降35%，群众满意度同比提高5个百分点，干群关系更加和谐融洽。同时，乐陵市以三产融合为引领，深入实施"一五十百千万"乡村振兴突破计划，全力建设南部生态区，创建完成乡村振兴齐鲁样板示范区，推动乡村振兴全面起势。良好的环境为外出人才提供了干事创业、实现人生价值的重大机遇和广阔舞台，他们回乡发展恰逢其势，正当其时。

（四）抓好宣传引领，选典型、树标杆

鼓励人才返乡创业，不能嫌贫爱富。无论回乡者是带着资金、技术还是创意，我们都应该敞开怀抱热烈欢迎。因为无论是回村任职，还是返乡创业，其核心要素是"能人"，他们的返乡事迹本身就具有较强的故事性和示范性。通过对典型范例进行梳理总结，做好宣传推介，树立一批返乡任职创业标杆，从而达到回引一人、带动一片的目的。乐陵市通过培育返乡任职创业典型，及时宣传他们的先进事迹、创业精神，并大张旗鼓予以表彰奖励，产生了良好的社会反响。一是抓好宣传推介。通过"枣乡智慧党建"平台、"流动党员之家"网站及 App、流动党员微信群，及时向在外务工经商人员通报乐陵经济社会发展、干事创业环境变化、返乡任职创业政策等情况。利用春节、国庆等节假日，组织外出优秀人才到全市重点工程、产业园区、项目一线等现场实地观摩，让他们切身感受乐陵的发展变化和广阔发展前景，进一步增强返乡信心和决心。二是瞄准重点人群。每季度对全市外出务工经商人员进行一次全面摸排，做到流向地点、从业情况、返乡意愿等"六个清楚"，并划分为"经济带动型""治理提升型"等五种类型。结合班子缺职、配备需求，对政治素质高、致富能力强、热心村级事务的外出人才，通过流动党员党组织重点考察识别，逐一分析其特点、优势、不足及事业发展、家庭情况、回乡意愿，有的放矢地对接联系，切实提升回引人才与任职岗位匹配度，确保人岗相适、人尽其才。三是真情付出投入。对存在顾虑、缺乏信心的回引人才，乡镇党委、管区积极靠上做工作，主动登门介绍家乡情况、发展环境，讲解各项政策，热切表达家乡对他们的期盼。中央电视台、山东电视台、《经济日报》《大众日报》等媒体先后报道了以房富民、韩向勇、孙连军、李方勇等为代表的返乡任职创业优秀典型，通过标杆示范引领，进一步激励广大回引人才在乐陵大地大施所能、大展才华、大显身手。

守护文化根脉，留住记忆乡愁*

——德州市实施乡镇村志文化工程，推进乡村
文化振兴的探索与实践

党的二十大报告指出："加快建设农业强国，扎实推动乡村产业、人才、文化、生态、组织振兴。"2023年10月，全国宣传思想文化工作会议在北京召开，习近平总书记对宣传思想文化工作提出"七个着力"的重要要求，其中之一为"着力赓续中华文脉、推动中华优秀传统文化创造性转化和创新性发展"。乡镇、村是中华优秀传统文化的根基所在，积淀着人类发展演变的历史与文明，承载着中华民族世世代代的文化寄托和心理守望，承载着丰富生动的传统文化和历史记忆，传承着中华文明的血脉。编纂最接地气、最贴近民情的地方志资料文献——乡镇村志，能在乡村振兴"铸魂工程"中发挥留存乡村历史、抢救传统文化、保存文化遗产、激发村民意志、助推乡村建设等作用，是助力乡村振兴、实现第二个百年奋斗目标的题中应有之义。

近年来，随着城镇化进程的发展和乡村振兴战略的深入推进，德州市乡镇、村都发生了巨大变化。实施乡镇村志文化工程、编纂乡镇村志成为让老百姓记住乡愁、抢救不断消失的乡村文化的迫切需要，成为服务市委、市政府中心大局、服务全市经济社会发展、服务广大人民群众的有力抓手。做好乡镇村志编纂工作，全面梳理本地地理、

* 本案例由中共德州市委党校（德州市行政学院）哲学教研部副主任、教授时圣玉撰写。

历史、经济、风俗、文化、教育、物产、人物等状况，追溯历史渊源，总结发展经验，有利于从前人奋斗历程中汲取能量，鉴古开来；有利于挖掘保护、开发利用文化旅游资源，培育爱国爱乡情怀；有利于开展相关学术研究，探索农村发展经验、发展模式和发展道路，满足农民文化需求。

2024年1月12—14日，政协第十五届德州市委员会第三次会议召开，包括笔者在内的6名德州市政协委员联名提交了《关于加强德州市乡镇村志编修》的提案，引发社会广泛关注，先后被《大众日报》、德州广播电视台、《德州日报》等媒体报道。

乡镇村志编纂是一项功在当代、利在千秋、顺应民意的事业。正如上述提案中所言，"用文字、图片等形式记录下乡村历史，对我们这一代人来说可能是乡愁，对于后代人来说，那就是历史。我们把乡愁记住，后代把历史记住，这就是文化传承"。

一、背景情况

乡村文化是传统文化的生命家园，有着深厚的文化底蕴。农村是最基层的组织，村镇的变化是中国社会变化的缩影，是中国发展的直接见证，也是中华文明在各地绵延传承的生动体现。编纂乡镇村志，对保存和丰富乡镇、村的自然和社会史料，了解和研究中国历史与现状，保持中华文明连续性具有重要意义。

2004年10月，时任中共浙江省委书记、省人大常委会主任的习近平同志来到白沙村考察。在村会计毛兆丰的书房里看到了1991年出版的《白沙村志》，很感兴趣，就拿起来翻阅。习近平同志鼓励村民继续努力，发挥一切力量，把白沙村新志写出来。2012年7月，第二部《白沙村志》由方志出版社出版。2017年5月，《国家"十三五"时期文化发展改革规划纲要》明确规定，"完成省、市、县三级地方志书出版工作。开展旧志整理和部分有条件的镇志、村志编纂"。2018年9月，中共中央、国务院印发的《乡村振兴战略规划（2018—2022年）》明确提出，"鼓励乡村史志修编"，要求地方志工作向基层延伸。2022年，中共中央办公厅、国务院办公厅印发的《"十四五"文化发展规划》提出，"加强农耕文化保护传承，支持建设村史馆，修编村史、村志，开展村情教育"。德州市"实施乡镇村志文化工程、助力乡村振兴"的重大决策就是在这样的背景下作出的。

德州，古称安德，因水而生、因"德"而名，是一座具有丰厚历史文化底蕴和充满魅力的城市，有着丰富的文化遗产和深厚的历史背景。近年来，随着城镇化进程的发展和乡村振兴战略的深入推进，德州市很多乡镇、村都发生了巨大变化，原有各个村落所蕴含的历史文化信息流失严重，仅有的传统风俗民情、历史文化信息或存在于老人的记忆之中，或存在于人们口口相传之中，对这些信息进行抢救性保护变得刻不容缓。为此，德州市高度重视乡镇村志编纂，2020年，德州市《政府工作报告》将"加快推进乡镇志、名村志编纂工作"列为市政府重点工作。2022年，德州市在全市实施"乡镇村志文化工程"，提出到2028年底，所有县市区全面完成乡镇村志编修，实现德州市98部乡镇志、462部村志出版发行的目标。全市上下充分践行新时代新的文化使命，把乡镇村志编纂作为全市经济社会发展的一项重要文化支撑，作为服务乡村文化振兴的重要抓手，在总结编纂工作经验的基础上，系统谋划、压茬推进，适时调整工作进度和方法，持续高效推进乡镇村志编纂，相关工作走在了全省前列。

德州市共有乡镇（街道）134个。截至2023年12月，已出版乡镇

（街道）志36部，占乡镇（街道）志总数的27%。其中，乐陵市16个乡镇（街道），已出版14部；齐河县15个乡镇（街道），已出版11部；临邑县12个乡镇（街道），已出版4部；《德平镇志》被列入中国名镇志文化工程，《化楼镇志》《丁坞镇志》被评为"山东省优秀史志成果"。全市共出版村（社区）志83部，其中，天衢新区出版32部，乐陵市出版11部，齐河县出版11部，临邑县出版6部，《前杨村志》被列入中国名村志文化工程。

德州市乡镇村志编纂工作得到了时任中国地方志指导小组秘书长冀祥德、山东省副省长孙继业、山东省委党史研究院（省地方史志研究院）院长赵国卿等领导同志的重要批示。

冀祥德同志批示："在市委、市政府的领导支持下，德州方志工作者认真贯彻落实习近平总书记关于史志工作重要批示、重要讲话精神，编纂乡镇村志助推乡村振兴战略，措施得力，成绩突出，值得全国地方志系统学习借鉴。"孙继业同志批示："德州市高度重视乡镇村志编纂，成果突出，值得肯定，请各地借鉴。"赵国卿同志批示："德州市委、市政府高度重视乡镇村志编纂，成效显著……"

自此，德州市"乡镇村志文化工程"取得阶段性成果，相关经验开始向全省、全国推广。

二、主要做法

其实，早在2012年，德州市就在全市全面启动乡镇村志编修工作，2014年，市县联合启动"德州市名村志"系列丛书编纂，取得了一定成果。在此基础上，2022年，德州市正式提出，在全市实施"乡镇村志文化工程"。围绕实施"乡镇村志文化工程"，德州市重点做了以下工作。

（一）坚持正确指导思想，确保正确政治方向

在乡镇村志编纂过程中，始终坚持以马克思列宁主义、毛泽东思想、邓小平理论、"三个代表"重要思想、科学发展观、习近平新时代中国特色社会主义思想为指导，深入贯彻落实习近平总书记关于乡村振兴、坚持和完善中国特色社会主义制度、推进国家治理体系和治理能力现代化的重要讲话精神，坚持辩证唯物主义和历史唯物主义的立场、观点和方法，真实客观地反映乡镇、村庄的自然、政治、经济、文化和社会的发展演变历程、改革创新成果、资源产业优势、地域文化特色，不断增强"四个意识"、坚定"四个自信"、做到"两个维护"，确保决不在政治方向上出现偏差，决不在政治定力上出现问题，以强烈的责任担当和历史使命感，做好乡镇村志编纂工作，为推动中国式现代化德州实践贡献方志力量。

（二）党委、政府重视，为志书编纂提供组织保障

2011年，市政府办公室印发《全市地方志工作管理办法》，2016年，市政府办公室印发《德州市地方史志事业发展规划纲要（2016—2020年）》，对乡镇村志编纂提出了要求。2020年，德州市《政府工作报告》将"加快推进乡镇志、名村志编纂工作"列为市政府重点工作。德州各县市区、各乡镇街道成立了乡镇村志编纂领导小组，组建编修队伍，配齐办公设施，为乡镇村志编纂工作开展提供了基础条件。大多数县市区以"两办"名义印发了实施意见或方案，部分乡镇党委对出版志书给予奖励。平原县委书记对平原乡镇村志编修作出批示。禹城市将基层志编修纳入了全市文化考核范畴。临邑县将编修乡镇村志与乡村记忆工程、地名文化研究同部署、同开展。乐陵市将基层志编修纳入了全市对乡镇年终综合考评的范畴。庆云县成立乡镇村志文化工程领导小组和庆云县乡镇村志文化工程编审业务指导组，健全组织

领导，加强队伍建设，挂图作战、倒排工期，确保圆满完成乡镇村志三年攻坚计划，力争提前两年实现省市部署的乡镇村志编纂"两全"目标。德城区多次召开镇村志文化工程推进会，强调要充分利用地方志体裁的独特优势，传承和抢救乡土历史文化，激发爱国爱乡情怀。

（三）注重宣传发动，为志书编纂提供思想保障

始终把乡镇村志编纂定位为宣传当地经济社会发展的名片、招商引资的敲门砖，让乡镇村志编纂"走近、走进"当地中心工作，从而提高了乡镇村编纂志书的积极性和主动性。召开全市启动会议，印发实施方案，对全市乡镇村志编纂工作进行动员部署。每半年召开一次乡镇村志编修推进会议，通报工作进展，总结经验。在全市134个乡镇开展乡镇村志巡展，目前，已完成5个县市区全部乡镇巡展，取得了良好效果。临邑县在公众号开辟"乡村文化工程"专栏，推出"读序言品志书"栏目，推送县域内外乡镇村志编纂经验。德城区、天衢新区、武城县、禹城市等地通过召开动员大会、网格群转发等"线上＋线下"相结合的方式广泛开展编志工作宣传动员，以深刻认识编志重要意义为要点，推动各级领导在思想上形成共识，为乡镇村志编纂工作的顺利开展奠定了思想基础。

（四）加强协调指导，为志书编纂提供服务保障

为确保乡镇村志文化工程有人抓、有人管，成立了德州市乡镇村志文化工程领导小组，负责审定名镇名村志入选对象，以及志书编纂的组织协调、督促、培训、出版等工作。成立乡镇村志编审业务指导组，由编审业务指导组成员分片对各县市区乡镇村志编纂进行指导督导，保证了编纂工作的顺利进行。结合德州实际，统一印发德州乡镇村志参考篇目，篇目分特色模式和传统模式，供乡镇村自行选择参考，做到了全市统一与各地实际情况结合，有力推动了工作开展。

（五）坚持开门修志，为志书编纂提供人才保障

通过内部挖潜和外聘人员相结合的方式，解决基层修志专业人员力量不足的问题。每年举办基层志编修业务培训班，邀请知名志书编修专家和具有丰富基层修志经验的人员进行授课讲解，积极组织修志人员参加全省乡镇村志编纂培训班，提高了编纂人员的业务能力。成立由110人组成的德州党史方志专家库，为乡镇村志编纂提供人才支撑。聘请热爱史志工作、具有一定文字功底的人员（如教师、社会专职修志人员或退休史志人员）担任主编或顾问。组织修志人员到省内外基层志编纂先进单位进行参观学习，现场交流，学习先进经验，查找差距不足，改进工作方法，不断增强志书编纂工作实效。以会代训，利用志书评审会的契机，邀请乡镇村志编修人员旁听，既推广了先进的经验和做法，又"面对面""手把手"地给撰稿人员提供专题辅导，收到了良好效果。平原县组织全体青年业务骨干围绕方志历史文化，开展青年夜校《典籍里的中国》系列学习，营造方志书香氛围。针对部门志编纂，开展集中研学，不断夯实志书编修业务。

（六）严格审查把关，为志书编纂提供质量保障

牢固树立"质量第一"的观念，编纂过程中充分收集当地自然人文、经济社会、乡风民俗等方面的资料尤其是微观资料，遵照志书编纂规范，做到观点正确、体例科学、资料翔实、校核准确，力求系统、真实、准确记述，突出时代特色、地域特色和历史文化特色，量力而行、尽力而为，先易后难、先点后面，以乡镇带村，分期分批，有计划、有步骤地稳妥实施。对入选德州名镇名村志文化工程的志书，实行初审、复审、终审"三审"制度，真正做到层层把关、各负其责。县市区地方史志研究中心组织人员对志书初稿进

行初审，修改完成后，形成送审稿并印制样书。分片督导的市业务
编审指导组成员和市地方史志研究院业务科室进行复审，对送审样
书进行全面审查，形成是否提交评审的意见建议。市地方史志研究
院召开评审会议，进行终审，对志书存在的问题集中反馈，提出修
改意见、建议。编纂单位根据意见、建议进行修改、补充和完善后，
提交市地方史志研究院验收。验收合格后送交出版社审核，确保出
版一部，合格一部。

（七）营造良好氛围，形成志书编纂强大合力

坚持党委领导、政府主持、地方志工作部门组织实施、社会参与
的工作机制，形成上下联动、各方支持，科学规划、分步实施的工作
格局。一是通过互联网、广播、电视、报刊、座谈会等各种形式，为
修志工作营造了良好的舆论环境。平原县通过村庄微信群宣传村志编
纂的意义、素材的收集、历史文化的挖掘等相关内容，达到家喻户晓、
人人皆知的目的。《甜水铺村志》成为该村村民结婚"最贵的彩礼"，生
动诠释了"诗书传家远，耕读继世长"最美的乡愁。二是充分调动社
会各界尤其是本地群众及社会人士参与修志的热情，动员各界人士提
供有价值的图文资料，主动征求对修志工作的意见、建议，积极引导
乡镇（街道）运用"五老"工作力量，动员老党员、退休干部、知情
人、当事者及社会各界有识之士共同参与乡镇村志编纂。三是加强指
导检查，完善目标考核责任制、检查通报制，强化责任落实。各乡镇
将乡镇村志编纂工作纳入乡镇政府的总体工作部署，同时积极争取上
级党委和政府对地方志工作的支持，夯实基础环节，切实把修志工作
抓实抓好。四是加强与宣传、党校、文联、档案等各部门的联系，建
立了联动协调机制，统筹推动乡镇村志的编纂，汇聚成了乡镇村志编
纂工作的强大合力。

（八）科学部署谋划，持续推动乡镇村志文化工程

按照试点先行、依次铺开、全面覆盖的工作计划，除去已经出版印刷的36部乡镇志、83部村志，力争到2026年底实现其余乡镇志（98部），中心村、重点村、特色村、历史文化名村、经济强村志（462部）全覆盖，2028年底全部出版发行。第一阶段（2023年10月至2024年12月）：试点先行，齐河县、临邑县作为首批全省区域乡镇村志编修试点县，全面启动乡镇村志编修，共计编修12部乡镇志、200部村志。其他县市区组织有条件的乡镇村开展志书编修。2024年底，试点单位要实现志书编修全覆盖，其他县市区至少启动30%的乡镇村志编修。第二阶段（2025年1月至2026年12月）：齐河县、临邑县完成全部志书出版发行。其他县市区作为第二批全省区域乡镇村志编修试点县，全面启动乡镇村志编修，完成60%以上的乡镇村志出版任务。第三阶段（2027年1月至2028年12月）：所有县市区全面完成乡镇村志编修，实现德州市98部乡镇志、462部村志出版发行目标。

三、经验启示

（一）强化组织保障

乡镇村志编修要坚持党委领导、政府主持、地方志工作部门组织实施、社会参与的工作机制，上下联动、各方支持，科学规划、分步实施。市、县地方志机构要成立修志专家咨询指导组，负责乡镇志、村志编修工作的业务指导。县级人民政府牵头成立乡镇村志编修工作领导小组，设立办公室，具体由县级地方志机构负责乡镇村志编修日常工作，包括组织发动、统筹规划、业务指导、初稿初审、审查备案等工作。乡镇、村成立乡镇志、村志编纂委员会，将编修工作纳入重

要议事日程，确定分管领导，明确编修目标任务，制订编修工作计划和时间路线图，组建写作班子，选配好主编和主笔，负责资料收集、篇目设计、志稿撰写、内部评审等工作，同时提供必要的经费和工作条件。

（二）强化修志队伍建设

乡镇村志编修要发挥市、县级地方志机构专职人员的主动性和创造性，分层次开展对乡镇志、村志主编、主笔及参与修志人员的业务培训；组织和动员更多的专家学者、老干部、老党员、老教师、社会贤达人士及知情人、当事者参与乡镇志、村志编修工作。市、县（区）地方志机构专职人员要加强业务指导和服务，从篇目设计、资料收集、初稿撰写等全程跟踪指导服务，并认真履行审稿职责，上下一心，共同打造精品佳志。

（三）强化编修指导服务

各级政府要把乡镇志、村志编修作为乡村文化振兴的重要任务，纳入当地经济社会发展规划，提供必要的人力、物力、财力支持。地方志机构要加强业务指导和规范管理，靠前指导、提前介入、主动服务，及时研究解决编修过程中遇到的问题，依法纠正、整改不规范的修志行为，推动乡镇村志编修工作整体有序实施。特别是县级地方志工作机构，要积极响应，认真履行法定职责，组织、指导、督促乡镇村志的编写，发挥好应有的作用。

（四）强化志书编修规范

乡镇村志的质量标准参照中国地方志指导小组印发的《地方志书质量规定》和中国乡镇志质量标准执行。在坚持志体的前提下，篇目设置、体裁运用、资料选择等可作适当创新。以记载乡镇村区域范围内的资料为主，详市县志之所略。根据不同类型乡镇村的特点，有选择地记述区域内自然、政治、经济、文化、社会、生态的历史与现状。

突出乡镇村的"名"与"特"内涵，编修的乡镇村志从内容到版式必须有别于传统的综合志书，更有机地把乡土文化根脉融入乡村的一砖一瓦、一家一训、一楹一联中，以生动形象的乡村图片，用沾满乡村泥土气息的真实文字史料展示乡村的历史人文、习俗风韵、农业生产、农耕文明、村落规制、家风家教、风味美食、特色特产等，达到文约事丰、便于阅读、留住记忆和乡愁、利于传播的目的，做到可读、可用、堪存、堪鉴。乡镇村志分别由所在乡镇村承担编写任务；县级地方志机构负责制定统一的凡例、参考篇目和编修规范，根据需要提供人员培训和业务指导等智力支持。

（五）强化乡贤对编修工作的支持

乡贤是一方乡土民俗民风和乡村情况的"活字典"，是乡村文化建设与繁荣的主力军、排头兵。我国历代志书编修，乡贤都发挥了不可或缺的作用。乡镇村志编修工程中各乡镇村应继续发挥好乡贤的作用，凝聚好有较强奉献精神、愿意反哺家乡、造福桑梓的乡贤力量，充分尊重和礼遇乡贤，激发远方游子和本地民众的爱乡情怀，提炼打造具有特色、乡贤参与的乡镇村志编修经验。

（六）强化志书的审查验收

建立健全乡镇村志审查验收制度。乡镇村志志稿成熟后，先由乡镇、村组织召开志稿评审会议，按会议收到的意见和建议修改补充完善，形成较成熟的志稿。地方志机构分别组织召开专门的复审和终审会议。为保证质量，参加复审和终审的评审专家组由5~7人组成，所有专家应从省、市志鉴专家库中选取。通过县级地方志机构审查验收的乡镇村志，方可进入出版程序。

（七）强化社会广泛支持参与

乡镇村志编修是实施乡村振兴战略中文化振兴的一项重要工作，

是一项影响广泛深远的系统工程，必须争取全社会的积极支持和广泛参与。要转变乡镇村志"官书""官修"的传统观念，充分发挥村委和村民在乡村史志文化建设中的主体作用，充分发挥乡贤的引领助推作用，还要广泛动员组织乡镇村干部、老党员、退休老干部、退休教师及老同志和知情人、当事人积极投身于志书编修的全过程、各方面。此外，还要在乡镇和农村中广泛深入宣传乡镇村志编修工作的重要性和紧迫性，做到家喻户晓，使当地广大干部群众提高认识，积极参与到编修工作中，为编修志书提供资料和口述史料，为推动编修工作献计献策。同时，充分利用报纸、电视、网络及新媒体传播方式，加强对乡镇村志编修的动态信息、政策利好、典型事例、成功的做法和经验的宣传推广，扩大社会影响，形成社会各界主动关注、踊跃参与、大力支持乡镇村志编修的良好氛围。

（八）强化志书质量意识

乡镇村志承载着为乡村振兴"培根铸魂"的重任，一部质量上乘的志书佳作，不仅能帮助我们保留乡愁记忆，传承中华优秀传统文化的精华，激发爱国爱乡情怀，而且还能很好地展示乡村建设新貌，激励我们在新时代新征程上建设社会主义现代化的新城镇新农村。从这个意义上来说，志书质量是我们编修工作的生命所在，必须把编修质量作为全过程的大事要义。要坚持党的领导，提高政治站位，要树立正确的历史观，增强文化自觉、文化自信。要加强对资料的梳理和鉴别，确保资料的准确完整和客观公正，使用的资料要弘扬正能量；志书框架合理完整，章、节、目要明晰简约，记述完整，内容翔实；要加强对志稿的评议审查，把好政治关、史实关，记述客观，向上向善；向出版社提交合格书稿，申请书号版权页码，公开出版发行，真正留住乡愁，保存乡村记忆，为乡村振兴"塑形铸魂"。

当前，德州市虽然在乡镇村志编纂方面取得了一定的成绩，但与苏州、杭州、无锡等外省先进地区相比，仍有较大差距，主要体现在一是乡镇村志编修缺乏专门规划，工作体制机制尚未建立健全。全市乡镇村志编修缺少顶层设计和统一规划，各级业务部门只有业务指导职责，缺乏有效手段督导检查，乡镇村志编修处于自发自愿状态。二是缺乏经费保障。德州市均未将乡镇村志编修经费纳入预算管理，编修经费需要自筹，编修工作断断续续，难以为继。三是编修专业人才缺乏。德州市这方面的人才缺口很大，致使乡镇村志编修工作难以全面铺开，也难以顺利有序地快速推进。四是史料数字化严重滞后。

新时代新征程上，必须进一步深刻认识到，乡镇村志是中华优秀传统文化的重要载体和组成部分，是让老百姓记住乡愁、乡音、乡风的客观需要，是实施乡村振兴的题中应有之义，是实现马克思主义同中华优秀传统文化相结合的客观要求。让我们共同珍视宝贵的文化遗产，用心编修乡镇村志，让那些散落在时光深处的乡村故事得以留存，让那份淳朴而又深沉的乡愁得以传递，让我们的子孙后代能在阅读村志的过程中，深刻理解"从哪里来，向何处去"，进而激发他们投身乡村振兴的热情与决心。

打造宜居宜业和美乡村的
蝶变之路*

——临盘街道前杨村的经验启示

习近平总书记指出:"全面推进乡村振兴,要立足特色资源,坚持科技兴农,因地制宜发展乡村旅游、休闲农业等产业新业态,贯通产加销,融合农文旅,推动乡村产业发展壮大,让农民更多分享产业增值收益。"[1] 近年来,临盘街道大力实施乡村振兴战略,因地制宜地在前杨村发展乡村多彩休闲游,强化基层组织、人居环境、公共服务、集体经济、乡风文明"五大建设",实现了从后进乡村到美丽乡村再到和美乡村的华丽转身,打造了乡村振兴的齐鲁样板。

临邑县临盘街道前杨村曾经是一个省定贫困村,位于临邑县西北部,距离县城15公里,距离临盘街道办事处驻地3公里,村庄占地240亩,耕地1196.2亩,全村共有218户、839人,其中党员27名、贫困户13户20人。曾是远近闻名的贫困村,村容、村貌差,经济底子薄,思想观念落后,村民一年到头就守着一亩三分地过日子。用村民的话说,收粮食的、卖东西的来到村头都绕着走。2018年以来,前杨村借助省派书记帮扶,以建设宜居宜业和美乡村为奋斗目标,确立了

---

　　* 本案例由中共临邑县委党校(临邑县行政学校)讲师王勇、高级讲师张丽、讲师谭晶、讲师高雪及临盘街道党工委委员李成玉共同撰写。

　　[1] 《解放思想深化改革凝心聚力担当实干　建设新时代中国特色社会主义壮美广西》,《人民日报》2021年4月28日。

"发展乡村旅游、促进乡村振兴"的总体思路，充分挖掘人文历史和生态资源，大力加强班子建设，不断改善村庄人居环境，积极发展乡村旅游业，经过5年的辛勤耕耘，实现了从后进乡村到美丽乡村再到和美乡村的华丽转身。先后获评中国美丽休闲乡村、国家AA级景区、国家森林乡村、全省美丽休闲乡村、全省第一批美丽村居试点村、全省乡村振兴"十百千"工程示范村等荣誉称号。2021年4月8日，央视《新闻联播》以《多彩休闲游，致富小康路》为题进行了专题报道。2022年，前杨村成功入选全省100个"我喜爱的乡村振兴齐鲁样板案例"，入围全国"一村一品"示范村。2023年，入选全省100个"我喜爱的乡村振兴齐鲁样板"，被评为"山东省乡村好青年实训基地"。

一、背景情况

"务农重本，国之大纲。"党的十八大以来，在以习近平同志为核心的党中央坚强领导下，我们始终坚持把解决好"三农"问题作为全党工作的重中之重。党的十九大把乡村振兴提升到了战略高度，中共中央、国务院连续发布中央一号文件，对新发展阶段优先发展农业农村、全面推进乡村振兴作出了总体部署，为做好"三农"工作指明了方向。党的二十大着眼于全面建设社会主义现代化国家全局，对全面推进乡村振兴又作出了新的部署。习近平总书记在党的二十大报告中指出，"全面建设社会主义现代化国家，最艰巨最繁重的任务仍然在农村"，进一步明确了要全面推进乡村振兴，要求坚持农业农村优先发展，坚持城乡融合发展。这是以习近平同志为核心的党中央着眼于全面建设社会主义现代化国家全局，关于做好"三农"工作的重大战略部署，为我们以全面建成小康社会为新起点，进一步巩固拓展脱贫攻坚成果、全面推进乡村振兴提供了根本遵循。

近年来，临邑县认真落实中央和省委、市委关于乡村振兴战略的方针政策和决策部署，以打造乡村振兴齐鲁样板为目标，加快推进农业农村现代化建设，在落实《临邑县乡村振兴战略规划（2018—2022）》目标任务的基础上，2023年进一步确立了"一体两翼"的经济发展布局，设立临北、临南新区，为城乡融合发展增添了活力，实行"1+5"工作体系。"1"即设立1个总协调办公室，负责乡村振兴工作的综合协调；"5"即在总协调办公室之外分设5个专业办公室，建立大农口运行机制，统筹推动乡村振兴各项任务落实，扎扎实实构筑起了乡村振兴的"四梁八柱"。

2023年底，全县429个村集体经济收入全部达到10万元以上，超20万元的达到85%，超50万元的达到30%。前杨村就是临邑县实施乡村振兴战略过程中涌现出来的典型代表。2015年2月前杨村被确认为"省定贫困村"，是十里八乡最穷的村子，村里甚至连条像样的水泥路都没有。2018年以来，前杨村在省派书记帮扶下确立了"发展乡村旅游、促进乡村振兴"的总体思路。2019年，在返乡创业的退役军人杨瑞瑞的带领下注册成立了前杨记忆旅游发展有限责任公司，应用农村产权制度的改革成果，实现了"资源变资产、村民变股东"。2022年，前杨村和周边后杨村、董家寨村等6个村融合为前杨新村，深入推进村党组织的"跨村联建"，促进新村资源共享、优势互补，抱团发展，壮大了乡村旅游产业，实现了从"物理融合"到"化学融合"的蝶变。现如今那个曾经的"省定贫困村"早已发展成为远近闻名的"富裕村""网红村""明星村"。

▓ 二、主要做法

（一）壮大集体经济建设，找准强村富民着力点

经过深入调研，前杨村确立了"发展乡村旅游、促进乡村振兴"的总体思路，做大做活乡村旅游文章。但是对于发展乡村旅游，村民一度有深深的疑问："咱没文化没见识，干旅游能行吗？"如果这一步迈错了，民生改善只能是口号和空谈。

为此，前杨村先后请山东省旅游规划设计院和浙江省建科院，对村庄产业布局、人居环境提升、发展路径进行了规划。通过召开党员大会、村民大会等方式与村民充分沟通、商议发展规划，逐步形成了全村干事创业的合力。依照阶段性目标，群众自发整理闲散宅基、坑塘，自觉参与村庄美化绿化，主动改变传统种植结构，建设了福禄果园、百果园、"旱藕+龙虾"养殖小区、休闲垂钓小区等景观，栽植绿化树木7000余棵。成功申报全域旅游项目和山东省第一批美丽村居试点村，建设了4座旅游采摘大棚、憩园、南湖、幸福院、村民大舞台、民宿、村民大食堂等项目；修缮了点将台、国丈井等历史古迹；硬化道路3000米，疏浚沟渠800米，建设桥涵3座，打深水井4眼；在全县率先实施了厨房、厕所污水一体化改造，气代煤工程；治理了空中网线，群众的生活品质大幅提升，乡村旅游业态进一步成熟。

为吸纳社会资本下乡，在完善旅游景点和配套设施的基础上，前杨村通过现代媒体对本村发展前景进行宣传推介，吸引社会力量投资兴业，共谋乡村振兴之策。先后建设了黄金菊花海、金银花采摘园、丛林木屋、跑马场、七彩滑道、小米辣种植园、精品月季园等项目，发展集采摘、观光、休闲于一体的乡村旅游产业；开发历史文化、红

色经典、乡村民俗、户外营地四大板块，推出插花、剪纸等体验项目；针对成人团建要求，建设了知青营地、高空拓展、真人CS、丛林穿越等项目。前杨村打造了成熟的乡村旅游模式，形成了集观光、采摘、园艺、餐饮、民宿、拓展于一体的研学游体系。

2022年以来，又引进了"忘忧花园"项目，占地面积38亩，总投资208万元，立足游子文化规划建设产业种植区、精品园区、种苗区、花园营地区，坚持三产融合，贯穿农文旅打造"国内首家游子文化、乡愁特色"的都市休闲型田园综合体要求，进一步确定其"一堂（萱草堂）、一店（萱草文创店）、两轴（萱草步道、萱廊）、两营地（忘忧营地、小萱萱营地）、三区（入口广场区、萱草种植区、萱草花园精品展示区）、四园（萱草品种展示园、品种种植园、小萱萱乐园、有机农法园"的总体布局，打通萱草农业六产屏障，重塑中国母亲花形象，打造独有的疗愈天堂。同时，倾力打造共富工坊展示区，项目总投资60万元，分别打造寇家豆腐皮、建志剪纸、忘忧花园（涵盖黄花菜烘干制作，黄花菜酱制作加工，萱草鸡、萱草陈皮茶、忘忧啤酒）、烤鸭饼4处共富工坊，致力于打造"品前杨哈密瓜，常来前杨是一家；尝过前杨豆腐皮，常来前杨没外人"的产业发展愿景。

同时，开发"前杨"系列品牌，不仅要让游客有看头、有玩头、有吃头、有乐头，引得人来，更要留得住人。为此，树立产业发展"一盘棋"意识，统筹资源，一体谋划，连片打造乡村旅游产业。第一，丰富业态。串联前杨采摘大棚、后杨苹果园、洪寨蜜桃园、周寨葡萄园等采摘园，探索发展"四季采摘"模式。开展联建村非遗文化资源普查，推出剪纸、活字印刷、拓片等非遗体验项目，建设乡村大舞台、文化广场等公共文化设施，推进"文化惠民下乡""创意下乡"等活动，促使前杨乡村旅游从观光式向体验式转变，提高旅游产业竞争力。第二，公司共建。2019年，注册成立了前杨记忆旅游发展有限责任公司，通过产权制度改革，确定集体资产1411.1万元，认定集体经济组织成员817人。运用产权制度改革成果，将联建村旅游资源通过第三方评估，折股量化入股到前杨记忆旅游发展有限责任公司，实现区域内"资源变资产、资金变股金、村民变股民"。公司统一绘制前杨景区旅游观光地图，涵盖联合体区域共33个大小景点项目，对景区统一招商、统一管理、统一营销，实现乡村旅游产业多元化发展、一体化运营。村集体在每年盈利中提取30%作为旅游公司的运营资金，实现了"资源变资产、资金变股金、村民变股民"。2021年村庄建制调整，前杨村和周边后杨村、董家寨村等6个村融合为前杨新村，整合资源，抱团发展，实现旅游产业提质增效。第三，项目联创。共建"乡村振兴学院"，对内可培养联合体乡土人才，对外可提供会议、培训、宴会等服务。瞄准研学热潮，共同开发集观光、采摘、文化体验、拓展、食宿于一体的研学游产品，联合举办丰收节、红色情景体验、踏青节等特色节庆活动。整合包装联建村特色农产品、旅游纪念品、特色民俗活动，共用"前杨记忆"乡村特色旅游品牌，激活旅游产业品牌效应。启动春季游露营地开营暨黄河大集开集仪式；举办德州市抖音网红联盟揭牌暨德州市抖音网红孵化基地成立仪式；承接了2023华语乐坛青年歌手电视大赛（德州赛区）；举办了"乐享秋收·共话非遗"葡萄采摘节暨非遗展演；举办了迎国庆、庆中秋"篝火晚会"等活动，打造了寇家豆腐皮、非遗剪纸、手工插花等共富工坊，推进忘忧花园项目建设，不断丰富旅游业态，带动100余人在家门口就业创业，村集体收入达到85万元。

（二）激发兴农人才活力，激活乡村发展新动能

"功以才成，业由才广。"实施乡村振兴战略，必须破解人才瓶颈制约。懂农业，方能知轻重；爱农村，才会守初心，乡村振兴战略需要靠一批真正懂农业、爱农村的人去落实。近年来，前杨村所在的临盘街道始终把人力资本开发放在重要位置，聚焦农村发展实际，加大对村级后备人才培养的关心和投入，探索建立"选、育、管、用"四位一体培养机制，坚持在一线发现干部、培养干部，加快建设一支"政治可靠、结构合理、年轻优秀、乐于奉献、善于管理、常态稳定"的村级后备干部队伍。同时，深入实施人才回归、资金回流、创业回乡"三回工程"，吸引有知识、有头脑、有技能的在外优秀人才扎根农村，让农业成为有奔头的产业，让农民成为有吸引力的职业，让年轻人成为现代农业的新型主体。

2018年，现任临邑县长崔磊从省纪委下派到临盘街道前杨村任村党支部书记，他刚到这个村首先发现的一个问题就是村里"两委"干部老龄化，大部分都在65岁以上，这怎么能发展呢？所以他来干的第一件事就是整顿村班子，引领干部年轻化，让更多的年轻干部聚焦乡村、聚力振兴，为乡村振兴延伸人才链。一是加强力度"蓄才"。加大乡村后备人才培养力度，在"造血"上下功夫。精准聚焦那些品行好、本事大、肯吃苦、敢担当的乡村优秀人才，特别是把复退军人、致富带头人、城乡网格员等年轻群众作为重点培养对象，不断提高党员发展质量，储备高素质后备干部。目前，共公开推选了2名后备干部和2名入党积极分子。通过走出去找差距、学经验促提升，前杨村两委班子赴沂南跑兰陵，让干部群众醒脑充电、加油鼓劲，克服了干部群众在乡村振兴进程中的能力短板和"技术恐慌"，班子拧成了一股绳，事业发展也就有了急先锋。现任前杨新村党支部书记杨瑞瑞就是一名"80后"退役军人，他积极响应号召，毅然决定返乡，从退伍军人到一名网格员，从网格员到公司经理人，带领村民成立了德州前杨记忆文化旅游发展有限责任公司，扎根乡村振兴建设，发展乡村旅游，每年为村民分红15万元以上，2022年村集体收入达到85万元，带动100余人在家门口就业，为前杨村的发展付出了满腔热忱，入围了全国首届"全国乡村振兴青年先锋"，被授予2021年度"全国乡村振兴青年先锋"称号。二是加强本土"育才"。加强本土人才培育，对那些有基础、有热情、年纪轻的本土人才，积极争取外出培训或者专家下沉的机会，通过后期有针对性的培训，前杨村着力培养了一批在特色种植、采摘大棚、果树培育方面的"土专家""田秀才""乡创客"。三是加强实践"炼才"。积极开展对年轻干部的蹲苗锻炼，鼓励年轻干部有想法大胆说、放开手脚大胆干，积极开展各种培训助力年轻人才开阔视野、增长见识，为乡村振兴事业持续发展注入源头活水，增添新动力。

（三）挖掘优质文化资源，赋能乡村文化底蕴

宜居宜业和美乡村的建设，离不开文化的涵养，挖掘传统文化资源，促进乡村文旅融合发展，是建设和美乡村的灵魂。在传统的院落里，摆放着纺线车、织布机、木耕犁、石碾、石磨、古币……原本要被遗弃的几百件民俗老物件"变废为宝"，吱吱呀呀地"唱出了悠扬的古韵"。

为了留得住乡愁，前杨村对村志进行深度挖掘，收集整理老物件、老故事、老照片、老民居等特色资源，收集老物件300余件，建设了前杨乡村记忆馆，为研学的游客感悟淳朴民风、农耕文化提供了平台。在百姓大舞台上，由包村干部、种粮大户、文艺骨干及志愿者等组建的宣讲人才库，将党的政策、致富信息、新生活等素材进行编辑，更是丰富了群众精神文化生活。当新时代文明实践的春风吹过，前杨村还积极举办了蜜桃采摘节、庆重阳菊花展、迎新春庙会等系列活动80

多场，承接省书协、省话剧团开展送书画下乡、送演出下乡，举办摄影大赛、大手牵小手亲子游、特色美食评选活动等，各类惠民演出活动持续不断，充分释放了乡村振兴的内生动力和内在活力；承办了第五届全国名镇论坛暨第四届全国名村论坛现场会，丰富了群众的精神文化生活，这一系列新时代文明实践活动，让前杨村村民享受到了未曾奢望过的幸福生活和美好希望。

高标准打造前杨乡村旅游党建联合体党群服务中心，占地面积2000平方米，按照功能集成、人员集聚、开放共享的原则优化功能布局，集学习教育、议事协商、公共服务、宣传展示、产业服务等功能于一体，配备2名民生协理员，承接180项行政审批服务事项，将不断完善运行机制，实现"门常开、人常在、事好办"，让群众能来、愿来、常来。聚焦"一老一小"重点群体需求，开设暖心食堂，为70岁以上独身老人和80岁以上老人免费提供就餐服务，为行动不便的老人送餐上门，在今年端午节期间还举办了饺子宴活动，邀请联建村100余名独居老人、老龄老人欢度佳节，享受幸福"食"光；链接假期返乡教师与大学生资源，开设暑期公益课堂，既充实了孩子们的课外生活，也填补了家长看护"空档期"，守牢儿童假期"安全网"，点亮"服务365·天天我都在"党建品牌。共建矛盾调解室，成立"五老"服务队（老干部、老党员、老军人、老教师、老乡医），搭建"竹林议事厅"，让群众把不好说、厘不清的事讲出来，做到了"小事不出组、大事不出村"。联合修订村规民约，开展"村BA"联赛、广场舞大赛、美丽庭院、"好婆婆好媳妇"等文明实践活动，丰富了群众的精神文化生活，引领乡风民风向善向上。

（四）强化人居环境改善，厚植生态宜居底色

改善农村人居环境，建设和美乡村，是实施乡村振兴战略的重要举措，是推动高质量发展的重要任务。良好的生态环境是乡村发展的最大优势和宝贵财富。乡村振兴，生态振兴是关键。要始终坚持人与自然和谐共生，走乡村绿色发展之路，让良好生态成为乡村振兴强有力的支撑点，全面加强乡村生态振兴工作。以绿水青山为底色，以生态宜居为本色，严把乡村生态振兴的质量和成色，把推进农业绿色发展和人居环境整治作为农业农村现代化建设的重点来抓，立足当下，放眼未来，以乡村绿色生态振兴助推乡村振兴。2022年，临邑县荣获"山东省省级生态文明建设示范区"荣誉称号，这是社会各界对临邑县生态振兴工作的充分肯定。

前杨村作为乡村振兴的齐鲁样板，以建设省级美丽村居为总目标，更是积极践行"绿水青山就是金山银山"的理念，着力推动美丽资源转化为美丽经济。按照村庄发展规划，先后对村内大街（胡同）进行改造提升，新修公路3.5公里，新安路灯23盏，栽植绿化苗木1.7万株，种植草皮8000多平方米，并在全县率先完成了厨厕污水一体化改造、气代煤、空中网线落地等工程，宜居宜业宜游的前杨焕然一新，群众的生活品质大幅提升，让前杨"距城市不远，离自然很近"，而且我们沿五分干、禹临河栽植苗木花卉，整理闲散坑塘开发亲水体验区、休闲垂钓区，今天的前杨出门见景、推窗看绿、随处赏花，在村落里收获美丽、品味田园，时刻唤醒着周边群众"前杨那么美，我想去看看"的内心诉求。

每逢周末和节假日，前来观光的游客络绎不绝，让前杨村的老百姓在家门口也有了自己的旅游"打卡地"。2023年以来，前杨村抢抓全省乡村振兴齐鲁样板示范片区政策机遇，坚持以和美乡村建设为载体，以乡村旅游为纽带，开发旅游资源、丰富旅游业态，着力打造风景如画、乡村如诗、田园如歌的乡村旅游目的地。总体建设思路是打造"一园"（忘忧花园）、"一心"（游客接待中心）、"两馆"（村史馆、家风家训展览馆）、"三片区"（民风民俗体验片区、游子文化体验片区、文旅娱乐体验片区）、"多景"（点将台、跑马场、研学基地、露营基地），进一步擦亮"风景这边独好"和美乡村文旅品牌。在科学规划的基础上，前杨村始终坚持高标准提升村容村貌、高水平挖掘人文典故、高效率整合闲散资源、高起点发展特色种植，扮靓了村庄、夯实了基础、优化了村风。

（五）夯实基层组织建设，筑牢党建引领"基础桩"

常言道："村看村，户看户；群众看干部，党员看支部。送钱送物，不如送个好支部。"办好农村的事，推进脱贫攻坚、乡村振兴，关键要培植和留下一个过硬的村班子。

2018年以来，前杨村抓住省派干部驻村帮扶的有利时机，抓班子、带队伍、建制度、育骨干，制定了党员星级考核办法和积分管理办法，梳理小微权力清单形成规章制度，村内各项工作定期张榜公布。为强化党组织的凝聚力、战斗力，前杨村规范党内政治生活在"固本"上动真格，挖掘培养"后备人才"在"造血"上下功夫、适时学习充电在"强基"上花力气，党员干部的精气神上来了，群众的心劲儿也齐了。

抓党建促振兴，充分发挥党组织的核心引领作用，确保全域上下拧成一股绳。成立联合党委，选派分管乡村振兴的街道党工委委员担任帮包责任人，由前杨新村党总支书记、前杨记忆文化旅游发展有限责任公司总经理杨瑞瑞担任联合党委书记，吸纳区域内优秀村党支部书记担任联合党委委员，建强发展"主心骨"。明确联合党委委员条块分工，划分基层党建、村庄治理、产业发展、便民服务、文化宣传等5条工作线。以前杨乡村旅游党建联合体党群服务中心为阵地集中办公，建立周一联席会议、集中办公轮班、民主议事决策、合力攻坚突破4项制度，实现联建村共解难题、共谋发展。通过"党员大会联开""主题党日联过"等方式，推动联建村党支部强弱搭配，共同提升支部标准化建设水平。

提升支部活力，大力培养年轻后备干部，在"造血"上下功夫。针对村内党员队伍老化的实际，前杨村把加强班子建设作为首要任务，抓班子、带队伍、建制度、育骨干，筑牢基层战斗堡垒。村党支部规范组织生活，在"固本"上动真格，严格规范开展"三会一课""党员活动日"等党内政治生活，重塑党员仪式感、责任感和荣誉感，并制定了党员星级考核办法和积分管理办法，定期张榜公布，激发了党员参与村庄管理的积极性。老党员杨传润说："以前总觉着自己上了岁数，村里好多事儿也就不想跟着掺和，现在有了规章制度，也敲醒了咱作为老党员的责任感，大伙儿都在为了村里忙前忙后，咱没有理由不支持，没有理由不顶上去，现在我们几个老伙计就等着党支部给我们派任务。"同时，前杨村充实了年轻干部，大大提高了支部的活力，党支部积极开展"孝、贤、俭、义"四好临盘人、星级文明户、最美家庭、好婆婆、好媳妇等一系列评选表彰活动，发挥典型的榜样作用，优化了村风、民风，增强了村党支部的凝聚力、战斗力和向心力。

▶ 三、经验启示

从远近闻名的后进村、贫困村到"网红村""明星村"，在前杨村"破茧成蝶"华丽转身的背后，我们得到了以下几点启示。

（一）前杨村的"破茧成蝶"，在于有一个好的机遇

乡村振兴没有捷径，必须研究透政策，既要聚焦微观，更要把握

宏观，才能有效对接政策、找准结合，借力改革，打破瓶颈，真正用上级政策撬动发挥最大效益。前杨村最大的资源就是省派支部书记的到来，能够充分借助资源优势、人脉优势、政策优势，放开手脚、放心大胆地去闯去试，让规划有了高起点、发展有了高标准。在此基础上，前杨村紧密结合实际情况，组织外出学习，邀请专家反复论证，充分征求群众意见，开拓思路，统一思想，凝聚共识。并借助"互联网+"发展趋势，依托数字媒体平台融合农业、文化、旅游，创新发展路径，提高了劳动生产率、增强了农村经济活力，解决了剩余劳动力就业和搬迁等问题，为乡村文旅融合发展加持赋能。

（二）前杨村的"破茧成蝶"，在于有一个好的班子

振兴，就意味着人要动起来，事要干起来，心要活起来。怎么能够想在一起，干在一起，团结在一起？基层党组织和基层党组织书记就至关重要。俗话说"不怕有个烂摊子，就怕没有好班子"。如果没有一个好的班子和好的执行力，再好的规划目标也只是空想，对群众再多的承诺也只是空谈。党员和群众要凝聚起来，就必须抓好班子建设和制度建设，听实情、办实事、求实效。选准用好农村党组织书记，让群众找到"贴心人""领头雁"。要号召一村人，凝聚一条心，除了要配强带头人，还需要一支过硬的基层干部队伍。大力挖掘培养"后备人才"，要把一大批有知识、有文化的优秀青年吸引到服务基层、服务群众中来。不断地去提升基层党组织组织力、凝聚力、战斗力，真夯实农村基层基础，为推动农村经济社会发展提供坚强保障。

（三）前杨村的"破茧成蝶"，在于有一个好的规划

乡村要振兴、规划得先行。科学谋划全局，在此基础上厘清改革发展的路子是实现乡村振兴的前提。农村资源禀赋、区域条件、乡风民俗都有所不同，要想使乡村振兴的路越走越宽，就必须认清各自优势和短板，厘清思路，因地制宜地搞发展。前杨村坚持前置规划、作长远谋划，这才实现了从颜值到气质的蜕变。这破茧成蝶，就是科学的规划和因地制宜的产业布局的功劳。要推进乡村振兴，就必须结合村庄实际，聘请专业团队作环境规划、产业规划和旅游规划，打造本村的个性化，不搞千篇一律的"乡村文化"，才能实现乡村的可持续振兴，高质量振兴。

（四）前杨村的"破茧成蝶"，在于有一个好的产业

乡村振兴的第一内涵就是产业振兴。产业兴旺是乡村振兴的重点，是实现农民增收、农业发展和农村繁荣的基础。前杨村立足村庄实际，结合村庄规划，制定了"发展乡村旅游、完善农业体系"的发展思路，依托规划打造了成熟的乡村旅游模式，形成集观光、采摘、园艺、餐饮、民宿、拓展于一体的研学游体系，开发"前杨"系列品牌，让游客有看头、有玩头、有吃头、有乐头，引得人来、更留得住人。从前杨村的发展中可以看出，产业要振兴，首先，一定要找准致富产业。要强化"党建＋产业"思维，坚持一产延伸，二产带动，三产倒逼路径，宜工则工，宜商则商，宜游则游，加快农业与加工、流通、旅游、文化等产业深度融合。其次，一定要集体经营。农民应对市场变化或者掌握农业科技的能力相对欠缺，必须坚持抱团发展，这样既可以发挥村集体集中力量办大事的优势，又能有效避免农民单家独户闯市场的风险，依靠组织力量壮大集体经济，推动"资源变资产、资产变股金、农民变股东"的共振效应带民脱贫，带民致富。

（五）前杨村的"破茧成蝶"，在于有一个坚守的初心

乡村振兴，贵在"兴民"。"农业农村工作，说一千道一万，增加农民收入是关键。"只有不断提升经济品质、生态品质、人文品质、生活品质，群众小康路才能越走越远，乡村振兴路才能越走越宽。从前杨村实践来看，它结合产权制度改革，确定集体资产1411.1万元，认定经济成员817人，以每股1000元折算，每名股民分得17股。同时，成立了德州前杨记忆文化旅游发展有限责任公司，群众既共享了发展红利，也扩大了发展共识。人居环境的变化坚定了群众针对发展的思想共识，通过发动村民入股办企业，可以有效避免吃"大锅饭"、积极性减弱的现象，也规避了贫富严重两极分化的极端现象。群众参与了乡村振兴，过上了幸福生活，分享了成果，主体意识也更强了，以此就更加能够调动群众广泛参与的主动性，形成良性循环。

探索底线工作机构整合的创新实践 *

—— 以夏津县宋楼镇为例打造乡镇安全发展共同体

安全是发展的前提，发展是安全的保障。习近平总书记在主持中共中央政治局第二十六次集体学习时强调："坚持统筹发展和安全，坚持发展和安全并重，实现高质量发展和高水平安全的良性互动"，"努力实现发展和安全的动态平衡，全面提高国家安全工作能力和水平"。这不仅为我们深入贯彻落实国家安全发展观提供了方法论，也为底线工作机构整合试点改革提供了理论指引。

一、改革的背景

从国家层面来看，党的十八大以来，党和国家高度重视安全工作，底线思维、红线意识逐渐成为各级重视的焦点，法治措施更加严格，责任体制更加严密。党的二十大报告对推进国家安全体系和能力，坚决维护国家安全和社会稳定作出战略部署，强调要健全国家安全体系，增强维护国家安全能力，提高公共安全治理水平，完善社会治理体系，以新安全格局保障新发展格局，为我们做好新时代发展与安全工作指明了前进方向、提供了根本遵循。基层安全治理是国家安全治理的根

---

* 本案例由中共夏津县委党校（夏津县行政学校）高级讲师韩美华、夏津县宋楼镇党委副书记王德志撰写。

基，探索乡镇安全治理模式改革创新，构建基层安全发展共同体这一重大课题具有重大现实意义和深远战略意义。

从基层视角来看，在安全生产、生态环保、信访维稳等底线工作属地管理倒逼守土担责的背景下，乡镇党委、政府既要承担经济社会发展的第一要务，又要承担安全稳定的第一责任，特别是在全面从严治党和监督执纪问责高压线挺在前的常态下，随着底线事项职责任务的不断明晰，乡镇底线工作责任和压力呈现出无限放大态势。

在地方安全发展实践中，底线工作几乎都是伴随着责任分解和高压管理的方式来推动的。这种"短平快"方式固然十分有效，但也造成了基层压力过大、不堪重负等问题，甚至出现了守底线和抓发展缺乏统筹、自顾不暇等现象。发展快但底线守不住、底线牢但发展乏力都不是最优解，要实现高质量发展和高水平安全良性互动，首要在于底线工作能力科学化和基层治理模式现代化。

在原先"七站八所"运行体制下，乡镇底线事项职责清单不够明晰、责任体系不够健全，底线工作呈现出零散粗放管理现象。2019年乡镇行政管理体制改革以后，在"七办五中心"机构框架下，工作机构走向扁平化，乡镇底线事项法定职责和责任体系进一步规范和明确，诸如安全生产、防汛抗旱、救灾救济等底线事项统一并入应急管理办公室，实现底线事项的局部整合优化，有效提升了安全管理水平。但从根本上来看，工作机构的相对分散造成底线事项多头管理的现状并没有得到实质改变。比如，安全生产职责事项归口应急管理办公室，环境保护职责事项归口经济发展办公室，综治维稳职责事项归口社会管理和公共服务办公室等，这种"直筒式"管理体制与"系统集成"的要求明显不相适应。同时，不可否认的是，我们一方面强调政府"瘦身"和提高行政效率，另一方面却面临"底线工作"范围的不断扩大及政府责任的无限增加,这种现状如不加以改善,想单纯依靠政府的力量来推动基层安全治理现代化显然是"小马拉大车"。

马克思主义政治经济学告诉我们,生产力决定生产关系,生产关系反作用于生产力。同样的道理,底线工作运行体制机制的好坏也反作用于安全治理能力。科学高效的管理体制能够释放最大效能,开展底线工作整合改革显得尤为迫切。

(一)开展底线工作机构整合,是贯彻落实中央部署要求的题中应有之义

党的十八大以来,以习近平同志为核心的党中央高度重视安全工作,对安全生产、生态环保等底线工作多次作出重要批示,深刻系统论述了安全发展战略等重大理论和实践问题,让安全发展理念入脑入心。习近平总书记要求各级党委和政府特别是领导干部要正确处理安全和发展的关系,坚持发展决不能以牺牲安全为代价这条红线。要坚持统筹发展和安全,坚持发展和安全并重,实现高质量发展和高水平安全的良性互动。党的二十大报告提出以新安全格局保障新发展格局,是顺应世界之变、时代之变、历史之变的必然要求,对实现高质量发展和高水平安全良性互动具有重要意义。由此可以看出,中央对统筹安全和发展有明确定论,并在政策法规、制度设计和具体实践等多个层面提出明确要求。具体到试点工作,推动底线工作机构整合,成立安全发展办公室,就是认真贯彻党中央部署要求、深刻落实安全发展观的题中应有之义。

(二)开展底线工作机构整合,是破解当前底线工作难点的有力抓手

试点工作以前,与新形势新任务新要求相比,乡镇底线工作尚存在诸多问题。一是各自为战、力量分散。各底线部门都感觉人手不够、精力不济，且只管自己这块责任田，缺少统筹谋划、统一领导、协同配合的领导体制和运行机制，没有有效整合人力、物力等底线工作资源实现"系统集成"联合作战。二是职责不全、效能弱化。乡镇工作千头万绪，上面千条线、下面一根针，原先分散管理的底线工作机构大都疲于具体事务性工作，甚至是机械地执行，没有精力研究分析、综合评估和科学研判，"大脑中枢"功能弱化，安全终端靶向不准，整体效能大打折扣。三是多头管理、加重社会负担。安全生产、生态环保、疫情防控等各部门多头管理、重复检查，既增加了企业负担，又造成了资源浪费，徒增社会管理成本。打破原有分散架构，探索底线工作机构整合，成立"安全发展办公室"，实现底线事项应纳尽纳、应管尽管，就是着眼于破解以上难点问题，充分整合所有底线资源，变"单兵作战"为"系统集成"，变"机械执行"为"科学研判、精准管控"，做强中枢、做实终端、做优体系，打造务实高效的安全发展共同体。

（三）开展底线工作机构整合，是加强基层安全治理的重要探索

面临风险无处不在、安全利益至上的新形势新任务，加强新时代基层社会治理，满足人民群众日益增长的高水平安全需要，需要通过改革的方式推动基层治理能力提升，通过创新的模式、有力的举措释放安全发展新动能，通过新的机制把行业的力量、社会的力量整合起来发挥作用，从而提高安全治理效能。通过乡镇底线工作机构内部整合，推动构建全社会"大安全"治理格局。由此可见，开展底线工作机构整合，是构建"党建引领、政府主导、行业齐抓、社会共管"的安全发展共同体的有效途径和必然要求。

二、主要做法

按照德州市委乡镇（街道）底线工作整合的有关精神和夏津县委的工作要求，调研对象宋楼镇的主要做法是从基础性改革工作、标准化建设和特色化发展三个方面同步发力，通过开展试点工作，取得了明显的阶段性成果，主要做法如下。

（一）以务实有效为原则，做好基础性改革工作

立足抓底线、强底线，强化基层基础、先行先试，确保改革试点任务稳步推进。一是立足实际，积极探索开展系统性集成性安全排查整治活动。试点以来，开展涉棉领域安全生产和环保问题"大起底、大排查、大整治"6次，开展国道514路域环境和"九小场所"燃气安全整治5次，常态化开展镇片村三级矛盾调解及信访活动等。按照整合、放活、集成的原则，通过底线工作一体化部署、系统化运行和跟踪问效，不断探索试点做法，及时总结提炼有益经验。二是加强顶层设计，搭建底线工作"四梁八柱"。制订了底线工作机构整合工作方案，加强对试点工作组织领导。在法定职责上，梳理1张清单，即底线工作职责任务清单。整合安全生产、生态环保等6大安全领域，共梳理底线事项6大类67项，其中高频事项42项，实现底线工作应纳尽纳。在机构设置上，打破原有的分散架构，重塑安全聚合模式，挂牌成立安全发展办公室，负责底线工作的政策研究、统筹协调、监督检查、应急处置、统计分析、风险评估等工作职责，承担应急值守、突发公共事件协调处置、发布有关预警信息等职责。下设安全生产（道路交通安全）、生态环保、信访维稳、公共卫生（疫情防控和食品药品安全）、金融法治（平安综治）、网络安全（民族宗教）共6个工作室

（工作组）。三是进行动态调整，促进安全和发展的良性互动。通过与底线工作相融互动、流程优化，找准最优平衡点，确保抓安全的底线力量明显加强，持续保持抓发展的迅猛势头。

（二）不断调试运行，推动标准化建设

结合底线工作实践，突出改革赋能、创新驱动，完善优化运行机制，确保标准化建设率先突破。一是加强制度建设和机制保障。领导体制方面，成立安全发展三级体系，即安全发展工作领导小组、安全发展办公室及其内设工作室（工作组），分别通过安全发展联席会议、安全办主任办公会议和工作室例会的形式研究部署底线工作。制度保障方面，制定了值班备勤、巡查处置、工作会议、培训轮岗、监督考评等安全发展办公室日常管理制度，制定了党建引领安全发展工作制度和底线工作协同配合制度等。通过建章立制，有效促进了工作标准化、程序化和规范化。运行机制方面，突出安全发展办公室安全管理主体地位，以网格化服务中心、综合执法办公室为两翼，"两室一中心"立足职责分工，建立协同配合机制，形成安全管控全流程闭环管理机制。其中，网格化服务中心立足于发现问题、反馈问题、跟踪监督，发挥安全排查"瞭望塔"作用；安全发展办公室立足于预防问题、分析问题、化解问题，发挥安全管控"防火墙"功能；综合执法办公室立足于处置问题，发挥安全整治"应急队"职责。二是探索提出"党建引领、一网统管、三化同步、全域安全"的"163"底线整合工作法。通过机构重组、流程再造，围绕"党建＋安全发展"1个核心，重塑安全生产、生态环保、信访维稳、公共卫生、金融法制、网络安全6大安全板块，通过试点工作，推动"资源配置集聚化、综合执法集约化、讯息共享集成化"三化同步，实现底线工作聚合，释放安全发展强动能。三是总结推行底线工作"三级管控"机制。在工作原

则上，采取统一指挥、分级管控模式，实行末端采集、一键受理、快速响应，促进多链融合、闭环管理，推动系统集成、协同高效。在具体运行机制上，安全办6个工作室负责问题采集和一键受理，经初步调查和统计分析，简易问题或一般问题，提交工作室例会，由工作室协同村级网格处理；复杂问题、重要问题或涉及多领域问题，提报安全发展办公室，召集安全办主任办公会议，经综合分析、风险评估、研判预警，由安全办协同综合执法办公室、片区网格综合处置；重大问题或突出公共安全问题，提交安全发展工作领导小组，启动安全发展联席会议，并启动突发公共安全事件应急预案，由领导小组协同镇级"一网统管""乡呼县应"等，调动上下、内外全部底线资源，应急协同作战。镇－片－村三级网格体系与安全发展"三级管控"机制形成对应关系，通过统一领导、风险评估和分级管控，实现底线工作效能最优化。

（三）力争出圈出彩，推动特色化发展

聚焦出圈出彩创品牌，突出精品打造、亮点包装，确保特色引领提质增效。一是构建"党建引领、政府主导、行业齐抓、社会共管"的安全发展共同体。突出党建引领，成立安全发展共同体党支部和"红领+"冲锋队，负责底线领域集中性攻坚任务，培育壮大安全发展红色矩阵，增强党管底线凝聚力战斗力。实行政府主导，构建底线工作"三级管控"机制，做实安全发展终端，做强安全发展中枢，做优安全发展体系。引导行业齐抓，依托商会成立镇工商业安全发展联合会，实现行业安全资源共享互助，打造棉纺织行业安全联盟。比如，定期开展棉纺织行业安全应急演练，市场化聘请安全专家排查隐患，整合行业内消防车辆、应急车辆、电力设备等安全资源，如遇火灾等安全事故发生，由联合会第一时间调动全部资源一线支援、实施行业应急安全自救。倡导社会共管，依托全镇730余名农村公益性岗，成立"润宋"乡村安全发展服务队，主要负责人居环境整治，秸秆禁烧、防溺水等各项安全巡查，矛盾纠纷排查等基层治理工作，调动社会力量参与抓底线，厚植延伸安全网络触角。通过打好系列"组合拳"，最终推动形成协同高效的安全发展共同体。二是做好一个"结合"，充分激发工作活力。将底线工作整合与创建"五型"机关和干部队伍相结合。用"五型"塑底线，按照"严防死守·零距离""真抓整改·零容忍""细致排查·零差错""实体管理·零泡沫""快速反应·零延时"的工作要求，狠抓底线工作队伍作风建设，打造"五型"底线干部队伍，创造一流底线工作业绩。三是创新底线工作理念，创推工作品牌。转变思维方式，坚决避免重罚轻管问题，坚持先把安全服务做在前，为企业提供风险隐患排查和安全服务，做实"企业点单·安全服务送上门"的"宋楼模式"。做优内部整合，变"N对1"为"1对N"，将涉企所有底线类工作由安全发展办公室统筹，实行风险隐患"一次性告知、一站式执法、一揽子督改"，变原来"N个底线部门对1个企业主体"为"1个底线部门对企业N个底线事项"，有效避免了多头执法、重复执法加重企业负担等问题。

▓ 三、主要成效

（一）安全数据对比，彰显试点成效

试点前后，通过跟踪若干工作案例统计分析，从隐患存量、问题反弹率、事故发生率和企业满意度等多维度对比，都得到了明显的正向反馈。比如，涉棉行业底线工作安全管控服务案例，2022年，宋楼镇安全发展办公室开展涉棉领域安全生产、环保、疫情防控等底线领

域问题"大起底、大排查、大整治"集中行动4次，与试点前上年同期相比，机构整合后安全发展办公室下沉企业检查次数与原先若干底线部门检查总次数相比减少了10次，消防事故同比减少4起，同比下降50%。环保方面，经抽样，违法涉气排放率降低32%，大气空气质量指标改善幅度居全县第一。例如，2022年超预期完成了北京冬奥会、北京冬残奥会、党的二十大空气质量保障任务，取得空气综合指标排全市第2名的历史最高成绩。2022年疫情防控方面，全镇规上企业在上级检查中被反馈问题的数量同比下降75%；复查企业问题反弹率下降40%，安全系数明显升高；同时，与上年同期相比，企业迎接检查的总次数减少了一半，企业满意度明显提升。又如，国道514路域环境和"九小场所"安全整治工作案例，安全发展办公室联合综合执法队、"红领＋"冲锋队开展安全秩序规范整顿3次，沿街门店占道经营、私搭乱建、环境脏乱差以及安全隐患、疫情防控不到位等各类底线问题全部清零，国道秩序焕然一新，与试点以前形成鲜明对比。再如，镇片村三级调解及信访工作案例，与上年同期相比，宋楼镇重点人员管控到位，无进京访，初信初访减少4起，同比下降100%，化解信访积案4起，"12345"市民热线较改革前同期同比减少23%。

（二）发展势头对比，凸显"双促双提"

试点以前，班子成员既要抓发展又要守底线，精力容易分散，无法做到一心一意、集中精力谋发展。试点以后，"安全"和"发展"的分工更加明确，变"相互交织"为"两条主线"，力量更加专业，主题和工作侧重更加突出，大安全和大发展的格局更有利于相互支撑、相互促进。高水平安全确保高质量发展提质增效，高质量发展促进高水平安全提档升级的"双促双提"效益初步显现。比如，宋楼镇作为全县工业重镇和经济强镇，2023年与上年同期相比：面对经济下行压力，棉纺织产业逆势发展，全年新上总产能25万纱锭数智化纺织规模，总产能达到100万纱锭，占全市1/6、全省1/30，带动就业6000余人，产业集群效益已然形成，再次擦亮"中国纺织名镇"金字招牌。面对投资乏力的现状，项目建设势头强劲。开展"走出去""请进来"招商58场次，9个招商引资项目当年开工、当年投产、形成产值。共落地至谦纺织、凯威纺织等总投资27亿元的好项目、大项目14个。依托工业项目强势拉动，项目投资齐头并进的火热局面，产业区建设面积新增750亩，扩容至1700余亩。面对财税紧缩压力，财源建设超额完成。2023年，宋楼镇完成地方财政收入4168.7万元，完成比率139%，增幅60.63%。由此可见，得益于底线工作整合，干部得以放开手脚、大显身手，抓招商引资、项目建设和民生发展的士气大增，经济发展活力明显增强，发展后劲更加强劲，试点改革的红利逐步显现，全镇经济社会发展呈现良好势头。

（三）运行模式对比，展现机制活力

试点以后，"安全"和"发展"两大阵营相互依存共同促进的大分工格局更加明晰，底线工作的重要性更加凸显，安全发展办公室全体干部的集体荣誉感更强了，使命感更重了，这本身就是对底线工作的有效激励。在领导体制方面，"安全发展工作领导小组－安全发展办公室－下设工作室"三级体系更加合理；在运行模式方面，"安全发展联席会议－主任办公会议－工作室例会"的三级管控运行模式与镇－片－村三级网格体系高度对应；在政治引领方面，党建引领、政府主导、行业齐抓、社会共管的共同体初步形成；在制度建设方面，安全发展日常管理制度、底线工作协同配合制度等更加健全完善。与试点前相比，"党建引领、一网统管、三化同步、全域安全"的工作模式更加顺畅高效，改革赋能、创新驱动的溢出效应充分彰显。

四、经验启示

夏津县宋楼镇在推进底线工作机构整合试点上取得了比较扎实的成效，探索出了可复制的模式和可推广的经验，这得益于对习近平新时代中国特色社会主义思想和习近平总书记关于安全发展的重要论述的深刻理解和精准把握，得益于把党中央、国务院的顶层设计与乡镇党委、政府的基层实践深度结合、落地生根。经过今年以来的探索实践，我们主要有以下几点体会和启示。

（一）坚持党管底线、党委主抓，是推动底线工作整合的根本保证

市委、县委及组织、机构编制部门高度重视底线工作机构整合试点工作，主要负责同志积极谋划、高点定位，着力破解机构编制、人员、体制等主要矛盾，以党中央、国务院安全发展理念为指引，加强顶层设计，统筹谋划。镇党委主要负责同志带头抓，分管负责同志靠上抓，结合基层实践，深刻研思、反复调试、先行先试，着力构建"党建引领、政府主导、行业齐抓、社会共管"的安全发展共同体。

（二）坚持系统思维、统筹整合，是推动底线工作整合的重要方法

在指导思想和理论依据上，以习近平新时代中国特色社会主义思想和习近平总书记关于安全和发展的重要论述为指导，贯彻落实总体国家安全观，坚持系统思维、全局观念，树牢安全发展意识，统筹推动底线工作整合。在具体实现路径上，坚持立足实际和现有基础，做好"两位一体"和"三个整合"的文章。"两位一体"即突出"安全"和"发展"两个战场、两条主线，做到战术上相对分离，战略上相互支撑，在底线业务上实现专业化、精准化、科学化，强化守底线、保红线的力量建设，作为安全的战略后方，让"发展"战线的同志轻装上阵，无后顾之忧。"三个整合"即做到机构整合、思维整合和配套整合。做好底线工作整合，机构整合是基础，是物理层面的重塑，是一切工作的前提和承载；思维整合是关键，是化学层面的融合，是成效好坏的决定性因素；配套整合是重点，包括资源整合、政策配套、制度建设、机制保障等，这些整合是决定试点成败的重要因素，不可或缺。

（三）坚持改革赋能、创新驱动，是推动底线工作整合的实现途径

推动底线工作整合，本质上是破旧立新的过程，打破原有架构，重塑安全聚合模式，做好新旧衔接，需要坚持正确的改革方向，需要解放思想大胆创新。宋楼镇积极探索，总结出了诸如"党建引领、一网统管、三化同步、全域安全"的"163"底线整合工作法，底线工作"三级管控"运行机制，以及构建"党建引领、政府主导、行业齐抓、社会共管"的安全发展共同体等改革做法和创新做法。这是推动标准化建设、规范化运行的有效路径。

（四）坚持以用为主、常态长效，是推动底线工作整合的关键所在

任何一项改革创新都离不开基层实践，底线工作机构整合试点的成败，只能通过实际运行才能得到检验。机构设置是否合理、制度机制是否高效，关键在于一个"用"字。宋楼镇采取案例跟踪、问卷调查、成效对比等系列做法，精心打磨每一个环节，以底线工作整合推动安全发展，用安全发展质效检验试点成效，坚持常态抓底线工作整合、长效抓工作落实，用数据说话，让底线工作整合的成效显而易见、持续深化。

夏津县宋楼镇以底线工作机构整合重组推动基层管理体制理顺，

以流程再造促进运行机制优化，以改革创新推动安全治理全流程闭环管控，以"严真细实快"作风打造底线工作干部队伍，通过破旧立新，实现"一排底线"聚合力，打造安全发展共同体，实现"党建引领夯基础，改革赋能筑安全，创新驱动促发展"，确保高质量发展和高水平安全良性互动。

文化传承

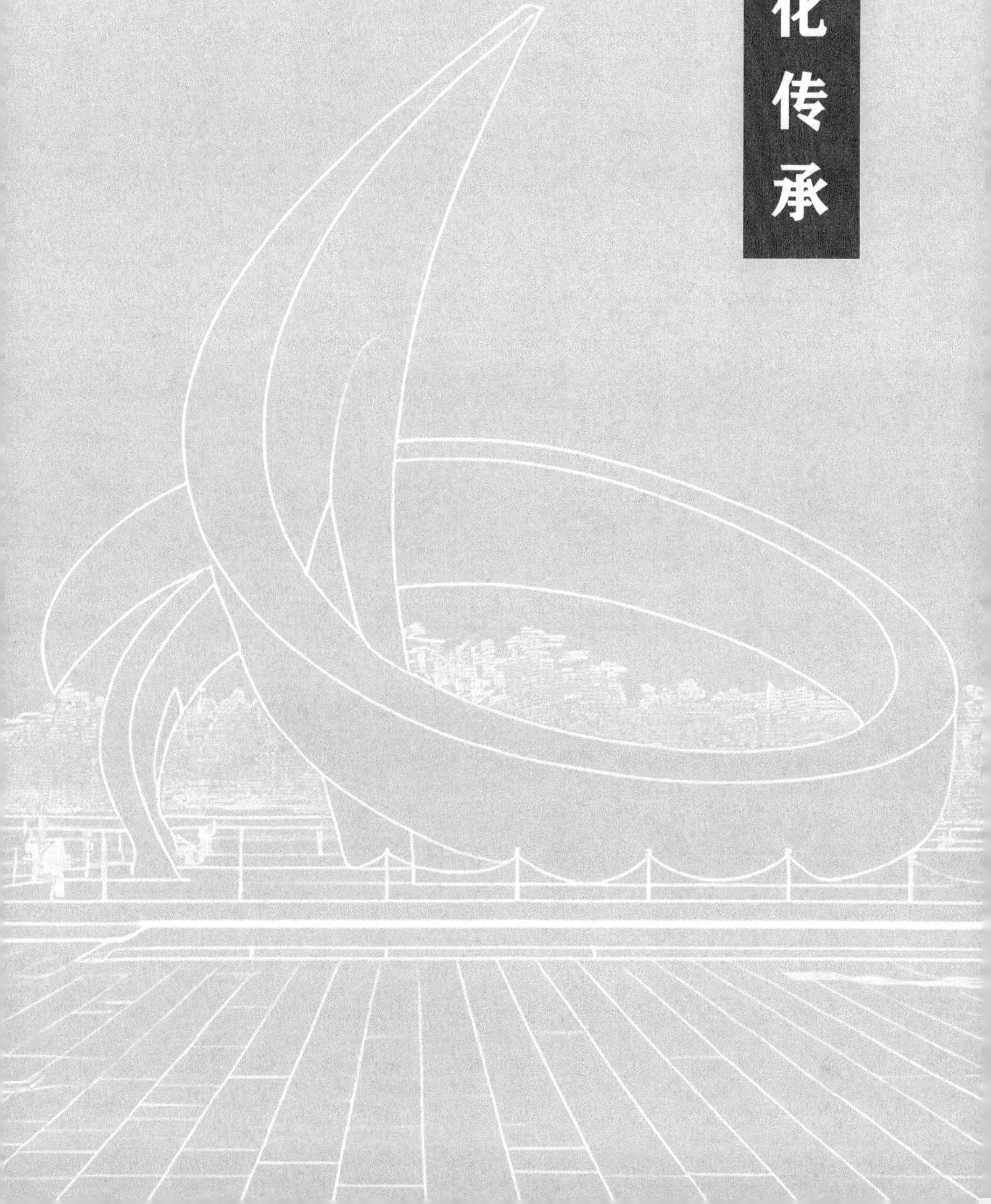

德州市深入挖掘大运河文化内涵的创新实践 *

京杭大运河是中华民族改造自然、利用自然的一大杰作，在中华文明史上产生了巨大而深远的影响。京杭大运河对德州城市的发展历史影响深远，运河文化已成为德州不可替代的地域文化标志。当前，随着市场经济的深入发展，文化对经济发展的深层次支撑作用越来越明显，如何更好地依托大运河文化带建设来提升城市发展水平，已成为一个非常现实的课题。

一、背景情况

（一）从历史上看大运河发挥的重要作用

1. 大运河是天人合一的生态网络

中国地势西高东低，呈三级阶梯形态，大江大河大多为东西走向。古代交通落后，这些高山大河形成天然屏障，不同程度地阻隔着人们的沟通和交往。这也是宋代以前中国经济和文化相对集中于北方黄河流域，南北经济文化相对疏离的重要地理因素。大运河借助天然江河湖泊的自然条件，辅以人的智慧和能动性，是中国人民道法自然、天人合一的杰作。

---

* 本案例由中共德州市委党校（德州市行政学院）统战教研部负责人、副教授齐丽梅撰写。

2. 大运河是中国古代的经济命脉

因陆路运输运量小、成本高，古代大宗货物运输多借助江河湖海。大运河的开通，改变了中国多为东西走向的大江大河的地理局限，使得南北物流、东西畅通成为现实。据《宋史·食货志》记载，当时每年经由运河转运北方的漕粮多达600万石，明清时期经由运河运往北京的漕粮每年有300万～400万石，米粮之外，从南方运往北方的还有丝绸、棉布、茶叶、瓷器、木材等货物；漕船返回时则将北方的棉花、干鲜果品等带到南方。明清时期，全国八大钞关中有七大钞关设置在运河沿线，众多城镇因运河而兴、因运河而盛，大运河成为维系中国千余年来经济体系稳定的重要支柱和命脉。

3. 大运河是融通中国社会的纽带

大运河开通之前，受巍峨秦岭和淮河、长江阻隔的影响，中国整体而言是一个南北相对疏离的经济社会区域，汉代以前，南方大部分地区地广人稀，如《史记》所言，"是故江淮以南，无冻饿之人，亦无千金之家"。大运河的开通从根本上改变了南北经济和社会相对隔离的状态，北人南迁，小麦南进，将北方先进的农业生产技术带到了南方；南绸北输，南粮北运，极大地支撑了北方政治中心的运转。大运河的存在，使中国政治中心和经济中心可以分立且相互支撑，中央和地方政权既可以统一行动又能够各尽所长。

4. 大运河是多元文化的熔炉

中国是一个多民族国家，中华传统文化是一个多元交汇的文化体系。因为有了大运河，原来相对独立、特色鲜明的京津、燕赵、齐鲁、中原、淮扬、吴越等地域文化得以频繁交流，传统文化不断融合和发展，其中既包括南方文化与北方文化的交汇，又包括汉族和少数民族文化的交汇，甚至包括中国文化与域外文化的交汇。马可·波罗下扬州，利玛窦、马戛尔尼进京都经由运河；陆上丝绸之路与海上丝绸之路的联通，运河也发挥着重要作用。运河沿线人文物产的相互交流，运河沿线饮食文化的彼此分享，运河沿线乡风民俗的交融互动……运河文化已成为沿线人民的精神家园。如果说长城是中华民族的脊梁、凝固的历史，那么大运河就是承载华夏基因的动脉、流动的文化。

（二）大运河德州段的基本情况及文化特征

德州地处鲁西北黄河冲积平原，京杭大运河流经德州西部，促进了德州的繁荣发展和城市的形成。大运河德州段位于山东段大运河最北端，自南向北穿过德州市西部，主河道由卫运河、南运河组成，全长127.8公里。目前，德州段运河主要承担行洪、输水和灌溉等功能。

大运河德州段为隋唐时期永济渠和元代京杭大运河的重要组成部分，是山东境内唯一一段能称得上"千年运河"的河道。大运河德州段有5.3公里流经市区，位于市运河经济开发区域内，其余部分东岸在德州市，西岸属于河北省。如今河道、河堤及周边环境风貌完整性保存完好，保留着南运河原真性的人工弯道，是南运河弯道抵闸技术的代表，被称为"三弯抵一闸"，体现了古代运河在工程规划方面的科学性。

2006年大运河整体"申遗"工作启动，2014年大运河整体"申遗"成功，联合国教科文组织世界遗产委员会认为，大运河不仅是世界上最长、最古老的人工水道，也是工业革命前规模最大、范围最广的土木工程项目，它促进了中国南北物资的交流和领土的统一管辖，反映出中国人民高超的智慧、决心和勇气，以及东方文明在水利技术和管理能力方面的杰出成就。就国家层面和运河全流域而言，后"申遗"时代，运河文化的主题已经转变为保护开发、协同发展和大运河文化带（大运河国家文化公园）建设。2017年以来，按照习近平总书记提出的要保护好、传承好、利用好大运河的总体要求，2019年2月、2019年12月中央办公厅、国务院办公厅分别下发了《大运河文化保护传承利用规划纲要》《长城、大运河、长征国家文化公园建设方案》，大运河全线尤其是江浙和京津冀运河文化开发利用工作正在如火如荼地进行。

大运河德州段的文化特征，主要表现在以下4个方面。

1. 开放性

大运河全长近1800公里，辐射区域超过100万平方公里，且都是中国人口最稠密、经济最发达的区域，这种交通和经济的大开放，必然带来思想和文化的大碰撞、大交流。德州文化也因经济的开放而呈现出高度的繁荣和开放，历史上数百名文人墨客都踏迹德州，传经授道，以文会友，留下了许多宝贵的作品。明清时期更是名家辈出，文人飙起，涌现出一大批在当时有影响、有地位的大家名流，仅清代康乾二帝赞咏德州的诗文就达近百篇，这在全国都是少见的。明清时期，东南亚及西欧许多国家与中国的交流，基本上都是通过大运河完成的。马可波罗、利玛窦、马戛尔尼等一大批外国名流都曾沿运河经德州进入北京，苏禄国东王就是明永乐年间来京朝觐时客逝于运河之旅，而长眠德州的。

2. 包容性

大运河纵贯五省二市、五大流域，被称为"古代文化长廊"。大运河将义利并举、工商皆本的"永嘉文化"，经学致用、忧民报国的"吴越文化"，敦厚诚信、义薄云天的"齐鲁文化"，侠义慷慨、秉直忠诚的"燕赵文化"，高贵典雅、精致奢华的"皇城文化"，以及各大宗教文化乃至异域文化等尽揽怀中。这种文化包容成就了大运河自身文化体系架构的宏伟与博大，孕育出运河文化内涵的精深与丰盈。特别是苏禄王后裔因守陵而永居德州，与德州人民世代友好相处，成为中华民族的一分子，至今已繁衍21代，可谓国际文化融合的典范。运河文化的这种巨大包容性，客观上加速了中国人口最稠密地区各民族的融合，维护了国家的稳定和经济的健康发展。

3. 正统性

大运河从诞生之日起就被打上了极为浓重的"官河"烙印，成为统治阶级强化自身统治的工具。在这种政治背景下，整个运河文化的形成无不承受着统治阶级正统思想的主导，沿河主要城市都建有严密的河道管理机构，修建了多处宗教活动和文化学习场所，用以教化域内广大百姓。正是统治阶级的"一统"思想和"强统"措施，使整个运河千百年来能够平稳运行，客观上也使各类文化的交流和传播获得了一个相对稳定的环境，促进了运河文化的日益繁荣。就德州城本身的形成来讲，其"因运而卫、因卫而城"的历史更是彰显了这一"正统"特色，对德州崇德、重义、忠诚、担当的人文底蕴产生了直接影响。

4. 重商性

大运河从本质功能上讲，是一条经济大动脉，其重商色彩已成为运河文化的主旋律。运河沿岸的18个主要城市全部都是商业重镇，由于重商文化的逐利性，进一步加速了商品贸易和手工业的发展。清乾隆年间，德州城内有各类商号400多处，仅每年南粮北运就达600多万石，商贸经济极为繁荣，成为当时全国33个工商重镇之一。至今德州城内仍保留着许多明清时期因运河贸易而形成的街巷名称，如小锅市、马市街、柴市街、米市街、竹竿巷等，德州扒鸡就是在那个时候声名鹊起的，借大运河之便传遍大江南北。这种商业文化底蕴也就自然成为沿运地区后来经济发展的重要思想元素。

（三）大运河文化带德州段建设面临的形势

近年来，德州市抓住国家启动大运河申报世界文化遗产的历史机遇，积极开展大运河的保护利用工作。重点打造大运河世界遗产德州展示区，推动德州运河遗产公园建设；大力开展苏禄王墓整体提升工程；投资500多万元，将南运河德州段东岸堤顶路全部硬化，实现了通车运行；运河沿岸及河道的生态环境优化治理工作虽然扎实推进，但是仍存在很多问题，如开发和利用一直处在各自独立的治理状态，缺乏全面的规划；对文物古迹保护力度不够；沿线环境污染问题仍未根治；大运河城区的棚户区建筑密集，企业集中，人口密度高，居住环境恶劣。

2017年，习近平总书记两次对大运河的保护、开发、利用工作作出重要指示，明确要求保护好、传承好、利用好大运河。目前，国家层面由全国政协组织的大运河文化带建设考察论证工作正在全面实施，国家发展改革委组织的大运河文化带宏观规划研究工作也已联合各省市陆续启动，国家相关部门和沿线省、市的党委、政府纷纷作出响应。大运河文化带的建设工作从务虚层面转到了务实层面，从研究层面转到了国家战略层面。如今绝大多数沿线城市都进入了实质性的操作阶段，把大运河保护开发利用作为提升城市价值、展示城市形象、讲好"城市故事"的绝佳平台，全方位加大推进力度。北京、天津、河北、江苏、浙江等沿线各省、直辖市都已形成了明确的思路，创造出了许多亮点，积累了许多可复制、可借鉴的经验。比如，北京提出把运河文化作为首都副中心建设的核心文化要素，正组织专家统一研究制定保护建设规划和五年行动计划；河北沧州对经市区的31公里河道全面进行提升，目前3个整体规划、15个专项规划编制工作已陆续展开；江苏扬州聚焦大运河文化带建设，创造出了"扬州模式"，投资230亿元的国际运河文化旅游项目已全面实施；淮安市投资260亿元建设大运河文化带，目前已完成投入110亿元；枣庄借助运河不但成功完成了台儿庄古城的修建，而且准备五年内再投入50亿元专项资金用于大运河文化项目的提升和建设。从目前来看，德州市对大运河的保护利用已明显落后于沿线其他城市，亟待拿出相应的措施，把大运河文化带德州段的保护传承利用工作列为全市的一项重大立市工程，着眼于打造城市文化地标、提升城市文化品位，组织实施大运河文化带德州段建设。

二、主要做法

大运河文化是一个跨水系、跨区域、跨领域的文化系统，包括运河设计、开凿、管理、运营，运河流域的政治、军事、经济、文化、科学等方面，因此，运河文化系统不是单纯的一个点或一条线，而是一个点、线、面相结合的文化系统。国家倡导建设"大运河文化带"，这个"带"字很好地体现了运河文化遗产点、线、面的融合。

运河文化是在长期历史发展过程中运河沿线多元文化相互交流、相互影响和相互融合的综合文化系统。从与运河建设、运转和影响的密切程度来看，可划分为两个层次：核心文化遗产与相关文化遗产。其中，与运河建设、管理、运营直接相关的可视为核心文化遗产，包括运河河道、运河工程技术、运河漕运、运河技术及运河管理与法律制度等。

根据具体形态和特征，运河文化又可划分为16个二级类目，分别为运河河道类遗产、运河工程设施类遗产、运河漕运类遗产、运河观念类遗产、运河法律制度类遗产、运河技术类遗产、运河农业种质资源类遗产、运河文献类遗产、运河景观类遗产、运河饮食类文化遗产、运河文学艺术类遗产、运河民俗类遗产、运河聚落类遗产（城镇及传统村落）、运河商业类遗产、运河手工技艺类遗产、运河地名类遗产。

根据具体内容和形态，16个类目之下又可划分出更多类别，如运河工程设施类遗产可分为枢纽工程、闸、堤、坝、桥梁、水城门、圩堰、纤道、码头、险工等；运河技术类遗产可分为工程建设、维护技术、漕运管理技术、造船技术等；运河漕运类遗产可分为漕署、驿站、行宫、钞关、仓窖、船厂等；运河聚落类遗产可分为运河枢纽城市、运河历史名镇、运河传统村落等；运河文献类遗产可分为运河水利、河务、漕运等方面专门著作、专志、通志、地方志等；运河景观类遗产可分为航运景观、水利工程景观、园地景观、林业景观、渔业景观等；运河农业种质资源可分为运河农作物资源、运河畜禽品种资源、运河渔业资源等，大多数运河沿线的农业地理标志产品可纳入这一文化遗产体系；运河民俗类文化遗产包括与大运河有关的宗教信仰、仪式、节庆活动及相关文化空间；等等。

（一）大运河文化带德州段建设的基本方向与定位

运河文化是一个集自然生态、文化观念、社会习俗、产业组织、物态遗存等诸多要素于一体的巨系统。必须统筹谋划大运河文化带生态圈、文化圈、生活圈、经济圈的共生共融，确保通过理性的、个性的、创新性的开发和建设，把运河文化的资源优势更多地转化为城市的发展优势。在建设方向上，应以提升城市品质、建设幸福家园为中心，以保护好、传承好、利用好运河文化为基础，打造有生活温度、有文化厚度、有经济热度、有休闲舒适度的大运河文化带。

德州市高度重视大运河遗产保护传承利用工作。按照德州市委的总体工作部署，2021年8月，德州市组建大运河保护利用指挥部，全面开展大运河德州段保护利用提升工作。2022年2月，中国共产党德州市第十六次代表大会报告中提到，德州将打响大运河国家文化公园德州品牌，深入挖掘大运河文化资源，打通水脉、传承文脉、带动人脉，赋予城市文化灵感，让"大德之州 好运之河"成为城市新名片，推动大运河遗产保护利用工作再上新台阶。

具体建设定位及方向应从以下几个方面进行把握。

1. 厚植文化根基，打造文化运河

（1）深入挖掘德州运河文化的内涵。以德州学院为依托，组织水利、文物、交通、历史、地理等方面的专家，进行一次系统摸查。全面掌握全市范围内的大运河物质和非物质文化遗产的情况，分级、分类做好保护和资料收集、归纳提升，形成大运河德州段的文化谱系。

（2）精心策划德州运河文化项目。组织国内外顶级专家及设计团队对德州运河文化项目进行高水平的策划。如苏禄东南亚风情园、乾隆行宫、"梦回苏禄"实景演出、四女寺孝文化古镇等。

（3）努力做好文化遗产展示工作。首先，整理好历史文化街区、名镇、名村和遗产遗迹点等物质文化遗产，并制订修缮复建计划，根据计划分步落实。其次，努力做大做强非物质文化遗产活态化展示。如德州扒鸡、黑陶、杂技、剪纸、京剧、运河号子、地方戏曲等非遗内容都需要精心创意，统筹打造活态化展示项目。例如，杭州市把运河古桥拱宸桥以西的历史街区进行修复改造，建成了大运河非物质文化遗产活态展示馆，打造出中国工艺美术博物馆群落，如今已成为展示杭州历史文化的亮丽示范工程，大大提升了杭州的文化品位。

2. 营造优美环境，打造生态休闲运河

加强对大运河自然属性、生态属性的研究，发挥大运河文化带在生态文明建设中的作用。

（1）大力推进运河复航。目前，随着运河沿线城市生态文化景观的大幅提升，一些有条件的地区已开始复航。北京通州、天津武清、河北香河三地已签订合作协议，实现北运河的正式通航。德州市政府通过建坝调用黄河水的方式，先期组织德州南运河段45公里的疏浚旅游通航，保证全年不断流，展现出大运河应有的整体功能和形象，为大运河市区段的开发利用创造条件。

（2）依托自然生态系统，打造景观休闲带。综合整治运河周边环境，加大生态景观建设力度，科学规划公园、广场、田园、湿地、旅游健身步道等景观成分。要提高大运河的可通达性，综合规划运河周边及其与中心城区、高铁新区的便捷交通体系。

（3）推动绿色增长和低碳生活。打造运河生态走廊，大力发展循环经济、淘汰落后产能、迁移污染项目、扩大环保产业。同时，大力发展现代绿色农业，形成相对完整的生态产业链，打造运河有机作物风光带。例如，天津武清连续10年围绕北运河进行综合治理，打造出独具特色的水清、岸绿、景美、游畅的景观带，助力武清成为全国首批生态文明先行示范区、全国休闲农业示范区。

3. 融通产业发展，打造经济运河

（1）强化资源融合。将运河文化资源与文创、旅游、休闲等产业有机融合，打造运河文化有载体、产业运营有内涵的经济发展模式。深入研究运河古镇（如四女寺镇、老武城镇、渡口驿镇等）、古街区（如柴市街、米市街、锅市街等）、遗产点（如北厂曹仓遗址、德州码头）、古村（如夏津渡口驿乡万厂村）、古民居、古建筑（如武城达官营清真寺、夏津吕洼天主教堂等）的保护利用，科学布局运河流域的重点城区、特色小镇、商贸市场、民俗市场（如古玩市场）等历史文化街区建设，力求将更多的运河文化资源服务于经济建设。

（2）大力开发旅游资源。充分利用大运河这一世界文化遗产的国际影响力，整合全市各类文化旅游资源，深入探索"生态景观＋运河文化＋休闲旅游"的叠加开发模式。精心打造运河文化游、休闲度假游、生态观光游等一系列文化旅游产品，使德州成为领略大运河风情、传承历史文脉、增强文化自信的重要旅游目的地。以大运河文化为载体，不断开发大运河德州段各县市区的物质和非物质文化遗产，打造形态各异的文化产业聚集区、都市农业区、自然风景区等，将其丰厚的文化与自然资源转化为经济发展的特色优势。

（二）大运河文化带德州段建设的保障措施

1. 建立运转高效的体制机制

强化市政府的主导地位，扭转各自为政的不利局面。通过体制机制创新和资源要素整合，建立横到边、纵到底的组织领导体系和条抓块保、各级联动的机制。市政府应建立大运河保护开发利用工作联席会议制度，完善大运河保护开发利用工作的决策机制。学习杭州、通州等地的做法，成立市级层面的德州大运河综合保护与开发工作委员会，统一组织、统一规划、统一运营大运河保护、传承、开发建设的总体工作。

2. 破解资金制约瓶颈

在加大政府投入的同时，大力组织"双招双引"，积极吸引社会资本参与到大运河文化带德州段的系统工程中来。广泛采用外地城市建设中的"PPP+XOD"、设立开发投资基金等模式，将包装设计成熟的建设项目推向市场直接融资。例如，杭州在城市建设过程中，大量采用了这一模式，他们对城市基础设施和城市土地进行一体化开发和利用，形成了土地融资和城市基础设施投资之间的良性循环，有效解决了城市建设过程中"钱从哪里来"的问题。

3.做好拆迁安置工作

大运河文化带德州段建设面临的突出问题就是"逢建必拆",做好拆迁安置工作是一个至关重要的问题。对于项目建设过程中涉及的沿岸原居民区的拆迁改造,必须依据规划精心研究,制定出切实可行的政策措施。拆迁户要坚持就近安置、优先安置;保留户要通过调整业态和实施背街小巷改善、危旧房屋改善、庭院改善、物业管理改善等措施来保障,将原居民户改造成风格迥异的风情民居,最大限度地保护城区的文化。要让沿线居民在城市有机更新过程中拓宽就业门路,增加文化旅游性及财产性收入,提高生活品质,提升自豪感和获得感,让群众真正成为文化遗产保护利用的最大受益者。

4.全面加大对德州运河的宣传推介力度

作为具有典型国际交流意义并且是山东省唯一一段具有千年历史的运河河段,大运河文化带德州段的文化价值和历史价值还远远没有被挖掘出来、传播出去。市委、市政府应充分利用各种媒体和有效手段,积极宣传大运河德州段的历史及文化价值,努力提高大运河德州段的知名度和影响力,动员社会各个层面广泛参与,大力组织开展各类民间文化传播活动,在全体市民中普及运河文化知识,树立以运河为家、以运河为荣的意识,努力营造全社会保护、传承运河文化的良好氛围。全方位加大与世界运河历史文化城市合作组织等国际国内运河文化研究和开发建设机构的交流与合作,全力推动大运河德州段文化走出国门、走向世界,全面提升德州在"一带一路"沿线城市文化经贸开放交流中的价值和品质。大运河作为德州的城市名片,是德州城市文化的根脉和寄托。挖掘运河文化、研究运河文化、传承运河文化,对提升德州城市品位,彰显德州文化特色,推进德州城市发展具有重要的价值和意义。

（三）大运河文化带德州段的建设成果

1. 持续加强大运河遗产保护利用

2010年6月，《大运河山东省德州段遗产保护规划》颁布。2015年2月，《关于进一步加强大运河（德州段）遗产保护管理和开发利用的通知》出台，统领运河流域内城乡建设、旅游发展和文化产业发展规划。2019年1月1日，《德州市文物保护条例》公布实施，对各级政府履行大运河保护与管理职责作出明确规定。2023年5月，《关于推进做好大运河德州段遗产保护利用工作的通知》《关于印发〈大运河（德州段）遗产巡查督查工作实施方案〉的通知》印发，完善了遗产保护巡查机制、专家咨询制度，落实涉建工程遗产影响评价制度，不断夯实保护利用工作基础。

2. 规范做好大运河遗产监测保护工作

德州不断完善大运河遗产保护监测机制。在市文旅事业发展中心（挂大运河遗产保护中心牌子）设立了大运河遗产保护科，完成了世界文化遗产南运河（德州段）保护区划局部调整和矢量图的制定。认真巡查监测，加强大运河遗产本体保护，及时发现消除安全隐患，守护好大运河遗产安全底线、红线。

3. 推进打造南运河德州段世界文化遗产保护展示区

依托南运河原生态河道及沿线四女寺枢纽船闸、德州码头、真实性南运河弯道、苏禄王墓等遗产，围绕科技运河、文化运河和生态运河，组织实施以南运河德州段为核心的世界文化遗产保护展示园区建设。完成南运河（生态运河）三湾展示区建设、苏禄王墓本体保护和景区改造提升工程；打通南运河东岸堤顶路。制定一批保护方案，完成四女寺枢纽船闸保护与展示工程、德州码头仓储保护与展示工程、德州机床厂旧址和黄河涯礼堂修缮工程，组织开展沿线部分遗迹的考古勘探，有效保护遗产本体，改善了运河周边环境。

4.积极推动城市高质量发展与大运河保护利用实现双赢

2021年8月，编制了《德州市大运河文化保护传承利用实施方案》《大运河（德州段）文化旅游融合发展规划》《大运河（德州段）保护利用总体规划》。组建专家智库和项目库，研究提出一批文旅融合发展项目。服务指导建设单位依法开展保护建设项目报审程序，多个项目顺利通过审批、审核。积极开展大运河遗产保护传承利用成果宣传。

》》 三、经验启示

大运河不仅是一条经济之河、生态之河，也是一条文化之河。它不仅使中国南北经济相互支撑、融为一体，而且促进了社会文化的融合与发展，在中华文明的延续、传承与发展过程中作出了突出贡献。运河文化彰显了中华传统文明的三个特点：一是道法自然，生生不息，天人合一；二是地方中央相互支撑，凝聚合力；三是贯通南北，连接东西，兼容并蓄。珍视运河历史文化价值、传承利用好运河文化遗产，在今天具有很强的现实意义。运河文化带建设可很好地对接国家大战略，即黄河流域生态保护和高质量发展、京津冀协同发展、长江经济带发展和长三角一体化发展。充分挖掘运河文化遗产的历史价值、艺术价值、科技价值、生态价值、经济价值和文化价值，无疑是功在当代、利在千秋的事业。大运河文化带德州段建设应把握以下几个原则。

（一）坚持保护优先

要正确处理好保护、传承、利用的关系，始终把保护放在优先位置，并贯穿整个工作全过程。严格遵循世界文化遗产保护规则，制定德州段大运河保护规划，并通过立法上升到法律层面，实现依法保护、科学保护、可持续保护。通过切实有效的保护，充分展示出德州段大运河世界文化遗产的价值和风采。

（二）坚持文化引领

运河文化是运河保护传承利用的根基和灵魂，要高度重视运河文化的研究工作。每项工作的开展，都要依据国家层面的顶层设计，征求专业研究机构的意见建议，依据研究成果来确定任务目标和应达到的效果。市政府应成立专业性的大运河研究机构，可借鉴聊城大学成立运河学研究院的做法，借助德州学院地域文化专家的研究优势成立大运河文化带德州段研究中心。制定出台鼓励性政策，支持相关部门和社会各界人士，在文化艺术、传统工艺、风情习俗、名人轶事等方面进行深入挖掘，凝练德州运河文化的灵魂及特质，逐步建立起价值较高、内容丰富的大运河文化成果库，用以规范、指导和丰富未来的策划、管理等工作。

（三）坚持高端规划

着眼于提升德州城市价值和品质，对大运河德州段的保护传承利用由市级层面统一规划。全面加强与大运河沿线城市及世界运河历史文化城市合作组织的沟通合作，争取他们的智力支持。通过公开招标，会聚国内外顶尖的机构和专家，按照世界眼光、国际标准、德州特色的要求，对大运河德州段的文化保护、生态旅游、城乡建设、产业优化等进行统筹规划设计，并尽快开展地方人大的立法工作。

（四）坚持有机更新

全面审视德州城区段运河与德州境内段运河文化遗产和非物质文化遗产的开发利用价值，按照现代文化旅游发展的理念，进行活化、优化、生态化、生活化改造和提升，使大运河文化带德州段特别是城区段成为展示城市文化风情、延续城市文脉、提升城市品质的有机载体。

（五）坚持项目支撑

根据规划，对大运河文化带德州段工程分级分层分解构成具体的实施操作项目。从资金、人才到建设、管理进行通盘谋划，抓准一批内涵丰富、影响力大、支撑力强、标志特色明显的大项目、好项目，尽快打开开发建设的新局面。

德州梁子黑陶的创造性转化、创新性发展实践探索 *

中华优秀传统文化是中华文明的智慧结晶和精华所在，是中华民族的根和魂。党的十八大以来，就如何传承和弘扬中华优秀传统文化这一问题，以习近平同志为核心的党中央给出了行之有效的答案：推动中华优秀传统文化创造性转化、创新性发展。新时代中华优秀传统文化"双创"的提出为传承和弘扬中华优秀传统文化提供了科学指引，为中国特色社会主义文化建设提供了实施路径，为强国建设、民族复兴注入了不竭的精神动力。

非物质文化遗产是中华传统文化中特殊的一类，是依托于人而存在的活态遗产，其特点是活态性、稀缺性、脆弱性，许多独特的技艺，不见书载，不见史录，均存在于传承者的身上，通过口传心授的方式传承着，"身在艺在，身亡艺亡"的理念，是创造性转化、创新性发展的重中之重。目前，我国共有43个项目被列入联合国教科文组织非物质文化遗产名录、名册，居世界第一。从2006年开始我国建立了非物质文化遗产国家级的名录，德州市拥有国家级非物质文化遗产保护名录4项，其中德州黑陶烧制技艺于2014年入选国家级非物质文化遗产代表性项目。

德州梁子黑陶文化有限公司是德州黑陶行业的龙头企业，已形成

＊ 本案例由中共德州市委党校（德州市行政学院）文史教研部主任、副教授丛瑞雪撰写。

集黑陶研发、生产、展示、销售、休闲体验于一体的黑陶文化产业集群。该公司拥有黑陶产业生产园、黑陶文化传承中心（中国黑陶城博物馆、德州梁子黑陶博物馆）、黑陶文化休闲中心、黑陶研发中心4个园区，是国家级非物质文化遗产"德州黑陶烧制技艺"保护单位、全国社会科学普及教育基地、中国硬笔书法协会雕刻艺术研究中心基地、山东省重点文化企业、山东省非物质文化遗产生产性保护示范基地、清华大学、天津美术学院等多所院校实践及中小学生课外活动学习示范基地。梁子黑陶博物馆还入选了山东省第一批"乡村记忆"工程文化遗产，成为德州乃至山东推动创造性转化、创新性发展的文化品牌。

一、背景介绍

（一）文化"两创"提出的脉络

传承和弘扬中华优秀传统文化，要坚持创造性转化、创新性发展。创造性转化，就是要按照时代特点和要求，对那些至今仍有借鉴价值的内涵和陈旧的表现形式加以改造，赋予其新的时代内涵和现代表达形式，激活其生命力。创新性发展，就是要按照时代的新进步新发展，对中华优秀传统文化的内涵加以补充、拓展、完善，增强其影响力和感召力。非物质文化遗产是中华传统文化中特殊的一类，其魅力源于悠久历史，其生命力来自传承创新。围绕非物质文化遗产进行开发和利用是文化"两创"方针在非遗保护和开发领域内的关键实践探索之一。对当下传承、发展中华优秀传统文化、建设社会主义文化强国具有重要意义。

党的二十大报告提出，坚持创造性转化、创新性发展，不断提升国家文化软实力和中华文化影响力。2022年12月12日，习近平总书记对非物质文化遗产保护工作作出重要指示，要扎实做好非物质文化遗产的系统性保护，……推动中华优秀传统文化创造性转化、创新性发展。2023 年 6 月 2 日，习近平总书记在文化传承发展座谈会上指出："中华文化源远流长，中华文明博大精深。只有全面深入了解中华文明的历史，才能更有效地推动中华优秀传统文化创造性转化、创新性发展，更有力地推进中国特色社会主义文化建设，建设中华民族现代文明。"

非遗是中华民族的文化优势和独特魅力的直观展现，习近平总书记就弘扬中华优秀传统文化提出创造性转化、创新性发展的"两创"方针，深刻揭示了文化发展的客观规律，积极回应了人民群众对精神文化生活的新期盼，为我们开展非遗文化基因的保护和发展，及非遗精神文脉的当代表达方式指明了方向，同时也为中国特色社会主义文化建设提出了实施路径，为强国建设、民族复兴注入了不竭的精神动力。

（二）德州市黑陶文化发展的脉络

陶艺，是中华文明的重要载体，凝聚着中华民族的深邃智慧，标志着人类文明的发展水平。德州是一座文化古城，历史悠久，文化积淀厚重，气候受季风影响，四季分明，冷热干湿界限明显，属大陆性气候。地处黄河冲积平原，封闭性洼地，京杭大运河与黄河沙泥交汇形成大量的红胶泥层，土壤偏黏，为德州黑陶陶艺的发展提供了天然的地理条件。

德州处在大汶口文化和龙山文化区域。黑陶是龙山文化的代表，历史价值重大，造型、装饰融合我国古代文化、艺术。德州陶艺的历史源远流长，可以追溯到新石器时代。黄河中下游的陶艺文化距今约有 4500 年的历史。德州黑陶的制作工艺在历史的发展中一直处于领先地位，具有独特的特点和演变规律。早、中、晚三期虽然有所变化，但陶器的器型以鼎、豆、罐、壶、杯为基本组合。早期手模合制，中期轮模合制，晚期出现薄胎、镂孔高柄杯，使用快轮旋制技术。早期以红陶为主，中期以灰陶为主，晚期以黑陶为主。早期饰锥刺纹、划纹、绘制黑色的单色陶器；中期出现附加堆纹、镂孔，彩陶器增多，用红、白、黑色，绘制几何纹、花瓣纹、八角星纹；晚期彩陶减少，盛行按压纹、兰纹、弦纹、镂孔、纺织纹等。其中，胎壁薄如蛋壳的黑陶高柄杯，是高度发达的山东龙山文化制陶工艺的标志。

20世纪70年代末，德州人率先整理史前文明光辉灿烂的黑陶文化，从原料、工艺流程到烧制保持古代黑陶产品的基本特征，更加完善了生产工艺和黑陶的艺术内涵。1979年成立了德州黑陶厂，1982年成立了德州黑陶研究所，2002年成立了德州梁子黑陶研制中心，2005年创建了德州黑陶文化园。德州梁子黑陶积极整合资源，壮大实力，优化结构，开拓创新，形成传统黑陶、创新硬刻陶、金丝彩陶、漆陶等特色制陶技艺，已形成以8位工艺美术大师、26位工艺美术师为核心的近百人的专业队伍，产业规模和市场占有率在同行业中名列前茅，广泛开展线上线下联动销售，产品遍销全国大中城市，远销海外70余个国家和地区。

德州黑陶主要分布在以德州市为中心及周边的十几个县区。随着20世纪70年代德州黑陶研究所的成立，德州黑陶发展迅速，在山东省内传播开来，聊城、济南、日照、济宁、菏泽等地相继办厂。随着产品、技术、人才的交流，德州黑陶流传到北京、天津、河北、河南、山西、江苏、东北等地区。黑陶文化及产业的崛起，使德州成为现代黑陶的发轫中兴之地，荣膺"中国黑陶城"桂冠。2023年大运河国家文化公园（德州）论坛德州梁子黑陶文化有限公司成为唯一会长单位。

二、主要做法

（一）静态保护，注重从无形化到有形化的记录

1.挖掘整理德州黑陶文化

1979年，德州率先在全国挖掘整理黑陶文化，在当时的于官屯公社卢庄创办黑陶厂，在同年的秋季物资交流会上，马来西亚客商以每件18元的价格订购100套，在全国引起轰动，"德州黑陶"开始声名鹊起。梁子黑陶设置专项资金用于收集、抢救整理和展示资料，建立档案，编辑出版图书、画册，录制音配像，组织开展理论研讨，进行专家咨询等。2003年梁子黑陶研制中心投资100万元，吸收社会制陶艺人，专业人才，研究设计、创作黑陶精品，对德州出土的陶器进行了抢救性保护，深挖有借鉴价值的内涵。例如，对德州市区、乐陵市和庆云县出土的商周时期的灰陶陶器、宁津县庞家寺汉墓和平原县韩村汉墓的土陶壶、岳官屯古墓出土的陶罐陶砚、夏津县明代栗祁墓出土的10件盖罐等，从泥质、工艺流程、色彩、花纹等方面进行了系统性的研究，完善了黑陶的生产工艺和文化内涵。通过拜访名师、走访黑陶老艺人、选派技术骨干到高校进修等方式，不断挖掘、探索和实验，改进和完善传统黑陶生产工艺，尤其是对传统黑陶、蛋壳陶的制作工艺进行了整理和编写，同时健全完善档案管理机制，为黑陶烧制工艺挖掘和开发工作提供服务保障。

2.建立中国黑陶城博物馆

为了更好地展示中国黑陶城的黑陶艺术成就，宣传好德州黑陶文化，梁丽霞投资3000万元在德州天衢新区建设面积为1800平方米的德州梁子黑陶公益性博物馆，成为展示国家级非物质文化遗产"德州

黑陶烧制技艺"的重要平台。从黑陶文化的历史、德州黑陶的兴起与发展、梁子黑陶的崛起与创新到大师精品展示，内容丰富，脉络清晰，成为了解黑陶、学习黑陶文化的主要载体，博物馆常年免费对外开放，每年接待党政机关、旅游团体、中小学生、黑陶爱好者近6万人次，成为宣传黑陶文化和普及黑陶文化的主阵地。

（二）动态保护，牢牢把握"活"态传承这一关键点

1.培养"活起来"的黑陶文化传承人

非遗传承主要靠人，梁子黑陶紧紧抓住人这个"牛鼻子"，高度重视人才，积极培养人才，采取大师开门纳徒和职业技能联合的办学形式，储备了大批人才。公司拥有8位工艺美术大师、26位工艺美术师、上百人的专业队伍，先后培养出1名山东省"传统技艺大师"，1名山东省"民间手工艺制作大师"，2名齐鲁首席技师，3名德州市首席技师，1名"德州工匠"，2名"德城区最美工匠"，3名山东省工艺美术名人，2名山东省轻工系统首席技师，26名技师等，获得省级以上金奖19个，银奖19个，铜奖25个。对内，梁子黑陶每年举办"拜师"活动，让技艺大师开门纳徒，并设立收徒考核标准。团队内的技艺大师因徒施教，精心授艺，他们根据徒弟的特长，辅导设立目标，以成型、烧制、雕刻、微刻等为主教内容。而徒弟们也在师傅的带领下不断参与内部培训和比武活动，在日复一日的学艺过程中不断成长，提高学习热情、提升个人悟性，从而把学习融入创作中，在打牢基础技能的同时培养自己的创新意识。对外，经常安排员工参加各种展会、参与各种外出培训活动，目的是让技师走出去，将"艺"带回来。在参与这些多元化文化活动的同时，还提高了员工的审美能力，开拓了员工的思想和眼界，他们在见识到更大的平台与更多的艺术精品后，通过自我激励建立起创新意识，提高创新能力。

2. 拓宽黑陶文化"活起来"的大众路径

梁子黑陶作为德州黑陶烧制技艺的保护单位，以传承黑陶文化为己任，采取多种方式传承发展黑陶事业。在博物馆中专门开辟"传习所""大讲堂"等场地，加大非遗的宣传力度，利用"文化遗产日"，举办德州黑陶展演和展览；参加全国非遗博览会、中国民间艺术博览会等提高黑陶影响力。发挥博物馆平台载体作用，利用元旦、春节、三八妇女节、清明节、五一劳动节等特定节日和夏日文化惠民活动，举办寓教于乐的免费体验活动，在为广大人民群众增添生活情趣、陶冶情操的同时，扩大了黑陶影响力。梁子黑陶积极参加各类博览会和黑陶大赛活动，通过参加展会和博览会，向全国推介德州黑陶，扩大黑陶在全国乃至世界上的影响力。2019年，先后参加了第二届中国国际进口博览会、第八届山东文博会、2019中国（北京）国际精品陶瓷展览会、第十五届中国（深圳）国际文化产业博览交易会等，并成功承办2019山东国际大众艺术节·第三届德州大众艺术周"大德天工"国际陶艺创作营活动。第二届中国国际进口博览会、"2018德州·泰国风情周"等活动。2019年3月24日至4月2日，山东省委副书记、省长龚正率山东省代表团出访日本、韩国，将梁子黑陶的作品赠送给国际友人。进校园，每年对接幼儿园5所，小学6所，中学6所，大学3所，由梁丽霞亲自带队组织技师走进校园，给学生面对面讲授黑陶知识，在技师的指导下，让孩子们体验制陶的乐趣，从而更加热爱黑陶文化，培养孩子们的文化自信及勤于观察思考、善于动手的能力，让黑陶文化大力传承。推行黑陶宣传常态化，将德开小学作为宣传基地，自2018年10月开始，每周五下午，梁子黑陶大师赵敬国就带着作品去学校展示，普及宣传黑陶文化，将黑陶制作技艺引进课堂，激发学生们的兴趣爱好，培养他们勤于观察、善于动手的能力，从而让黑陶制作技艺普及、发扬、传承下去，先后为15个班级近千名学生进行了展示和宣传。进社区，传承黑陶文化，把黑陶文化融入生活。每年组织大师由梁丽霞带队和新华街道办事处、长河街道办事处、岳庄社区、德州老年大学、养老院等十几个单位，公益表演黑陶技艺和老人们一起学习黑陶文化，动手制陶，增加了老年人的生活乐趣，美化了老年生活。全面振兴农村经济，梁丽霞免费辅导家庭妇女学习黑陶技艺，每年举办春秋两期贫困家庭学陶培训班，每期5天，提供食宿、学习用品，此活动受到全国妇联、山东省妇联的表彰，妇女足不出户就有一定的经济收入，既能孝敬老人，也能照顾孩子。2008年，被确定为山东省首批文化产业示范基地，是清华大学美术学院陶瓷艺术设计系、山东工艺美术学院等多所高校的实验基地和中小学生课外活动基地。

（三）动静结合，推动黑陶技艺与时俱进、创新发展

黑陶的传承最早可追溯到新石器时代的大汶口文化时期。从现有资料上看，德州黑陶有证可查的历史可追溯到清朝，从家庭祖传式经营到师徒式经营代代相传。德州黑陶于1978年在芦庄建厂，1980年组建工艺美陶所，2000年组建梁子黑陶研制中心，2005年建成梁子黑陶文化园，德州黑陶延续至今。德州黑陶传承大汶口、龙山文化的文明，在继承中求发展，以研制、开发黑陶艺术品为主，先后开发出传统黑陶、创新硬刻陶、彩陶、漆陶等300多种产品。概括起来有两个基本特征：传统软刻陶和硬刻陶。

1. 继承中求发展

传统软刻陶——梁子黑陶祖承大汶口和龙山文化中的陶器，在工艺、造型、色泽等方面，仍保持着传统的工艺流程：①选材：德州黑陶制作选用大运河中的红胶泥，质地细腻、纯正。②滤泥：把红胶泥在水中浸泡，搅拌成泥浆，用滤布过滤，去除杂质，细泥沉入池中，再用泥浆泵泵入压滤机，滤出多余水分形成泥饼。③练泥：泥饼经绞泥机反复搅拌、揉捏，练泥熟至柔软致密，再经抽真空将泥中空气抽出，挤压成泥条经睡泥（陈腐）代用。④成型：陈腐好的泥条按需要切段后，轮制成型或其他方式成型，根据设计的要求，制作出不同造型的陶胎。⑤修型：晾至稍干后，用工具将陶胎修整、定型。⑥挑沙、压光：在修好的陶胎面上挑沙粒、打光、压光后，使陶胎表面光滑致密。⑦软刻：根据陶胎的造型，画上设计图案，再根据需要浮刻或刻透。⑧干燥：将制好的半成品陶罐，自然阴干。⑨烧制：事先把窑烘干，放进陶坯，先用小火烘，待窑温升起，再用大火烘烧，最后封窑，利用渗碳，完成碳化还原过程。⑩出窑：将烧制成的黑陶，从窑中小心取出。

2. 创新驱动发展

硬刻陶——梁子黑陶以毛军为代表的黑陶硬刻陶大师，结合中国书法绘画，开创了用合金钢刀在坚硬如石的陶体上雕琢自如的硬刻陶工艺。结合景泰蓝工艺，创新金丝陶，结合漆画工艺，创新漆陶，实现了黑陶技艺的创新和突破，给黑陶以新的生命力。硬刻陶分为两个系列：①汉像石系列——梁子黑陶团队经上万次实践观摩武梁祠汉书石像的艺术手法（凹线雕和凸线雕），终于掌握了用金刚刀在坚硬如石的陶体上雕凿技艺，将武梁祠汉画像艺术风貌融入黑陶体内，利用黑陶刻底，露出体内自然本色，取法篆刻和点缀相结合，摸索出平板纹、雷纹、点缀纹等多种手法，展现出黑陶新的艺术价值。②书画刻陶系列——用篆刻技法把中国书画和黑陶相结合，采用敦煌壁画的形式，用刀刻出刚劲飘逸的线条，人物栩栩如生，书法酣畅淋漓，尤其是微雕艺术，嵌入其中，相得益彰，使古老的黑陶焕发出新的活力。硬刻陶被冯骥才称为"陶林奇葩"。

德州梁子黑陶持续研发了多项黑陶工艺，研制"双层梅花窑"，实现黑陶烧制工艺质的飞跃；开创硬刻陶、金丝陶、漆陶三项技术先河，创立微雕、"软刻＋硬刻"、"软刻＋镂空＋浮雕"等技法，给德州黑陶带来了新的活力，打破了传统黑陶色彩单一、图案简单的模式，这一创新是德州黑陶的一次质的飞跃，使黑陶成为一门综合刻陶艺术，不仅丰富了黑陶的内涵，增强了观赏性、收藏性和艺术性，还使黑陶创作进入全新领域。

近年来，梁子黑陶近千个品种远销世界各地，并且作品多次被作为国礼赠送给外国友人，其中圣人孔子瓶被国土资源部部长姜大明赠予美国前总统乔治·沃克·布什，拉长了黑陶产业链条，带动就业上千人，成为德州文化产业的龙头企业，山东省重点文化企业。

三、经验启示

（一）坚持系统性保护促进"两创"发展

非物质文化遗产的保护既要辩证、客观地看，还要从非物质文化遗产系统性保护实际出发，适应生产力的发展。无论是静态保护还是动态保护，最终目的都是让中华优秀传统文化按照最原始最本真的状态，给后人一种展示，让人们知道它的历史价值，利用书籍、博物馆等载体，展示特定时间、特定地点、特定类型之遗产的基本特征，展示理念也从对实物的展示过渡到了对相关技术、技艺与相关工艺流程的全息展示与动态传承。

在注重活态传承、创新发展的过程中，让传承者能够在劳动中找到一种生存方式和提升手段，接轨当下生活，嫁接现代生产力、现代技术，融会贯通国内的、国际的、其他门类的有益成分，创造出符合当代生活和审美的、新颖的文创产品。动静结合的保护方法不但系统地摸清了中国活态类遗产的家底，同时也使国人对自身遗产的保护从物质层面上升到了非物质层面，从静态保护层面上升到了活态保护层面，从器物保护层面上升到了对器物制作者——人的保护层面，从而实现了对中华文明的活态保护与可持续传承，为中华优秀传统文化的保护和传承注入新的活力和生机。

（二）坚持问题导向，破解"两创"发展的困境

中华优秀传统文化在创造性转化、创新性发展中不仅要对非遗自身活态流变的本质特点和演变规律有充分认识，也要紧密结合跟进当前国家社会经济发展的突出问题和现实需求作出应对。坚持问题导向，针对"两创"发展中的问题，尤其是非物质文化遗传承人断层断代的突出问题要着力破解。技艺类的传承方式多数依然是传统的师傅带徒弟，口传心授，而且多为部分环节的技能，全面、系统、完整的传承极少。许多老艺人已改行或谢世，现有的师傅也大多年过半百，多以能维持生计和小富即安为满足，缺少创新能力。因资金不足、人才匮乏等，一些独特的工艺环节、技能、资料无法被发掘、整理、保护和传承。面对这些突出问题，政府要加大保护工作力度，加强非遗基础理论研究，完善非遗调查记录体系，关键还要健全非遗代表性项目制度、代表性传承人认定与管理制度以应对非遗文化传承人出现的断层断代的突出问题。

加强传承队伍建设，拓宽培养渠道，支持非遗传承人提升技能技艺，加大传承补助支持力度，推动社会广泛参与。一是进一步完善非物质文化遗产代表性传承人认定机制，除民俗等不宜认定代表性传承人的项目外，凡列入各级非物质文化遗产名录的项目，都要认定和命名代表性传承人。二是采取文字、图片、录音、录像等方式，全面记录代表性传承人掌握的技艺，征集并保管代表性传承人的代表作品，建立传承人档案和国家级代表性传承人专题档案。三是对濒临消失的非物质文化遗产项目代表性传承人和年老体弱的重要代表性传承人，抓紧开展抢救性记录工作，翔实记录代表性传承人掌握的精湛技艺和工艺流程。四是建立非物质文化遗产传承人保护培养机制，非物质文化遗产代表性传承人激励机制和退出机制，明确责任，规范管理，增强代表性传承人履行传承义务的责任感和荣誉感。

为传承发展非物质文化遗产对企业员工实施人文关怀，为双职工、女员工制定了相应的福利政策。如女员工生育待业期间，其基本工资不变并为其缴纳保险，为员工办食堂、买班车、购置健身器材、办理职称评定、每年增工资等。培养一支知识型、技能型、创新型高技能人才队伍，在坚持传承有序、德艺双馨等标准的基础上，还应具有技术革新能力、引领传统文化融入现代生活的开拓意识和创新能力。要让更多创新型高技能人才充实到传承人队伍中来，以发挥代表性传承人的示范带头作用。

利用好企业保护和传承非物质文化遗产特色品牌建设这个关键有效途径。一是增强品牌意识，立足时代背景，坚持思想精深、艺术精湛、制作精良相统一，结合非物质文化遗产特色，用时代精神为其赋能，创作推出一批与时俱进、有影响力的精品力作，以硬实力打造品牌。二是加强品牌宣传，通过举办非物质文化遗产专题文化节，集中展示非物质文化遗产文化精粹，扩大非物质文化遗产传播力；通过内容丰富的展示、展演、体验等活动，使非物质文化遗产"飞入寻常百姓家"。三是创新品牌发展模式，通过"非物质文化遗产+重要节日""非物质文化遗产+美食""非物质文化遗产+健康"等多种融合发展方式，扩大品牌影响力，实现经济价值与品牌效应双赢。加强非物质文化遗产特色品牌建设，既能取得社会效益和经济效益双丰收，实现保护和发展的良性循环，又能满足人们更高层次的物质文化需求，有利于弘扬中华文化、提升中国形象。

加大非遗传播弘扬力度。政府部门定期通过非遗品牌大会等活动，选择那些经济效益和社会效益好的自主品牌进行公开发布，从而提升传统工艺品牌的社会关注度。民间力量则要利用好互联网这个宣传平台，使传统工艺借助文化 IP 传播创意设计与审美理念，形成受年轻人拥戴的"国潮"品牌。持续办好中国非遗博览会、中国成都国际非遗节等重要活动，加强政策支持、统筹协作和机构队伍建设，推动形成政府主导、社会参与、多元投入、协力发展的非遗保护体系。

（三）坚持在实践中寻找非遗与现代生活的连接点

中华优秀传统文化"双创"的实践价值关键在于其转化创新的成果能否得到社会实践的检验。中华优秀传统文化承载了深邃的社会思想，包含着丰富的人文内涵及渊博的知识素养。其中所包含的自强不息、厚德载物、以民为本、以德树人、工匠精神等思想精髓和价值理念，通过"双创"使其思想、人文内涵、知识素养融入社会主义现代化建设的全过程，不断提升人们的价值信仰和精神面貌，精神的内涵转化到我们的日常生活中，使人们的思维范式不断开放调整，激发我们的创新思维，激发人们在社会主义现代化建设中的活力。

在新时代新征程上，促进非遗创造性转化、创新性发展，处理好传统与现代、继承与发展、保护与利用的关系，找到非遗与现代生活的连接点，在保护好、传承好的基础上加以合理利用、推陈出新，摒弃民族民间文化固有的样式或内容，按照当前的需要进行"改写"，要利用非遗资源进行文艺创作和文创设计，可借鉴淄博琉璃产品的经验：一是定位亲民，价格适中；二是销售渠道多样化，方便购买；三是注重品牌宣传，提高知名度；四是创新设计，吸引年轻消费者。淄博的琉璃产业不仅要生产高端礼品，还要制作具有小而美特点的平价纪念品，让更多的游客买得起、带得走。这些纪念品不仅具有实用价值，还能让人们感受到本地非物质文化遗产的历史和文化底蕴。

推动非遗与旅游融合发展，推出一批非遗主题旅游线路，培育一批非遗旅游体验基地，打造一批非遗研学旅游产品和演艺作品，建设一批非物质文化遗产特色景区，用时代精神激发传统非遗新活力。扎实做好非遗系统性保护，满足人民日益增长的美好生活需要，不断增强中华民族凝聚力和影响力，深化文明交流互鉴，讲好中华优秀传统文化故事，推动中华文化更好地走向世界。

社会治理

德州公安执法规范化
建设创新实践 *

以习近平同志为核心的党中央高度重视公安机关执法规范化建设。2016年8月，中共中央办公厅、国务院办公厅印发《关于深化公安执法规范化建设的意见》，为解决公安执法的体制性、机制性问题提供了基本遵循。2019年5月，习近平总书记在全国公安工作会议上充分肯定了公安机关深入开展执法规范化建设取得的成绩，对推进严格规范公正文明执法提出了更高要求，为公安机关执法规范化建设指明了前进方向。2021年颁布《法治政府建设实施纲要（2021—2025年）》，习近平总书记的讲话和这些文件，在健全行政执法工作体系、全面推进严格规范公正文明执法方面提出了新的更高的要求。为进一步贯彻落实新时代公安法治工作总要求，推动公安执法水平全面再上新台阶，公安机关必须不断完善自身建设，持续推进公安执法规范化。

一、背景情况

21世纪以来，在2003年全国公安会议上，提出了公安队伍在执法工作中要牢固树立严格依法履行职责、法律面前人人平等、尊重和保障人权的观念，进一步统一了公安机关民警行为规范。2008年9月，

---

* 本案例由中共德州市委党校（德州市行政学院）政法教研部讲师胡月玫撰写。

公安部印发的《关于大力加强公安机关执法标准化建设的指导意见》中首次提到了执法规范化的概念，与此同时，公安部在全国范围内召开了相关会议全面推进执法规范化工作，提出各地各部门要将执法规范化提上工作日程安排。

2014年，党的十八届四中全会通过的《中共中央关于全面推进依法治国若干重大问题的决定》，从理论和全局的高度出发，为各类执法活动如何进一步正确高效地在法治轨道上实施开展铺平了道路，指明了方向。在此之后，《关于深化公安机关执法规范化建设的意见》在2016年中央全面深化改革领导小组第二十四次会议上审议通过，从执法主体建设、执法制度机制、执法监督管理、执法信息化建设等多个方面、不同领域为各级公安机关在制度层面提供了更多的新的保障，也提出了更高更严格的新的要求。2021年8月，中共中央、国务院印发了《法治政府建设实施纲要（2021—2025年）》，明确提出要着力实现行政执法水平的普遍提升，全面严格落实行政执法公示、执法全过程记录、重大执法决定法制审核制度，做到宽严相济、法理相融，让执法既有力度又有温度，努力让人民群众在每一个执法行为中都能看到风清气正，从每一项执法决定中都能感受到公平正义。

当前，随着各级公安机关长期不懈的坚持努力，全国公安机关执法规范化建设逐渐走深走实，公安民警法治素养不断提高，执法水平得到进一步加强。但必须承认的是，群众对执法不规范、不严格、不透明、不文明问题仍常有反映，有法不依、执法不严等现象依然存在。在世界经历百年未有之大变局之今日，党团结带领全国各族人民朝着实现第二个百年奋斗目标昂首迈进的新征程上，面对全面依法治国战略布局的总体要求，面对日趋复杂的安全形势和执法环境，面对群众对行政服务和执法工作的新要求、新期待，公安机关执法规范化建设只有进行时，没有完成时。

德州市公安局牢固树立严格、规范、公正、文明的执法理念，聚焦关键环节，靶向用力。以执法办案管理中心为阵地，注重机制建设，夯实基础，确保执法监督精细化。在执法体量大、社会关注度高的现实情况下，不断优化执法规范化建设。

二、主要做法

（一）科学建设执法办案场所，打造安全规范的执法环境

德州公安下大力气狠抓执法办案场所和涉案财物管理场所规范化建设，按照硬件倒逼软件、环境塑造行为的理念，为规范执法打造了安全、集约、高效的环境空间。天衢新区分局建设的执法办案管理中心打造"统服式"管理服务新模式，该中心于2020年9月正式启用，总面积2800余平方米。按照"集约、高效、智能、规范"的原则，中心设有执法办案区、案件管理区、涉案财物管理区以及律师会见区、速裁法庭、案件快办功能室等多个功能分区。中心配备5名民警、18名辅警，实行24小时运行模式，全天候保障民警执法办案。

中心嵌入智能化集约管理系统，全面实现执法服务智慧化。他们配备了体征识别视频定位设备、物联网智能控制系统、智能案卷保管柜等，为案件办理和执法监督提供精准服务。执法办案管理中心探索创立"统服式"管理模式，提供"一站式"信息采集、看管、鉴定委托、罚款缴纳、文书邮寄代办等服务，规范执法办案流程，执法办案从"小作坊"转型"生产线"，平均讯问调查时间缩短1小时左右，办案效率大幅提高。分局作为示范点首批试用全国首创的德州公安"树脉"执法服务平台，该平台为民警提供伴随式、精准化的取证指引和

流程引导，分局执法问题同比下降83%，民警执法办案取证能力得到全面提升。

2021年，执法办案管理中心"智慧赋能 集约高效 打造全场景统服式执法办案管理新模式"荣获全市公安机关"十大法治亮点"评选金奖；2022年，公安部副部长刘钊、孙茂利前来调研时对中心实用、高效的管理模式给予了高度评价；2023年，中心被山东省公安厅评为一级执法办案管理中心。

执法办案场所的建设也使得涉案财物管理更加规范，按照公安部的要求实行管办分离机制，指定专门机构和人员统一管理涉案财物，办案人员不得自行保管；建立运行涉案财物管理信息系统，对涉案财物流转全过程进行实时动态管理。

（二）精细化执法监督管理，监督约束执法权力规范运行

德州市公安局紧盯执法关键环节，坚持问题导向，着力构建及时高效、系统全面的执法监督管理机制，有效预防、解决执法不作为、乱作为问题。

德州公安机关以健全"大监督"格局为出发点、落脚点，以市、县两级执法监督管理委员会为平台，提升执法办案管理中心运行质效，推进执法办案、监督管理、服务保障流程化运行，不断增强民警严格公正规范文明执法意识。持续优化"136"执法巡查机制。德州公安机关深入开展执法"双清"工作，围绕新型犯罪、执法难点等调研民警需求，提供健全完备、操作性强的执法指引，织密执法监督管理网络。

其中天衢新区分局注重机制建设，夯实基础，确保执法监督精细化。执法办案管理中心会同网安、合成作战中心等部门，设立网上研判工作室，随时推送研判信息。该中心的案件管理区依托执法服务平台，打造智慧"法制大脑"，对执法办案过程中的警情、案件、涉案财物等要素进行集约化、信息化智能监督。民警对平台推送及人工筛查的执法问题进行审核、研究，确定整改方案并对接问题单位，进而达到统一管理、减负增效的目的。他们探索"两提醒、三通报"制度，民警每日9时、17时两次通过工作群对各单位警情及案件即将到期情况进行提醒并督促整改。同时，实行执法问题日、周、月"三通报"，将执法监督压力实时传导到民警、单位负责人和局领导身上，在全局形成监督合力，共促规范化执法建设。为实现执法监督信息化，分局充分应用"树脉"执法服务平台以及自建智能案卷管理系统，不断提升执法监督质效。执法办案管理中心不断强化执法质量网上巡查力度，成立案件质量巡查工作小组，坚持每案必巡，对于巡查发现的执法问题，随时反馈，并报局长及责任单位分管局领导，由分管局领导负责调度约谈，督促问题整改到位，责任追究到位。此外，执法办案管理中心每日汇总执法问题及风险预警，并制作每日巡查通报发送至各单位，每周、月形成周通报、月通报，不仅为领导科学依法决策提供了数据支撑，更为民警规范办案指明了方向。通过精细化执法监督管理，天衢新区分局执法规范化水平不断提升，2022年，被通报案件质量问题同比大幅下降，信访投诉问题同比下降62%，未发生行政复议撤销案件及行政败诉案件。

（三）立足"派出所主防"职能定位，提升派出所战斗力

近年来，德州市公安机关坚持大抓基层、大抓基础的鲜明导向，立足"派出所主防"的职能定位，大力推进派出所工作标准化建设，在更高水平上推动工作发展，派出所的实力、活力、战斗力显著提升。

1. 推动重心下移，以"一号工程"定位谋划

德州市公安局把派出所工作标准化建设作为"一号工程"部署推进，打出一系列顶层设计"组合拳"，通过健全保障机制，全力支撑起

派出所工作。先后研究制定《2023年全市公安机关重点任务分工方案》等10余份指导性文件，以细化任务清单、持续强力推进，实现政策机制跟进促重心下移，确保各项措施落实到位。

从顶层设计上推动基层基础工作做优做强、减负增效，德州市公安局不断完善硬件装备，对150余个派出所进行全面提升改造，统一建设完成"五小工程"，满足基层民警工作、备勤、休息需求。优先为派出所配备车辆，民警单警装备配备率达到100%。开展专项帮扶行动，解决危房、用房不足等问题。立足"派出所主防"的职能定位，坚持发展新时代"枫桥经验"长效化，研究制定派出所工作标准化建设考核办法，提升"安全防范"考核分值，引导派出所将工作重心转移到"主防"主业。

2.优化标准建设，做实基础保障

德州市公安机关进一步加强社会面巡防和规范警务站点建设，通过整合优势资源、创新警务模式、科学部署警力，发动社会力量、延伸工作触角，不断创新构建派出所和巡防队伍联勤联动、联防联控、齐抓共管的防控格局，切实把派出所工作重心落脚到"主防"职能上。

健全完善勤务运行模式。持续推进"两队一室"改革，积极探索"所队合一"警务模式，试点推行农村派出所协作区建设，推进6个派出所优化整合，进一步推进派出所标准化建设规范化。推行城区"110"接处警机制改革，细化"110"与"12345"市民热线联动机制，非警务警情分流率达90%以上。优化进出城通道、主次干道、街巷支路、社区"四层巡防网络"，实现接警处警、纠纷调处、服务群众一体化。

优化基层警力配置。通过采取机关警力下沉、新增警力优先分配等方式，从市局机关选拔优秀年轻民警到派出所工作，增配农村派出所辅警，进一步充实基层派出所警力。

加强案件办理工作规范化。建立健全"一日一巡查、一案一评查、一周一通报、一月一总结"派出所执法办案制度体系，组建430余人的专兼职法制员队伍，进一步强化执法监督。全线运行智慧公安平台大数据中心，支撑实战270万余次，预警重点人员1150余名，推送预警信息42万余条。

3. 提升管控效能，以"信息支撑"提质增效

德州市公安局天衢新区分局宋官屯派出所借助研发出的社区民警单兵App，开展社区警务工作，简便高效的使用方式赢得了民警广泛称赞。

与此同时，他们运用智慧公安赋能派出所标准化建设，持续深化"零发案"小区（村居）创建，全市建成智慧安防小区，培育平安类社会组织和专兼职巡逻队伍。统筹群防群治巡逻力量，推行"红盐义警""德百义警联盟"等基层联动联巡新模式，重点做好传统侵财、电诈案件等社会突出问题防范工作。

深化"百万警进千万家"活动，抓好矛盾纠纷排查化解。深入开展消防安全隐患排查整治专项行动，发现整改消防安全隐患。狠抓农村地区道路交通环境治理，实现了执法执勤更规范、服务管理更到位、社区治理更高效，派出所整体实战能力明显增强。

4. 试点推进农村派出所协作区建设

进一步加强社会面巡防和规范警务站点建设，通过整合优势资源、创新警务模式、科学部署警力，发动社会力量、延伸工作触角，不断创新构建派出所和巡防队伍联勤联动、联防联控、齐抓共管的防控格局，切实把派出所工作重心落脚到"主防"职能上。

2023年，天衢新区分局按照公安部《加强新时代公安派出所工作三年行动计划（2023—2025年）》和《山东省公安厅关于推进派出所工作标准化建设的实施意见》通知要求，紧扣"市县主战、派出所主防"中心课题，于4月14日成立袁桥中心派出所，将减河以东6个乡镇派出所整合为一个警务协作区，着力破解警力分散、忙闲不均、攻坚能力不足等难题。中心派出所自成立以来，始终坚持党建引领、品牌赋能，通过完善"两队一室"机构设置，汇聚优势资源、警力，不断优化勤务运行机制，推动社区民警专职化，最大限度释放"主防"潜力。在中心派出所运行的基础上，总结提炼了"四统一四规范"运行模式，在警务改革上迈出坚实一步。中心派出所运行以来成效显著，协作区内刑事案件发案数同比上升28.57%，刑事案件破案率提升9.5%，破案速度显著提升，民生小案追赃挽损40余万元，追逃犯罪嫌疑人86名，打击挽损战果卓越，人民群众安全感、满意度进一步提升，实现了以党建带队建、以队建促业务的工作目标。

（四）加强队伍建设，打造过硬公安铁军

1. 强化全警实战实用执法培训，提升全警战斗力

德州公安机关立足实战实用实效，常态化开展实战练兵，不断锤炼全警过硬思想素质、实战能力，进一步提升全警综合战斗力。深化实战练兵，锤炼全警过硬本领。依托"德州公安大讲堂"，德州市公安局邀请中央党校等知名专家授课40余期，进一步深化防范化解重大风险、警务指挥和实战等能力建设；联合中国人民公安大学、中国刑事警察学院，举办刑侦指挥员培训班、交通事故处理培训班和新型犯罪侦查打击与防范治理培训班，全市有216名优秀骨干民警参加。

创新形式、载体，切实为实战服务。德州公安机关广泛开展各类岗位练兵、警体运动以及"小、快、灵"式练兵活动，成功举办德州

公安首届"警营枪王"争霸赛。各警种部门立足业务实际,以"线上 + 线下"方式开展多形式、多维度的专业练兵、比武竞赛490余场次,参训参赛民辅警6.4万余人次。

向主责主业靠拢,向守护民安聚焦。德州公安机关部署开展打击电信网络诈骗"守护行动",将精准劝阻作为控发案、降损失的"关键一招",创新"见、勘、宣、安、签、谈"六步工作法,预警劝阻成效居全省前列,在实战中有效检验了打击新型犯罪能力。

为构建专业化打击体系,德州公安机关统筹开展一系列守护平安行动,集中力量破大案、管小案、攻串案,下大气力追赃挽损,让群众感受到平安就在身边。德州已实现连续11年命案现案全破,刑事、治安案件每10万人发案数保持全省低位。

2. 建强法制员队伍

将法制员队伍建设作为最优突破点,从体制机制上推动法制员履职能力提升,驱动执法规范化建设提质增效。一是高起点谋划。连续3年修订完善《法制员管理办法》,以制度形式明确选拔任用、考核奖惩及政治优待。二是高标准推进。明确将"三年以上执法办案经历"作为基础条件,优先选拔取得高级执法资格、法律职业资格或办案积分排名前列的民警,并通过市局统一资格认证后获得"法制员执业资格";其间,组织开展"资格认证"活动,取得高级执法资格、法律职业资格的占比近40%,真正实现了"最优执法民警是法制员、最好执法待遇给法制员"。三是高质量提升。依托市县法制部门建立起"法制员到大队,法制民警到支队"的3级轮训机制,选任优秀法制员组建讲师库,依托"共享法治课堂"推出经典课程;同时,全市围绕优秀法制员组建了13个各具特色的"法治工作室",构建了法制员、法制民警、法治工作室"三位一体"的服务保障体系,探索出一套法制员使用管理的德州经验。

各分局都将注重加强法制员队伍建设，其中天衢新区分局严格落实"五个到位"要求（执法源头管到位、执法流程控到位、执法安全查到位、涉案财物抓到位、执法质量考到位），及时防范和化解执法风险隐患，全方位提升执法质效。分局法制室坚持问题导向，探索建立周五会诊制度，邀请法律顾问、公职律师等进行集体会诊、对症下药。同时，坚持每月组织学法、用法考试，提升民警法律运用、风险防控、业务技能、科技应用、舆论引导"五种能力"。分局每月举办法治讲堂，对新实施的法律法规第一时间进行培训；对存在执法问题的单位和民警，开展送讲上门活动。

（五）以"树脉"执法服务平台建设为核心，构筑智慧执法新体系

德州公安机关坚持"大数据＋警务"理念，2022年1月，德州市公安局在全国首创"树脉"执法服务平台，利用科技手段全景展现执法"证据树"和"程序脉"，建立执法办案、执法预警、执法考评全流程监督体系。

一是树脉融合，精准指引执法办案。为辅助检视证据来源、分析办案流程，平台将分散无序的证据、程序智能整合，打造"立体示证"新模式，以"果树"和"围栏"展示案件"实有证据"和"既定程序"。"果实"代表8类证据，"围栏"代表186个法定程序，"树枝"代表取证过程，嵌入107种高发刑事、行政案件的证据规格、法律法规和司法解释，搭建涵盖73种刑事、168种行政案件的智能评分系统，为民警办案、法制审核、领导决策提供了强有力的智能支撑。二是全程跟踪，高效预警直达一线。紧紧围绕人、案、物、场、卷等执法要素，针对警情分流、受立案、强制措施、移送起诉等重点环节，前置疑似警情模块，设置了69个预警点，实时跟踪案件办理进度，在法定环节和规定节点预警提醒，构建了问题发现、推送、整改"一体化"运转的136巡查体系，确保案件应处尽处、应诉尽诉。三是标准作业，办案流程智能指引。通过嵌入74条行政、刑事案件流程指引，18种常发行政、刑事案件示范卷，有效指引执法办案，切实解决了年轻民警不会办案、不敢办案的问题。同时，搭建电子卷宗模块，对系统中开具和回传的案件材料进行自动识别、抓取、排序、成卷，彻底解决了案件移送、政法协同上传、卷宗存档等环节重复扫描的弊端，减轻了民警负担。

（六）深化公安"放管服"改革，为企业群众提供规范、优质的管理服务

德州公安深入贯彻落实党中央、国务院"放管服"改革决策部署，秉持以人民为中心的发展思想，坚持围绕中心、服务大局，在服务经济社会发展和便民利民惠民等方面推出了一系列政策措施，有力激发了社会创造活力。

全面打造"快办、办好、群众满意"政务服务品牌，持续深化公安行政管理服务改革。2023年，德州市县两级13个政务服务大厅公安窗口、147个派出所和15个车管所全部实现"一窗通办"，公安政务服务事项网上可办率达95%。

实施"零门槛"申请落户，全面取消城镇落户迁入条件限制。2023年以来，户籍迁入量同比增长38.4%，办理居住证2.1万张。德州公安创新"全科民警"培育机制，定期开展"全科民警"比武竞赛活动，不断提升政务服务工作水平。截至2023年7月，市级政务服务大厅公安窗口已连续33个月考评第一。

实施"惠企保畅"工程。全市限行区域内每日通行时间延长至13小时，货车通行证实现一网通办、全市通办；建立健全一般交通违法首违警告、轻微交通违法免予处罚"两个清单"制度，整合各类交管业务诉求渠道，交管服务诉求即刻办结率达96.87%；积极推动车检"一件事"改革，"e车检"平台应用总量达19万余辆次。

持续畅通警企沟通渠道，实行服务重大项目包靠责任制。德州公安深化"首席政府服务官"暨"项目警长"制度，常态化回应企业发展所需，提供精准服务，2023年以来，为企业解难纾困120余件次。

此外，德州公安机关持续深化"所队合一"建设，推动道路交通治理模式向事前预防转型，全市道路交通事故起数、死亡人数同比分别下降20.59%、11.05%。他们大力提升农村公路安全通行水平，推出道路交通事故便民服务"四快"工作机制，警情处置效率提升34%，轻微交通事故处置时间缩短46%，以实际行动把惠民生、暖民心的工作做到群众心坎上。

三、经验启示

（一）执法办案管理中心的有序运行实现了智慧警务

天衢新区分局的执法办案管理中心依托智能化集约管理系统，全面实现执法服务智慧化。其中，案件管理区依托执法服务平台，打造智慧"法制大脑"，对执法办案过程中的警情、案件、涉案财物等要素进行集约化、信息化智能监督。

第一，解决目前执法过程中出现的碎片化问题。在公安机关传统办案过程中，一旦抓住犯罪嫌疑人会直接将其带回警局进行搜身，并将所有的物品和信息进行扫描上传。完成以上工作后，办案民警会押解犯罪嫌疑人到法制部门办理相关手续，送到看守所进行执行，在执行前会进行体检。从程序角度来看，这种办案模式没有瑕疵，但是在实际运行过程中，由于各个部门之间仍然存在一定的职能分离，所以办案的责任由一线部门承担，导致办案民警需要来回跑路，导致办案成本直线提升，降低了办案效率，最终极易因流程协作上的原因导致产生个案瑕疵。碎片化问题在解决的过程中，要重视执法业务流程的优化，重视资源整合，节约办案成本。信息技术的进一步落实，能够不断完善公安机关的监督和管理体系，确保能够维持程序性和效率性。智能辅助办案系统结合各种技术规范了公安机关执法行为活动，从而避免了传统流程中不合理、不规范、低效率的弊端。

第二，解决在执法过程中出现的信息不对称情况。基础信息设备已经在多个领域实现了广泛的应用。同时，在线下执法过程中还会涉及数据化、影像化的相关知识。利用各种智能技术，也能够对数据实现精准的处理，提取有效信息的人脸识别技术，能够对犯罪嫌疑人的真实身份进行比对。利用互联网的密集信息覆盖，能够迅速打破时空限制，从而在各个节点实现稳定流通。这样能够解决执法活动中由于空间限制造成的执法行为主体与监督主体出现的信息不对称现象，保障执法活动暴露在阳光下。

第三，促进执法监督规范化。在技术层面，执法办案管理中心以智能系统平台建设为依托，配备了体征识别和视频定位设备、物联网智能控制系统、智能案卷保管柜等，为执法监督提供精准服务。将公安机关的执法活动从传统的"低能见度"变为"高能见度"，降低由于人为因素导致的数据变化。要在司法工作开展过程中，高度重视大数据技术和人工智能技术的结合。利用足够理性的智能机器对执法活动进行监督，自动记录当前的空间运行活动，防止其他人为因素的影响，不仅能保证公安机关的执法活动严格公平、依法依规，而且能充分保障犯罪嫌疑人的人身合法权益，提高民警执法办案水平和效率，促进文明执法。

总之，中心的执法办案实践实现了向科技要警力，将一部分执法工作交由"机器"来执行，让基层民警从繁重的执法任务中解放出来，为基层办案单位减负增效；实现了通过信息化倒逼执法规范化，用计算机技术固化执法流程，使程序化的执法内容更加标准和规范；实现了通过信息技术减少人为因素的影响，使执法监督管理更加高效、公正和透明。

（二）以持续重视队伍业务能力建设促进执法质量提升

作为执法活动的主体，执法人员的能力水平、法治素养在一定程度上影响着执法活动的好坏与结果。正规化、专业化的执法队伍和高水平的执法人员有助于进一步提升执法活动规范程度及执法公信力。

首先，通过国内外执法规范化建设的经验资料对比，相较于缺乏专业性的执法人员，业务水平熟练、法治素养深厚的执法人员能够给当事人及群众带来更多的安全感，执法活动的被接受程度也更高。其次，越是专业程度高的执法人员，越能够从容和正确地面对处理执法活动中的突发状况，提高执法效率，减少负面事件及舆情的产生。最后，因为高素质警察的存在，民众各类困难诉求能够及时得到救助和解决，促进了和谐警民关系的营造，也为警务活动正常有序进行提供了良好的社会环境。

（三）不断完善执法程序和相关规定，为执法规范化提供制度保障

对于执法活动来说，完善的法定程序犹如鸟之两翼。随着社会的不断发展，执法活动经常面临新的困难和新的挑战，只有与时俱进，针对新问题不断完善调整执法流程，做到与变化相适应，在每一个环节、每一道程序都有法可依，才能为执法活动规范化提供保障。

公安机关执法活动，如果仅依靠总原则，而不根据具体的国情、省情、地方特色，制定相应的符合实际的程序规定，就会产生诸多问题，执法规范化也就无从谈起。与地方特色与实际环境相适应的科学合理、标准严密的程序规定能够给执法人员带来更多的遵循和指引，而不仅仅是规范与约束。因此，公安机关应当组织专业部门人员，协调相关权力机构对现有的执法程序规定进行优化调整。

（四）建立健全各类监督机制，以监督促规范

监督是规范执法活动的"利剑"。高效的内部监督，保证了监督的及时有效性，在事前、事中确保每一次执法办案活动都合法有效；科学的检察监督，在制度上进一步杜绝了执法活动不作为、乱作为的发生，对执法规范化起着积极的推动作用；通畅的社会监督，使每一位社会群众都能够真真切切感受到自身参与着国家法治建设，切实感受到执法活动的公平正义。

要进一步打通监督渠道，将监督的作用充分发挥出来，最大限度上确保各方参与，保证执法活动始终公平公正，在制度和规范的笼子中运行。同时，对于发现的问题采取相应的追责措施，也有助于完善队伍纪律，提升执法人员能力水平，推动公安执法队伍向正规化、专业化不断发展。

（五）要加强硬件保障及信息化建设

加强后勤保障和深入推进公安信息化建设是改善优化警力的重要途径。随着社会运转速率的不断加快，公安机关特别是基层执法办案部门经常面临警力不足的问题。在警员数量无法得到满足的情况下，要从根本上改变这一难题，就更加需要从综合保障和硬件科技化更新方面提升战斗力。

要科学配置警力和警用装备，加强硬件保障措施，将"从优待警"

口号真正落到实处；及时开展信息化应用教育培训，不断完善网上执法办案、网上审核、网上移送等新型工作机制，将"科技兴警"体现在执法活动中，不断提升执法办案效率。加强执法办案场所集中统一规范化建设，充分发挥办案中心集实战、监督、保障于一体的作用，为执法活动在规范的框架内开展夯实硬件基础。

打通城市社区治理
"最后一公里"的齐河探索 *

习近平总书记早在2015年3月5日参加十二届全国人大三次会议上海代表团审议时就曾指出："现在，基层社会治理体系中存在不少问题，必须通过改革加以解决。城乡社区处于党同群众连接的'最后一公里'，要把加强基层党的建设、巩固党的执政基础作为贯穿社会治理和基层建设的一条红线，深入拓展区域化党建。"2020年7月习近平总书记在吉林考察时更是明确指出："要加强党的领导，推动党组织向最基层延伸，健全基层党组织工作体系，为城乡社区治理提供坚强保证。"齐河县下延以地域为主要划分依据的党组织设置，将城市居民小区党组织实体化运行，探索打通社区治理的"最后一公里"，其做法对探索具有中国特色的社区治理现代化道路具有一定的启发意义。

一、背景情况

（一）探索动因

党的二十大报告指出，严密的组织体系是党的优势所在、力量所在。要坚持大抓基层的鲜明导向，加强城市社区党建工作，推进以党

＊ 本案例由中共德州市委党校（德州市行政学院）科社教研部主任、副教授刘延华，副主任、教授许兰菊，讲师孟苗苗撰写。

建引领基层治理。2023年2月24日，中央组织部在北京以电视电话会议的形式召开基层党建工作重点任务推进会，会议强调，要健全完善领导体制和运行机制，不断提升城市基层党建引领基层治理效能。当前，城市中以地域为主要划分依据的党组织设置至社区为止，社区下辖居民小区，一般不再设置实体型党组织，这一组织架构沿袭自新中国成立之后建立的基层治理体系，其法律依据为1950年政务院通过的《乡（行政村）人民代表会议组织通则》《乡（行政村）人民政府组织通则》和1954年12月全国人大常委会通过的《城市居民委员会组织条例》，治理体系中主要包括两个方面：一是基层党组织建设，即在农村和城市基层社区建立党支部或党小组；二是城乡居民自治组织建设，即村（居）民委员会建设。村（居）民委员会在上级党组织领导下，联系村里或社区内每一户家庭和居住者。这一基层治理体系将党的领导与村（居）民自治有机结合，可以有效地将党的路线方针政策更加直接地传递给每一名村（居）民，为新中国的现代国家政权打下了坚实的基层治理基础。但随着城镇化的发展，城市社区治理中出现了一些现实问题与挑战：一是相对于新中国刚刚成立时的城市社区，现在城市社区的规模越来越大，如以德州市为例，居住人口千人以下的小区只限于一些老旧小区，新建的商业小区居住人口多在几千人甚至上万人，一个社区辖区内有几个小区，辖区人口通常多达几万人，按照社区居委会的职能定位要求其直接联系社区内的每一户居民，成为一项不可能完成的任务；二是城市中人员同质化程度较高、问题与矛盾解决相对容易的单位家属院占比越来越少，人员与诉求多样化的商业小区占比越来越多，伴随而来的是商业化运作的物业服务企业。同时，随着社会治理现代化的推进，治理主体日益多元，许多城市治理职能开始落地于各居民小区的物业服务企业。居民小区作为城市社区治理的基本单元，其运行犹如城市社区治理的"最后一公里"。党的领导如何下沉到居民小区并能更好地发挥作用？谁来有效监管物业服务企业的工作？谁来随时随地协调物业与业主、物业与业委会之间经常出现的"针尖对麦芒"的尖锐矛盾？基层实践中遇到的一系列问题催生了齐河县下延党组织设置，将居民小区的党组织实体化运行的探索。

（二）主要过程

齐河县的探索始于2019年，先后成立居民小区功能型党支部150个，经过几年的运行之后，2023年4月，齐河县委组织部先后出台了《关于实行城市居民网格（小区）党组织书记专业化管理的意见（试行）》及其配套文件《工资发放办法》《退职保障办法》《档案管理办法》《星级化管理办法》《评星定级办法》等，开始参照农村党组织运行方式，将89个居民小区[①]的党支部由功能型党支部转为实体化运行，选任专职党支部书记，切实承担起党支部对居民小区的管理与服务职责。

二、主要做法

（一）居民小区党组织书记人员选任情况

1. 选任标准

政治素质高，模范执行党的路线方针政策，自觉接受上级党组织的领导；具有履行岗位职责应有的知识和能力，一般应具有高中以上文化程度；群众威信高，品行端正，办事公道，遵纪守法，廉洁奉公，

---

① 在150个居民小区党支部中，除实体化运行的89个党支部外，有8个为城中村党支部，依然按照农村党支部运行方式运行，另有53个为原来的单位家属院，成立功能型党支部，由所属单位相关领导兼任小区党组织负责人。

得到多数党员群众认可；服务能力强，热心为群众服务，办实事、解难题；协调能力强，善于协调各方面关系，妥善化解矛盾，维护社区和谐稳定。任职年龄原则上不超过70周岁。具有下列情形之一者，不能选拔为小区党组织书记：政治素质、思想觉悟低，不与党中央保持高度一致的；发表不当言论，蛊惑人心，反对上级方针、政策、部署的；受过刑事处罚的；受党纪处分未出影响期的；参与拉帮结派，甚至煽动、组织群众上访的；参与或支持"黄、赌、毒"、迷信等活动的；道德素质差，不遵守家庭美德、社会公德，生活作风不检点的；身体健康情况不能适应正常工作的；有其他不能正常履行职责问题、情况的。

2. 选任方式

拓宽选人视野，打破地域、身份界限，根据工作需要，采取上级党组织任命、党员选举、公开遴选等方式进行选任。

3. 选任程序

首先由社区党委对拟任人选、任免方式、任免时间等进行分析研判，向街道党工委书面汇报；街道党工委对拟任人选资格条件进行初步审查，并报县委组织部；县委组织部协调纪委监委、政法、法院、检察院、公安、司法、卫健、信访、银行等部门单位进行任职资格联审；对经县街联审无异议的拟任人选，街道党工委召开会议研究决定选任人选，按有关规定履行选举或任命程序。人选调整后，街道党工委在7个工作日内将任免文件、备案表等报县委组织部备案。集中换届时，小区党组织书记按照党章及党内有关规定，由党员大会选举产生。

（二）管理考核

1. 教育培训

围绕提高政策理论水平、改进工作方式方法，依托齐河县委党校、山东农业工程学院等教育基地，开展居民小区党组织书记全员培训，确保每年轮训一遍。每年在发达地区举办1～2期培训班，力争每届任期内，所有居民小区党组织书记都能接受一次异地高端培训。分期分批组织居民小区党组织书记到先进地区考察学习，拓宽视野，提升能力。按照居民小区党组织书记每人每年1000元、党员每人每年50元的标准，由县财政列支培训经费。

2. 目标管理

围绕加强党的领导、抓好小区治理、联系服务群众、做好民生实事、维护和谐稳定、推进精神文明建设等任务，确定居民小区党组织书记任期目标和年度目标，向街道党工委、社区党委以及居民小区群众作出公开承诺。建立坐班值守、请销假等制度，居民小区党组织书记必须坚守岗位；机关企事业单位工作人员通过公开遴选担任居民小区党组织书记的，与原单位工作脱钩，保证有足够精力投入工作。县财政根据工作实际及时拨付工作经费，保证必要的运转开支。居民小区党组织书记要履行抓班子、带队伍职责，统筹力量搞好小区管理。加强对业主委员会的工作指导，强化对物业服务企业的监管、协调作用，认真落实"三会一课"，"四议两公开"、党务居务公开、财务收支管理等制度。

3. 考核评议

县委研究制定考核办法，街道党工委结合年度工作任务制定考核细则，每半年组织一次居民小区党组织书记履职情况全面评估，年底对党组织书记年度目标任务完成情况、履职尽责情况进行全面考核，按照自评他评得分占10%、述职评议得分占30%、实绩考核得分占60%的权重，计算出综合得分，由党工委作出综合定性评价，考核按照20：30：30：20的比例设置优秀、良好、一般、差4个考核等次，作为评选表彰优秀党组织书记、享受有关待遇的重要依据。考核为"差"等次的党组织书记，由镇街党（工）委对其进行提醒谈话；触碰"一排底线"事项的不得定为"良好"及以上等次，情节严重的予以调整撤换。将半年评估和全年考核情况及时反馈给党组织书记本人，并报县委组织部备案。

4. 人事档案管理

建立居民小区党组织书记人事档案，包括基本信息、学历、资格联审情况、任职文件、教育培训、年度考核、奖励处分及其他需要归档管理的材料，由街道党工委统一保存管理。县委组织部建立居民小区党组织书记台账，动态掌握全县队伍结构，有针对性地进行调整优化。

（三）待遇保障

1. 在职有合理待遇

在职居民小区党组织书记工资待遇，由县财政统筹发放，并建立定期增长机制。

居民小区党组织书记工资由基础工资、绩效工资两部分构成。基础工资按月发放，每人每月1300元，兼任业委会主任的每人每月1800元；绩效工资根据年度考核结果发放，优秀、良好、一般、差4个考核等次分别对应绩效系数为1、0.7、0.4和0，绩效工资为30元/户 × 管理户数 × 绩效系数，最高不超过2万元。

私营企业退休人员、个体工商户或自由职业者等非财政供养人员，享受基础工资和绩效工资。机关企事业单位退休人员、公益性岗位或其他非在编人员、社区工作者、村党支部书记等财政供养人员，经公开遴选任居民小区党组织书记的，在保留原待遇的同时，享受考核奖励。私营企业在职人员任职的享受考核奖励。在职在编机关企事业单位正式工作人员任居民小区党组织书记的，不享受党组织书记工资待遇,由县委组织部会同街道单独进行年度考核,"优秀"等次不占原单位名额。

2. 退职有基本保障

建立居民小区党组织书记退职工资和一次性补贴相结合的退职保障机制。

非财政供养人员任居民小区党组织书记的,连续任职满10年、达到法定退休年龄且正常离任的,由县财政发放退职工资。任职10~15年的按照上年度全县最低工资标准的30%发放;任职16~20年的按照全县最低工资标准的40%发放;任职21年及以上的按照全县最低工资标准的50%发放。任职间断不超过半年的,可连续计算任职时间;超过半年且不超过一年的,扣除间断时间;超过一年的,不再连续计算任职时间。

财政供养人员任居民小区党组织书记的,连续任职满10年、达到法定退休年龄且正常离任的,根据在职期间的工作表现,退职时按照不高于上年度全县最低工资标准的2倍,由县财政给予一次性退职补贴。

3. 干好有发展前途

年度考核"优秀"的居民小区党组织书记,优先推荐为各级党代表、人大代表、政协委员人选;每年"七一",县委通过颁发证书、发放奖牌或奖杯等形式集中表扬奖励一批优秀党组织书记;工作表现突出、符合条件的,推荐至社区党委参与党委分工,按程序纳入社区工作者管理,特别优秀的推荐提名为社区党委书记人选。补充事业单位人员时,一般应拿出一定名额,按照事业单位公开招聘有关规定,从居民小区党组织书记等基层工作人员中择优招录。在职在编机关企事业单位工作人员到居民小区担任党组织书记的,年度考核"优秀"等次不占派出单位名额，考核结果反馈派出单位党组（党委），作为晋职晋级、绩效报酬、表彰奖励的重要依据；任职工作经历，作为基层工作经历记入干部人事档案。

（四）组织领导

1. 形成工作合力

县委基层党建引领基层治理领导小组发挥统筹领导作用，各成员单位各负其责，密切配合。组织部门认真履行牵头抓总职责，财政部门保证经费及时足额拨付，人社部门落实养老保险制度，其他部门按照职责分工抓好落实。

2. 压实管理责任

街道党工委书记作为直接责任人，要定期研究居民小区党组织班子建设情况，凡涉及党组织书记调整的，必须主持召开党工委会议，集体研究；每年对所辖居民小区调研1遍，与小区党组织书记逐一谈话1次，为全体居民小区党组织书记上1次党课。街道机关干部每人联系1个居民小区党支部，街道班子成员带头联系后进党支部，实现联系全覆盖。

3. 强化督导考核

将抓居民小区党组织书记专业化管理工作纳入街道综合考核、述职评议范畴，确保责任落实到位。对在居民小区党组织书记选拔任用、工资发放、管理考核中敷衍应付、弄虚作假的，追究街道党工委责任。

三、经验启示

（一）探索的初步成效

1. 树立了形象，凝聚了民心

齐河县自居民小区党支部成立尤其是部分党支部实体化运行以来，

党在基层社区治理中的作用发挥更实，切切实实做了许多直接为居民和物业管理公司纾难解困的工作，党组织的影响力与号召力明显提升。根据课题组进行的随机问卷调查[①]，对于"您是否了解您所居住的小区成立党支部的情况"，高达98.66%的受访者选择了"了解"。对于"您是否知道小区党支部相关人员（含支部书记、支委以及楼道长等）的联系方式（含座机、手机、微信、QQ等）"，高达99.32%的受访者选择了"知道"。习近平总书记曾明确指出，要调整和完善不适应的管理体制机制，推动管理重心下移，把经常性具体服务和管理职责落下去，把人财物和权责利对称下沉到基层，把为群众服务的资源和力量尽量交给与老百姓最贴近的基层组织去做，增强基层组织在群众中的影响力和号召力。齐河县居民小区党支部的实体化运行恰恰是把为群众服务的资源和力量下沉到了群众身边，通过党支部切切实实的服务，使群众感受到党组织就在自己身边。正如习近平总书记所说的："大国之大，也有大国之重。千头万绪的事，说到底是千家万户的事。"[②]办好了千家万户的事，党的基层基础就牢固了。

2.化解了矛盾，办成了实事

近年来，部分老旧小区经历了物业由无到有、由依附家属院的所属单位到由物业公司独立经营的过程，伴随着物业的转隶，一些问题逐渐积存，并最终演变为"老大难"。加之当前确有物业服务不到位与服务质量不高的问题，小区物业与居民关系不融洽的并非少数。在这种情况下，累积多年的矛盾与问题单纯由小区物业出面解决，收效甚微。齐河县居民小区党支部实体化运行后，将解决"老大难"问题

---

① 课题组于2023年11月20日至22日在实行党支部实体化运行的居民小区进行了随机问卷调查，共回收有效问卷149份。

② 《习近平谈治国理政》第四卷，外文出版社2022年版，第65页。

作为首要任务，从课题组调研的多个居民小区来看，过去积存多年难以解决的停车难、卫生差、物业不作为等问题都不同程度地得到解决，绝大多数小区做到了"小事不出小区"，"12345"市长热线涉及齐河县社区基层类问题投诉率明显下降。

案例一：齐河县温泉城小区建成于2021年，小区所属学区的小学、初中以及超市等都集中在小区南边，但小区设计里并没有规划南门，居民送孩子上学或者购买生活用品只能从西门或者北门绕道，极其不便。业主们一直要求从小区实际出发，另开一个小南门，但鉴于设计方案无法随意更改，居民诉求一直没能得到解决。温泉城居民小区党支部成立后，曾在农村老家担任过24年村党支部书记的张传明被选任为居民小区党支部书记。上任伊始，张传明和党支部其他委员逐户走访，在征求居民意见的过程中，了解到小区居民的强烈诉求，即把开通小南门作为党支部要谋求解决的首要问题，后经专门咨询律师，了解了相关法律程序，并在多方协调协商的情况下，开通小南门的方案终于获批通过。小南门开通后，小区居民专门制作了一幅"贴心服务好书记、为民办事好支部"的锦旗送到了党支部。自2022年3月上任以来，为业主修门修路、组织防汛、协调邻里矛盾……张传明与支委会一班人解决的大事小情已有几十件，小区党支部在小区居民间的号召力与凝聚力越来越强。

从调查结果来看，对于"您认为在小区党支部成立之后，小区在管理与服务方面是否有提升"，高达97.96%的受访居民选择了"有很大提升"，1.36%的受访居民选择了"有提升，但不大"，仅有0.68%的受访居民选择了"说不清"。对于"您认为小区党支部在哪些方面起到了作用"，89.93%的受访居民选择了"倾听居民诉求，回应居民呼声"，74.5%的受访居民选择了"融洽居民小区邻里关系，营造良好环境",73.83%的受访居民选择了"督促物业做好服务工作",61.74%的受访居民选择了"开展志愿服务等活动",45.64%的受访居民选择了"指导业委会的工作"。

3.促进了工作,留住了人

近几年,为弥补基层社区工作人员的不足,各地通过招录街道公益岗(社区工作者或网格员)等方式增加基层工作人员数量,但从实践来看,这些岗位人员的流动性非常高,大部分进入这些岗位的人员囿于上升通道的有限性,选择了一边工作一边"考公""考编"等,谋求离开。通过将这些岗位人员选任为居民小区党组织书记,赋予其一定的职权,既激发了其责任心与荣誉感,使其"在其位谋其政""有权必有责",也拓宽了其上升渠道,稳定了工作人员队伍,促进了社区工作的开展。从目前的运行实践来看,由原街道公益岗人员兼任小区党组织书记的小区工作提升最为明显。

案例二:齐河县晏城街道绿城桂花园小区党组织书记陈志坚是一名退伍军人,部队转业后成为一名街道公益岗即社区工作人员。齐河县推行居民小区党支部实体化运行后,陈志坚被聘任为绿城桂花园小区党支部书记。绿城桂花园小区是新建的商品房住宅小区,一交付便由专业的物业管理企业——绿城物业服务集团有限公司进行管理。小区党支部成立后,陈志坚带领支委会着力于发挥党建引领作用,一是将包括物业公司经理在内的中共党员吸纳为支部兼职委员,使党支部和物业管理公司的工作实现了更好地衔接与配合,党支部既督促物业做好服务工作,也帮助物业处理一些较为棘手的问题;二是广泛动员小区党员和志愿者,成立了6支志愿便民队伍,内容涵盖群众日常需求的多个层面,既方便了小区居民,增强了党支部的凝聚力,也使小区氛围和邻里关系更加和谐。而对于陈志坚个人而言,因为担任了党支部书记，一是原来的一些社区工作推进起来更顺畅了；二是按照党支部书记薪酬管理办法，他除作为社区工作人员的工资外，根据年度考核结果，享受担任党支部书记的绩效奖励，增加了一笔收入；三是相对于仅作为社区工作者，居民小区党支部书记的上升通道更宽、提拔重用的机会更多，这也使陈志坚干事的劲头更足了。

4. 发挥了余热，激发了活力

居民小区的工作中，重点是做好大部分时间待在家里的"一老一小"的工作。做好居民小区的工作，既需要细心与耐心，也需要设身处地、感同身受，更需要倾情做好小区工作的意愿与热情。齐河县实体化运行居民小区党组织书记人选的最大来源为企事业单位退职人员，占比为36%。这些既具有丰富的群众工作经验又懂得"一老一小"意愿与需求的人，参与到小区党支部工作中，既发挥了余热，推动了社区工作的开展，也可以相应带动"一老一小"参与社区活动的热情，激发了社区活力。同时，又可以弥补社区工作者群体流动性高，工作经验相对欠缺的不足，使其在耳濡目染中加快成长为处理社区工作的行家里手。

5. 提升了满意度，增强了归属感

商业小区相较于村庄或城镇家属院的最大短板就是其提供给居住者的归属感相对较差，这直接影响小区居民的身份认同与参与社区活动的积极性。党支部实体化运行后，极大地弥补了这一短板，提升了小区的凝聚力。从调查结果来看，针对"您是否参与过小区党支部组织的活动或通过小区党支部反映过问题"，91.16%的受访居民选择了"参与过小区党支部组织的活动，也通过小区党支部反映过问题"，5.44%的受访居民选择了"只参与过小区党支部组织的活动"，1.36%的受访居民选择了"只通过小区党支部反映过问题"。

高达97.96%的受访居民认为"小区党支部成立之后增强了其对于居民小区的满意度与归属感",而对于"您对于居民小区成立党支部持什么态度",93.96%的受访居民选择了"支持,对小区管理与服务帮助很大",5.37%的受访居民选择了"支持,有一定帮助",仅有0.67%的受访居民选择了"无所谓,根本不关心这些问题"。归属感是幸福感的源泉之一,小区居民的归属感越强,其参与社区治理的积极性也会越高,只有人人参与,才能构建起"共建共治共享"的多元治理格局。

(二)面临的主要困难

1.人难选

目前,齐河县实体化运行居民小区党组织总体处于"事多人少报酬低"的状态,加之党组织书记候选人居住地与担任岗位地同一的遴选前置条件,在有些小区出现合适人选很少甚至无合适人选的尴尬,使遴选工作难以做到优中选优。即使在有合适人选的小区,也出现因较低的薪酬与较高的工作量、较大的工作压力之间的不匹配而畏难推脱的情况。

2.钱难筹

齐河县现有的89个实体化运行居民小区党组织书记薪酬和支部委员的补贴每年增加县财政支出500余万元,按照年度累加的一般规律,此项支出在未来只会增加不会减少,在县级财政普遍非常困难的大背景下,无上级的财力支持,实践探索的步伐必将因财政压力而举步维艰。

3.界难划

从调查结果来看,对于"当您在居住的小区遇到困难或问题需求助他人时,您更倾向于首先向谁求助",87.07%的受访居民选择了

"小区党支部"，10.88% 的受访居民选择了"小区物业"，2.04% 的受访居民选择了"小区业委会"。物业服务企业作为小区的服务保障企业，其接受业主的委托，依照有关法律法规的规定或合同的约定，对小区的物业实行专业化管理并获得相应报酬。小区党支部只对物业服务质量进行监管，没有直接提供物业服务的责任与义务。但现实中，大多数居民并不对其职责细化区分，一旦出现物业服务不到位的问题，也会把问题归咎于党支部，从而直接影响了党群关系。

（三）启示与思考

1. 通过提高党费的地方留存比例等方式给予一定的财力支持

县城介于农村与城市之间，其居民小区居民大多为农村转移人员，不管是身份、职业还是处理问题的习惯喜好，都更兼具农村的特点。"有事找党支部"，这是许多农村集体经济背景下村民的自发选择，因此，以党支部实体化运行的方式将县城的居民小区管理纳入党的领导范畴，更为契合这些小区的特点与需求。但就政策依据而言，齐河县目前的探索部分参照农村基层党组织的相关规定执行，关于农村基层党组织的经费支出，《中国共产党农村基层组织工作条例》明确规定："各级党委应当健全以财政投入为主的稳定的村级组织运转经费保障制度，建立正常增长机制。"城市居民小区无此保障，可考虑通过提高党费的地方留存比例等方式给予一定的支持。

2. 有针对性地拓宽党组织书记人选来源

尽管街道公益岗人员兼任居民小区党组织书记的工作提升成效最为明显，但囿于部分街道公益岗人员的非中共党员身份使其无法进入备选队伍，因此，可考虑：一是在基层社区工作人员的招录中设置门槛或优先条件，使更多中共党员进入基层社区工作人员队伍，储备后备力量；二是对有潜力、有基层工作情怀的社区工作人员着重培养，适时发展其加入中共党员队伍。

3. 以地方立法规范物业服务企业的运行

物业服务企业的服务领域、质量、收费标准、公共空间租赁收益分配等是近年来居民投诉率较高、直接影响小区居住体验感提升的梗阻点所在，也是居民小区党支部工作的重点难点所在。山东省早在2009年就出台了《山东省物业管理条例》，并于2018年、2021年两次修订。德州市人大常委会也已将《德州市物业管理条例》列入2023年立法工作计划，工作正在推进中，要争取尽快出台，明晰界定出物业服务企业的职责权限，为党支部的工作提供法律抓手。

4. 发挥党支部凝聚与带动功能，真正做到社区治理的多元参与

多元参与是社区治理现代化的题中应有之义，如何参与？通过什么途径参与？参与什么？这是推进社区治理现代化过程中必须要回答好的问题。在城市社区人口密度高，社区人口动辄上万人甚至几万人的情况下，社区干部很难做到"一竿子插到底"。居民小区党支部实体化运行后，就可以通过小区党支部实现对群众的组织、宣传、凝聚、服务功能，引导居民积极主动参与到社区及小区治理当中，从而构建人人参与、人人尽力、人人共享的新型社区治理模式。

基层强则国家强，基层安则国家安。坚持和加强党对基层治理的领导，把服务群众、造福群众作为出发点和落脚点，构建共建共治共享的城乡基层治理格局，形成群众安居乐业、社会安定有序的良好局面，从小处看关系老百姓的切身利益，从大处讲关系巩固党的执政基础和维护国家政权安全，其重要性不言而喻。从齐河的探索实践来看，在县城等类似地域的居民小区中设置实体化党组织，在小区管理与服务的各个环节切实发挥党组织的作用，既契合这些居民小区居民的一般习惯与实际需求，做到群众有所呼、组织有所

应，也能将物业公司的工作有效纳入党的领导范畴，协助并监督其履职尽责，还能随时协调居民、物业与社区等的关系，使各方沟通的渠道更加顺畅，尽管在实际运行中仍有一些困难需要克服，但相信，随着探索的推进，其对于城市社区治理体制机制的改革与完善都将更具启发意义。

防止返贫监测帮扶与过渡期后低收入人口常态化帮扶衔接并轨的路径探索 *

巩固拓展脱贫攻坚成果，坚决防止出现规模性返贫，这既是政治要求，更是民生之要。习近平总书记多次提出健全防止返贫动态监测和帮扶机制是从制度上预防和解决规模性返贫的重要举措。2023年中央一号文件首次提出研究过渡期后农村低收入人口和欠发达地区常态化帮扶机制。《中华人民共和国国民经济和社会发展第十四个五年规划和2035年远景目标纲要》明确提出，到2035年，人民生活更加美好，人的全面发展、全体人民共同富裕将取得更为明显的实质性进展。因此，加强防止返贫监测帮扶，建立过渡期后低收入人口常态化帮扶机制，以及推动二者衔接并轨有着重大战略意义。

▓ 一、背景情况

民生无小事，枝叶总关情。习近平总书记在党的二十大报告中提出，我们要实现好、维护好、发展好最广大人民根本利益，紧紧抓住人民最关心最直接最现实的利益问题，坚持尽力而为、量力而行，深

---

* 本案例由中共德城区委党校（德城区行政学校）副校长、高级讲师马修芬，德城区民政局慈善事业促进股负责人张莉莉，中共德城区委党校（德城区行政学校）助理讲师王萌撰写。

入群众、深入基层，采取更多惠民生、暖民心举措，着力解决好人民群众急难愁盼问题。

基于本研究的关键词，即防止返贫监测帮扶、低收入人口、常态化帮扶、衔接并轨帮扶，本案例对于现有研究进行了全面梳理。尽管2020年我国已宣布消除了绝对贫困，但这并不意味着所有家庭已永远摆脱了绝对贫困的困扰。由于自然灾害、意外事故、疾病等风险冲击的影响，脱贫后返贫（周迪和王明哲，2019）和边缘家庭致贫（潘文轩，2020）的问题时有发生。目前，脱贫人口和脱贫地区的内生动力和自我发展能力还比较脆弱，部分人口仍存在返贫致贫风险（吕光明等，2021）。一方面，防止返贫致贫监测和帮扶机制的建立仍需完善和细化；另一方面，我国已由绝对贫困转向相对贫困、一维相对贫困转向多维相对贫困、生存性相对贫困转向发展性相对贫困，衡量易返贫致贫程度的监测标准也应转向更为综合的多维标准（平卫英等，2023）。匡亚林（2021）基于需求侧管理视角，对社会救助体系进行纵向分层和横向分类设计。综上所述，当前对于防止返贫监测机制研究虽然比较丰富，但是对低收入人口常态化帮扶、防止返贫监测帮扶与过渡期后低收入人口常态化帮扶衔接并轨的研究少之又少。本研究基于德州市社会大救助的实践探索，力图为防止返贫监测帮扶与过渡期后低收入人口常态化帮扶的衔接并轨提供德州经验，推动社会救助帮扶理念与机制的转型。

从德州市各县市区社会救助服务中心的情况与数据来看，德州市创新构建起社会大救助体系，全面梳理低保、特困、医疗、教育、就业、住房、司法、慈善、临时救助等各类各项救助政策，对涉及15个部门的42项救助政策项目进行整合，打造"政策、平台、网点、队伍、保障"五大体系，优化简化社会救助审批流程，所有救助事项审批权下放到镇街，搭建社会救助智慧信息平台，跨部门、跨层级数据协同共享，所有政府社会救助事项全流程网上办理。目前，全市所有县市区、乡镇和村（社区）均设立救助网点，所有救助项目全部进入社会救助平台运行。自2020年10月1日平台正式上线以来，共受理低保、特困供养、临时救助等业务2万余项，2.6万余名群众摆脱了生活困境。

事例一：在临邑县社会救助服务中心看到，升级后的综合救助服务平台设有开放式登记库、智能化低收入人口数据库、救助成果库3个数据库，以及用于识别瞄准低收入人口的困难指数和从收入、支出、财产、人口结构等关键量值变化体现低收入人口变化趋势等发展指数2个指数。临邑县社会救助服务中心副主任刘玉晓介绍："群众可以通过微信小程序将个人信息登记入库，同时按照城乡低保标准的1.5倍确定低收入人口识别标准，全部纳入数据库，平台依据人社、医保、教育、住建等部门共享信息和两个指数的变化，自动获取家庭状况的关键贫困量值变化，智能提示预警信息和退出贫困信息。"

德平镇北沈村的郭仁新是平台预警后获得救助的对象。41岁的郭仁新有3个女儿正在上学，家里本就不富裕，他又突患大脑胶质瘤，手术花了十几万元，术后还需做化疗，长期服药。综合救助服务平台第一时间接收到医保部门共享的数据信息，显示这个家庭有大额医疗支出，困难指数和发展指数也发生了相应变化，平台即刻提示预警，救助中心的工作人员将数据推送至村级后，协理员经调查核实，为他办理了低保和临时救助。

事例二：庆云县19岁的女孩小燕家住庆云县尚堂镇贾家村，父亲因病去世，家里因此背上了数万元外债，母亲靠打零工抚养她和年幼的弟弟，生活压力大，小燕曾一度想辍学打工帮母亲分担压力。

庆云县为此创新实行一名科级干部、一名优秀教师、一名爱心企业家共同结对帮扶贫孤孩子的"三帮一"扶贫助学模式，小燕成了受助对象。县市民热线服务中心副主任胡海斌、优秀教师任朝霞、爱心企业家郑香禹结对帮扶，有负责帮她调整心态的，有课后辅导学习的，有出资解决生活困难的。小燕无论是学习成绩、精神状态，还是对生活的态度、对未来的期望，都有了很大改观，去年高考更是以超出本科线81分的优异成绩，考入山东中医药大学。

事例三：平原县城的闫香玉来到县社会大救助中心申请办理低保，工作人员将信息输入大救助平台后，平台自动研判显示，闫香玉的儿子、儿媳都是重度残疾人，她的两个孙子都能享受每月1400元的基本生活补贴，工作人员当即为她办理了相关手续。

为帮助因残因病等导致家庭困难的边缘户走出困境，德州市瞄准重点对象、强化顶层设计、健全制度体系。制定下发了《关于健全农村贫困人口即时帮扶机制的实施意见》《关于进一步健全防止返贫致贫动态监测和即时帮扶机制的实施细则》，采取日常监测和筛查预警相结合的方式，建立防止返贫致贫大数据监测台账，加强相关部门单位数据共享和对接，重点监测脱贫不稳定户、收入略高于省定扶贫标准的边缘户、存在致贫风险的一般农户，按照即时帮扶人口按脱贫享受政策、缺什么补什么的原则，因户因人开展精准帮扶。

随着经济社会的发展，困难群体日益增长的美好生活需要更加多元，社会救助在新发展阶段也面临着新问题。当下正处于5年过渡期内，关于防止返贫监测帮扶与过渡期后低收入人口常态化帮扶的衔接并轨存在的问题，主要体现在以下4个方面。

（一）工作机制尚未理顺

乡村振兴部门负责防止返贫监测帮扶工作，民政部门负责低收入人口监测和常态化帮扶工作，两个部门"分线各自为战"，其他民生保障部门需协调配合两线作战，缺乏系统思维、整体规划、融合协同，相应工作机制尚未理顺。

（二）动态监测衔接不畅

各部门大多依托自有系统平台对服务对象进行监测帮扶，对边缘易致贫户、建档立卡户、脱贫不稳定户、严重困难户、低保、特困等低收入人口的数据库没有完全打通融合，数据更新共享不及时。另外，监测主要依靠线下民政部门和乡村振兴部门基层工作人员核查，受人工服务效率影响，造成信息反馈不及时，影响了线上的信息推送、数据比对，导致动态监测、及时预警衔接不畅通。

（三）帮扶职能统筹不够

民政部门主要是对低保、特困等低收入人口开展帮扶，乡村振兴部门对享受脱贫政策户开展帮扶，两个部门的服务对象交叉重叠，帮扶工作呈现群蜂送蜜的"蜂巢式"现状，统筹协同不够，帮扶合力不强、帮扶职责落实监管不力。

（四）社会力量参与救助帮扶不够

社会力量是政府救助帮扶资源的有效补充，对于满足困难群众多元需求作用巨大。脱贫后部分社会力量参与热情不高，参与相对零散。动员社会力量方面，规划性较弱，推动力度不强，缺乏具体的、可操作的帮扶措施，社会力量与救助帮扶未实现深度衔接融合，尚未形成社会力量参与救助帮扶的长效机制。

二、主要做法

（一）建立衔接并轨工作机制

自 2020 年以来，德州市创建了以"救助领航 送爱到家"为主旨的社会大救助体系，打造了低收入人口及时发现、及时介入、及时救助、政府力量高效组合与社会力量有效动员相结合的社会救助新格局。构建"135"架构，聚焦"促进低收入者摆脱困境走向共同富裕"一个目标，建立"主动发现、资源保障、救助帮扶"三个机制，健全"平台、网点、政策、队伍、保障"五大体系。成立了以市委书记和市长为"双组长"的社会大救助工作专班，建立由民政局、乡村振兴局、教体局、住建局等35个部门组成的联席会议制度。建立市县乡村四级网络体系，打造了由7859人组成的村级协理员队伍。近年来，德州市把社会大救助体系建设列为全市"十大创新集成改革"项目之一，加强调度，务求实效，改革稳步推进。构建党委领导、党政同责、部门协同、社会参与、四级联动的工作格局，为防止返贫监测帮扶与过渡期后低收入人口常态化帮扶的衔接并轨提供工作机制保障。

（二）建立全域户籍人口动态监测体系，实现监测并轨

1. 建立一网两库三平台

一网两库三平台，即社会救助综合信息网，政策库、人口库，市社会大救助综合服务平台、德救助小程序移动服务平台、电子监察平台，让群众随时随地能申请救助，实现了网上办、电话办、手机办。建立全域人口数据库，汇集全市600万人、200万户的全域人口信息，包括公安部门户籍信息、医保部门住院信息、财政供养人员、社保数据、不动产等数据，在系统内逐项清洗信息，并为每条数据设置标签，形成一户一档的家庭全景画像（见图1）。数据归集情况：一方面是市级数据项，包含基础类、财产类、支出类、身体状况类、福利类五大类数据，22个部门50项数据项，数据信息项共计300余个、总量共计1500余万条；另一方面推动7859人的村级协理员主力填报，县市区上报数据信息项共计70余个，300余万条。包含因丧失劳动能力造成家庭困难的人员信息，教师、乡医等享受财政补贴的人员信息，区划调整信息，家庭土地信息，家庭成员变更信息，县级房产信息（包括不动产登记信息和商品房合同备案），数据逐步全面精准，这为低收入人口的精准识别、分层划定提供了参考依据，为监测帮扶的衔接并轨打下坚实的基础。

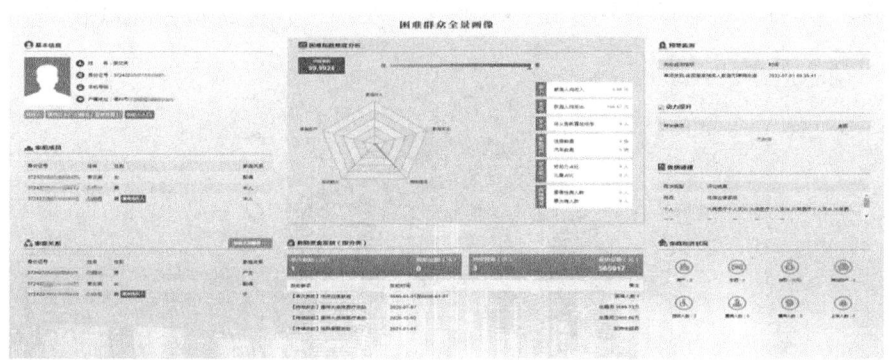

图1　家庭全景画像

2. 创建德州市居民家庭困难指数模型

综合考量收入、支出两个维度多个类别的数据及其权重，权重包括家庭收入、家庭支出以及家庭生活状况3个关键要素，维度包括劳动收入、赡养收入、资产收入、医疗支出、教育支出、年龄、身体状况、车辆、用水用电以及一票否决等16个方面。通过设计科学的计算公式，将所有家庭的困难情况倒序排列，统一换算为"百分制"的居民家庭困难指数，实现指数排序与困难群众实际情况相吻合，指数越高越困难，经过实测，指数排序情况和实际吻合率达到95%以上。

3. 划定圈层，实现监测全覆盖

在困难指数设定的基础上，划定两个圈层（见图2）。一是困难指数前3%的防返贫监测圈，覆盖全市约18万人，主要包含低保户、特困人员、低保边缘家庭、脱贫享受政策人口、防止返贫监测对象等，综合分析目标群体"两不愁三保障"等数据信息，主动发现其可能遇到的住房、教育、医疗等困难问题。二是困难指数前10%的低收入者监测圈，覆盖全市约60万人，主要包含支出型困难家庭、临时困难家庭、丧失劳动能力或弱劳动能力的老年人、残疾人等。两个圈层的划定，做到了对救助帮扶对象的全覆盖，实现了防返贫对象和低收入人口动态监测的无缝衔接。

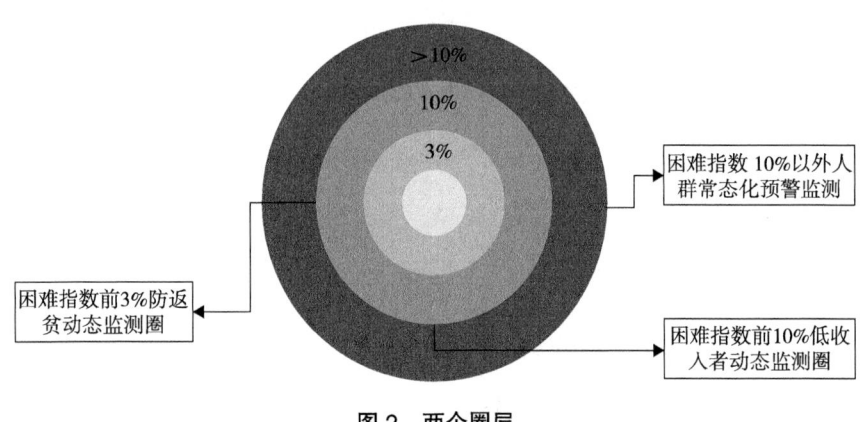

图2　两个圈层

4. "科学预警＋线下核实"实现动态监测

德州市大救助平台科学设立进入类和退出类预警规则，设置救助对象单项、综合、复合三类预警（见图3），对困难群众大额医疗支出、突发意外导致家庭经济困难、疑似危房、大额教育支出等情况实施预警，预警推送后，村级协理员第一时间入户核实反馈，根据实际情况综合研判，监测分类救助对象。具体表现为：两个圈层以外的群众，如有大额医疗支出或突发意外伤害造成劳动力丧失等因素形成预警信息，通过困难指数排序或"铁脚板"发现后，进入困难指数前10%的监测圈范围内。困难指数前10%的监测范围内，在"医疗、教育、住房"三保障方面出现预警信息的，进入3%的防返贫监测圈范围内。困难指数前3%的监测范围内，出现疑似危房、医疗支出大等因素预警的，通过线上推送，将此类群众列为低保、特困、低边等疑似救助对象，进行线下核实，符合条件的及时予以救助。

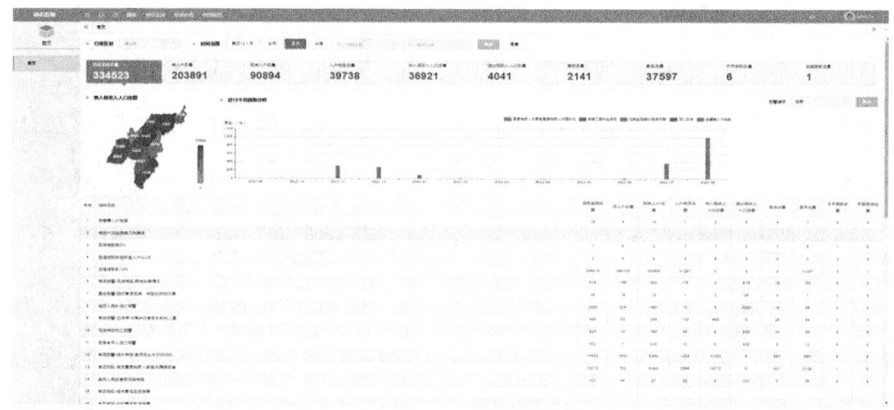

图3　三类预警

民政部门与乡村振兴部门建立了防返贫监测与低收入人口监测的协同机制。一是乡村振兴部门依托社会大救助防止返贫动态监测平台，利用困难指数前10%的人员具体信息，进村入户核查其具体生活状况，综合研判是否符合防止返贫监测帮扶对象标准。二是将乡村振兴部门新纳入的防止返贫监测对象每月反馈给民政部门，由民政部门核查判断是否符合低保、特困等兜底标准，及时给予兜底救助。

（三）加强分类帮扶和精准帮扶，实现帮扶并轨

1.帮扶对象的拓展扩面

并轨前，防返贫帮扶对象主要为享受脱贫政策户，覆盖面不够。针对此情况，德州市拓展防返贫帮扶范围，将"两不愁三保障"帮扶范围扩展到困难指数前3%家庭人口，将扶志扶智等发展性帮扶和关爱服务性帮扶扩展到困难指数前10%家庭人口。

2. 帮扶措施上的分类施策

一是基础型帮扶。兜底保障扩面。德州市发挥大救助体系优势，对低保、特困、低边等救助政策实行兜底保障扩面。充分发挥困难指数排序功能，将困难指数前10%家庭中的一二级重残、三级智力残疾、三级精神残疾等六类群体作为扩围重点疑似对象，指导各县市区以此为依据，开展扩围增效工作，成效明显。截至2023年8月30日，德州市城乡低保人数较2022年底增加2198人，增幅4.3%。防返贫闭环管理。对纳入困难指数前3%监测范围的对象，利用平台开展"三保障"监测帮扶闭环管理。在困难群众医疗救助方面，主动监测预警大病支出超额度的家庭，基层核实后，给予医疗救助、临时救助等，并将救助结果反馈至平台；在住房安全保障方面，对住房监测核查为疑似危房的，及时推送至住建部门，进行住房鉴定和改造，并将改造后的照片等信息反馈至平台；在适龄儿童接受义务教育方面，对控辍保学监测中发现的失学、辍学情况，第一时间推送至教育部门，对辍学和残疾儿童开展教育帮扶，并将帮扶信息填报至平台，对帮扶成效进行统计分析。形成融合协同机制。推动基本生活救助和专项救助融合衔接，统筹医疗、教育、就业、住房等专项救助政策与大救助平台对接、贯通，加强数据共享和救助政策协同落实。统筹衔接救助、福利、保险政策。全面梳理社会福利政策及养老、医疗、社会等保险政策，适时开发相关商业保险产品，将工伤、大病、失业、治安、老年人意外等30余类险种纳入平台运行，为低收入者提供多形式、全方位保障。

二是发展型帮扶。对低收入家庭通过教育引导、劳动参与、社会联动等，强化帮扶路径指引，激发内生动力，培养发展能力，阻断贫困代际传递，实现可持续发展（见图4）。

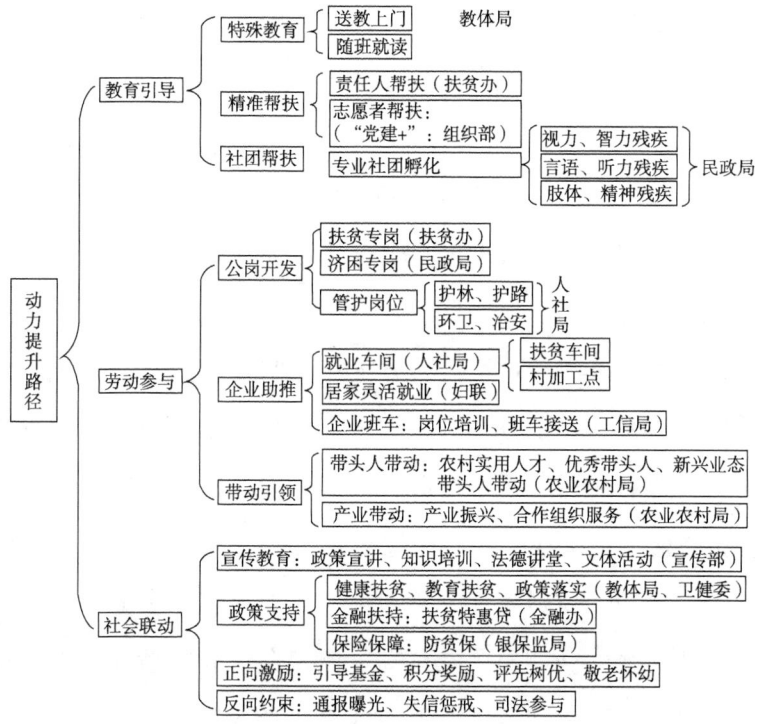

图4 发展型帮扶路径指引

对家庭困难指数最高的3%以内的家庭，推行教育"三帮一"、拓展责任人结对帮扶工作机制、开发扶贫专岗三项帮扶。例如，平原县探索教育"三帮一"助学帮扶模式，针对义务教育阶段的学生，实行"一名党政干部＋一名优秀教师＋一名企业家"对一户低收入家庭学生结对帮扶，通过干部帮心、教师帮智、企业家帮钱，从身心解忧、学业解惑、物质帮困等多层面对低收入家庭学生进行帮扶。

对家庭困难指数最高的10%以内的家庭，开展互助公岗、管护岗位、加大控辍保学力度、发挥特殊教育资源作用、构建志愿帮扶机制、引导专业社会组织帮扶、建设就业车间、开发居家灵活就业岗位、开设企业班车、发挥带头人引领作用、发挥特色产业带动作用、加大金融扶持、健全保险保障机制等十余项帮扶项目。例如，创新开发互助公岗，让有劳动意愿和劳动能力的低收入者，就地就近帮助"老弱病残幼孤"等特困群体解困，创新困难家庭增收新路径，以弱济困激发内生动力。目前，已为低收入群体安置互助公岗4135个，惠及全市城乡困难家庭8000余户，低保或特困人员已有1729人，实现了"家门口"就业。

三是服务型帮扶。服务型帮扶分为公共服务监测、衔接社会力量和关爱服务体系三个部分。公共服务监测包括七有监测（幼有所育、学有所教、劳有所得、病有所医、老有所养、住有所居、弱有所扶）与幸福指数监测；衔接社会力量包括五社联动、慈善筹和三项慈善资金助力（"三保障"资金、发展帮扶资金和急难救助资金）；关爱服务体系包括德关爱、微心愿、三留守、流浪乞讨和智慧养老等。例如，德城区以"微心愿""小切口"激活大救助"新动能"，今年通过线上线下累计为困难群众点亮约4000个"微心愿"，发放生活用品、学习用品等爱心物资126类，价值折合60余万元，实现了政府救助兜底保基本和社会力量参与促提升的良好互动。

3.帮扶成效的精准监管

平台通过对帮扶反馈数据的统计分析，建立起一户一档的帮扶绩效监管画像，全面描绘出通过教育引导、劳动参与、社会联动等措施获得的收入增长、技能提升、社会评价等成效情况。同时，利用图表与文字相结合的形式，对"发展型"帮扶和"服务型"帮扶的开展情况进行直观的统计分析，督促落实帮扶实效（见图5）。

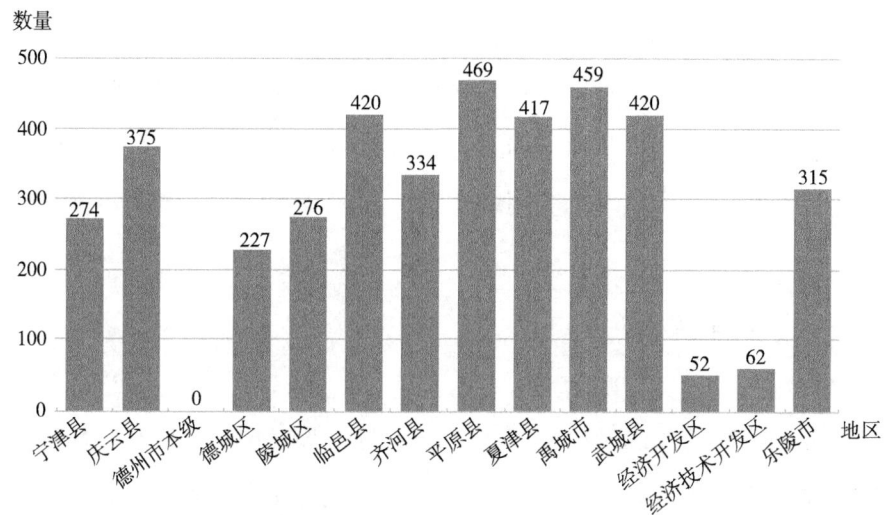

图 5 低收入者劳动参与情况统计分析

（四）加强监测帮扶信息化管理，实现监测帮扶常态化

1. 实现监测预警常态化

利用数据引擎自动对比分析业务数据，动态监测业务运行情况，主动将预警信息推送给相关业务部门，做到了监测预警常态化。

2. 帮扶成效精准体现

将帮扶工作进行标准化设计、数据化管理，依据业务需求进行软件开发。帮扶工作通过数据填报，平台自动统计分析，精准体现帮扶成效，从而实现帮扶监管信息化、可视化。

3. 注重常态化评价考核

日常工作实行一事项一评价，利用数据客观评价，精准反映工作实效，督促工作落实，奖先树优，形成比学赶帮超的良好氛围。应用系统绩效考核数据出具月报、年报，形成定期报告制度，实现监督监管更加精准化、系统化、科学化。将救助工作纳入全市高质量发展综合绩效考核，以考核促工作提升。

4. 发挥电子监察平台作用

创新建设了电子监察平台，与纪委监委、审计机关沟通协作，对社会救助帮扶工作进行全流程监督，对救助帮扶业务办理过程中的违纪违规、把关不严等问题进行执纪监督，确保救助帮扶工作高效到位。

三、经验启示

德州市在防止返贫监测帮扶与过渡期后低收入人口常态化帮扶衔接并轨上进行了有效的路径探索，取得了明显成效，经验丰富，有非常重要的启示作用，值得推广。

（一）经验丰富

1. 破解防返贫监测帮扶难题

德州市通过构建社会大救助体系，形成了民政、乡村振兴、住建、教育、医疗等多部门融合衔接、协同工作机制。例如，利用信息化手段，在对困难指数前10%的低收入家庭住房和义务教育阶段适龄儿童控辍保学的排查中，摸排出3601户需重点监测房屋或疑似危房和404名失学儿童。2022年4月，德州市集中开展了返贫风险排查活动，各市县区从大救助平台抽取困难指数前10%且未纳入监测帮扶对象的人口，将其作为四类重点排查群体之一，排查其返贫致贫风险后，纳入监测帮扶对象192户、555人。

2. 破解低收入人口主动发现与救助帮扶难题

主动发现方面，建立了以大数据为基础，"线上+线下"相结合的主动发现机制。例如，2023年初，大救助平台预警提示，庆云县东辛店镇北孔村孔维宰有超出5万元的大病医疗支出。经协理员入户核实，孔维宰确诊为右肺下叶恶性肿瘤，失去了劳动能力。村级协理员帮助其在"德救助"小程序申请了低保，并为其申请了临时救助金。

救助帮扶方面，一方面，对低收入家庭儿童开展家教指导、学业辅导、习惯养成等帮扶。例如，近年来，庆云县开展"教育三帮一"扶贫助学基金发放1195.71万元，帮助贫孤孩子3.49万人次。2021年6月起，乡村振兴局"雨露计划"正式使用"德救助"小程序进行线上申请审核，目前已开展三轮，在线申请学生3600余人次。另一方面，对低收入家庭弱劳动力开展扶志扶智、提升技能、消除困境、充分就业方面的帮扶。例如，武城县人社局创新打造"共富工坊"，解决了农村群众就业困难、企业招工困难、村集体增收困难"三大难题"，共带动劳动力就业500余人。

3. 破解救助资源整合统筹与公平效率难题

一方面，实现了政府力量的融合，政府救助一体化迈出新步伐。把分散在16个救助部门的43项救助政策、17项社会福利和36项社会保险等资源集中整合到一起，实现了多部门协调联动。例如，将民政部门的14项救助政策、卫健委的两项福利补贴全部纳入平台，让群众最大限度地"零跑腿、远程办"。另一方面，实现了社会力量的汇聚。动员爱心企业、社会组织、志愿者等社会力量入驻大救助平台，打通政府与社会资源共享通道，发挥好社会力量参与社会救助帮扶的作用。例如，将人寿保险公司的前置服务与民政救助功能相融合，开发了"特惠保"业务，低保、特困人群在入院就医时，由第三方公司先行垫付医疗资金，在很大程度上解决了困难群众就医资金难的问题。

4. 破解低收入人口可持续发展难题

德州市利用信息化手段聚焦低收入群众，示范推动"发展型"帮扶。一是教育帮扶方面，注重低收入家庭子女的观念建立、习惯养成、学习教育、心理疏导、特长培养等方面的帮扶，在信息提供、资源链接、情结化解、困境消除、技能提升、家庭建设等方面进行精准帮扶、专业帮扶，因户因人施策，消除主动发展的障碍，提升主动发展的积极性、能动性。二是低收入者就业方面，通过公岗供给、企业助推、带动引领等渠道，大力开发适合其就业创业的劳动岗位，使其在劳动参与中转变观念、提升技能、收获财富，增强成就感、获得感，进一步强化其主动发展的意识。三是加大金融支持，积极开展金融产品、金融服务创新，支持金融机构为低收入者融入特色产业发展提供支持。建立健全保险保障机制，政府提供资金支持，保险公司创新开发保险产品为低收入者主动发展提供保障。四是深入开展宣传教育方面，建立正向激励、反向约束制度，组织群众开展评先树优、激励惩戒等活动，促进低收入者思想转变、观念更新、积极向上、自立自强。

（二）启示作用

推广德州市社会大救助体系建设的实践经验，在促进低收入人口摆脱困境、走向共同富裕的进程中，不断创新体制机制，建设统一平台，加强政策衔接融合，推动帮扶常态化，惠及更多困难群众。

1. 创新体制机制

充分发挥党组织总揽全局、协调各方的领导核心作用，加强社会救助体系建设工作的综合协调、组织推动和督导落实。整合民政、乡村振兴等部门的力量，完善联席会议制度。健全跨部门信息互通、风险预警、协同处置机制，推动帮促机制衔接。

2. 建设统一平台

统一建设低收入人口监测帮扶信息平台，发挥好主动发现、监测预警、统计分析、监督监管的作用。健全民政、医保、残联、人社、乡村振兴等部门数据信息共享对接工作机制，实现监测全覆盖、无遗漏，做到帮扶精准化、常态化。

3. 加强专项救助与基本生活救助融合衔接

强化顶层设计，加强部门协同和制度创新，推进医疗、教育、住房等专项救助对象与基本生活救助对象数据互通互联，救助政策融合衔接，健全监测预警机制，形成救助帮扶合力，促进救助帮扶精准高效。

4. 推进帮扶常态化

利用信息化不断拓展救助帮扶功能，发挥好初次分配、再分配、第三次分配作用，持续加强基础型、发展型、服务型帮扶，实现对困难弱势群体全方位、深层次、多元化的帮扶和救助，有力补齐困难群众收入短板，缩小群众收入差距，促进低收入人口摆脱困境，走向共同富裕。

"闭环管理"：武城县创新构建舆情应对机制的实践与启示 *

舆情是社会民众对现实世界情感和态度的一种表达。在信息时代，民众的表达平台被快速嵌入互联网，形成了复杂多变的网络舆情体系。习近平总书记指出，要加强舆情跟踪研判，主动发声、正面引导，强化融合传播和交流互动，让正能量始终充盈网络空间。

近年来，武城县严格落实意识形态工作责任制，坚持舆情"567"工作法，以"时时放心不下"的责任感，不断强化事前预警、事中联动、事后复盘的闭环工作模式，构建起统一指挥、部门协同、整体联动的工作体系，奋力织牢网络安全屏障。

一、背景情况

（一）当前网络舆论生态纷繁复杂

当前网络传播格局发生了深刻变革，全媒融合、万物互联，网络应用圈层化、短视频风靡，网络舆论生态纷繁复杂。线下民生诉求、社会矛盾、突发事件、负面新闻、违法违纪等事件传递至线上形成社情民意，交织多元价值观点传播扩散，网络热点层出不穷。并主要呈现出以下几个特点。

---

* 本案例由中共武城县委党校（武城县行政学校）办公室主任、正高级讲师王会星撰写。

一是网络舆情发布更便捷，参与主体更多元。《2022年第49次中国互联网络发展状况统计报告》显示，截至2021年12月，我国网民规模达10.32亿人，互联网普及率达73%。信息技术进步带来的便利，让每个人都可以随时随地通过电脑或者手机发布文字、图片、视频信息，表达自己对社会、政治等方方面面的看法。这种信息被网民发布在网站或自媒体平台后，其中的一些相对敏感、有较强"吸睛"效应的信息会迅速被其他网民跟帖、转载，并在大数据算法的助力下，呈现"爆炸式"传播，以致对正常的社会政治经济秩序造成重大影响。

二是网络舆情涉及领域更广，影响范围更大。从信息来源上看，网络舆情主要有日常网上监测到的舆情以及上级部门交办的舆情；从涉及领域上看，网络舆情主要涉及自然灾害、安全生产、校园安全、医疗卫生、征地拆迁、环境污染、干部作风等领域；从诉求内容上看，一部分网络舆情反映的确实是真实情况，还有一部分内容真假掺杂，尤其是涉及拆迁安置、邻里纠纷之类事件的网络舆情，内容往往经过精心"加工"，使舆论矛头从事件本身转向党委政府，从而直接干扰了基层工作的有序开展。

三是网络舆情渗透力更强，推动着社会管理创新。因为便捷、迅速、高效的特点与优势，网络已经成为信息的集散地和社会舆论的放大器，并以其强大的渗透力、影响力以及独特的开放性、交互性，在一定程度上增加了基层治理的难度，使一些简单的、局部的、一般的问题出现向全局化、复杂化、热点化方向转化的趋势，给执政环境带来了新的挑战，能否科学有效地治理网络舆情已成为检验基层政府治理成效的一把重要标尺。目前，各级基层政府在实施社会管理的过程中，也开始逐渐转变观念和做法，不再选择性地忽视或异化网络舆情带来的影响，而是慢慢将其视为倾听民意、汇聚民智、服务民生的一个有效载体，并尝试着以正确的引导与回应来科学化解舆论危机。

（二）社会层面对舆情的理解存在不少误区

无论是政府相关部门，还是企事业单位、相关组织，在应对网络舆情时，都存在认识不一现象，甚至存在误区。主要表现在以下4个方面。

一是认为所有网络舆情都是负面的。事实上，除了一些恶意事件，网络舆情是促进社会协商，推动社会健康发展的有效手段。随着互联网特别是移动互联网的广泛普及，公众参与社会讨论的便利性与积极性也日益提高，这是社会进步的一个标志。应当看到，当社会成员都在关心社会问题，所有个体都在维护社会公义时，社会整体面貌一定是积极的、向上的。因此，不能简单地以网络舆情所反映出的现实问题而将其视为挑战社会的危机与风险。大多数网络舆情恰恰是一个提示窗口，是一个动员社会成员的机遇，联起手来共同阻止或预防危机出现的机遇。

二是认为舆情处置重点是信息管控。在舆情处置的过程中，如果方法不当，就可能将事件放大而形成真正的危机，其中最典型的错误即是将舆情处置的重点放在对信息的管控之上。信息传播是舆情发展的重要途径，但很多舆情往往是由一些触发性事件引起的大众情绪或感情的宣泄，这些情感因素又大多是个体对社会不公或信息沟通不畅的直接感受和切身认知。因此，如果仅从信息管控的角度来处理，减少事件的曝光或阻断参与讨论的渠道，虽然可以取得一定的效果，但公众的不满很可能会通过其他渠道或事件以更大规模的方式再次宣泄出来。

三是认为所有舆情都需要政府介入。对于政府部门而言，在处置舆情事件时往往会面对这样的两难境地：该介入的事件不介入，可能会引发大量的次生舆情；不该介入的事件介入了，也会引起舆情的二次发酵。这就需要在处置舆情事件时一定要审慎地对待是否介入、何时介入、如何介入等问题，以避免舆情的二次发酵与次生舆情的产生。如果将网络舆情看作一个社会协商过程，大多数舆情事件都会在正常的社会协商机制下得到充分的讨论与解决，并不是所有舆情都需要政府介入。

四是认为舆情部门能解决所有问题。无论是政府还是企业，舆情部门都不能替代相关职能部门。单纯依靠舆情部门往往无法解决现实问题，而需要各方的全力配合。不同的利益诉求必然导致网络协商的不同表达，同一事件，不同的个体、不同的出发点也会形成不同的观点和态度，从而使网络舆情表现出复杂化的态势，并可能进一步伴随着谣言与恶意攻击。因此，舆情处置的核心是各部门的协同，而不能仅仅依靠舆情部门的一己之力。要分清主次，辨清舆情产生的根源，积极协调相关机关、部门与社会群体，处理问题而非处理舆情；要统一声音，声音的差异是最可能导致次生舆情的主要原因，协同机制非常重要；要以及时有效的沟通来推动社会协商，积极处理而非阻断协商，从而避免网络舆情的扩大化，同时消除谣言滋生的土壤。

（三）基层领导干部媒介素养有待进一步提升

网络空间已经成为我们党凝聚共识的新空间、汇聚正能量的新场域、打赢舆论斗争的新阵地。准确把握网络舆情传播特点和规律，不断强化网络"八个意识"，提升网络舆情素养，已成为各级领导干部的必修课。但很多基层干部在单独应对网络舆情时，仍然存在本领恐慌和应对失策现象。主要表现在以下几个方面。

一是舆情意识不强，应对观念陈旧。一些基层领导干部因身处基层，思想观念还停留在过去的基层治理模式中，缺乏互联网思维和创新变革的危机意识，对可能随时随地爆发的网络舆情，没有充分的思想准备，对可能瞬间即呈燎原之势的舆情影响，认识度和敏感性不够。在实际工作中存在忽视或轻视网络舆情的管控及应对处置的麻痹思想，在面对网络舆情时，要么不理不睬、听之任之，以致错失了应对的良机；要么不会说话或者乱说话，以致处置回应不当。

二是担当精神不足，工作陷于被动。大部分基层网络舆情事件都发生在线下的具体业务部门，甚至涉及多个部门和单位，有些基层部门或单位的领导干部甚至认为事件在网上出现舆情后，就是宣传、网信等部门的事，对舆情应对的主体责任认识不清，不能及时、高效地去调查核实情况，并科学回应媒体和社会关切。在面对突发舆情事件，需要在快速及时处置引导时，把握不住"黄金时间"窗口，不能在第一时间去主动回应社会关切，夺取舆论引导的主动权和话语权，以致让舆情应对工作陷入被动。

三是专业人才匮乏，应对手段落后。当前网络信息的传播渠道、传播途径更为隐蔽，而基层网络舆情工作缺乏专业人才，队伍力量薄弱，技术手段滞后，在网络舆情信息发现上，往往依靠人工方式进行搜索、收集，容易出现信息线索发现滞后、找不到原始发帖人、错过最佳处置时间等现实问题。此外，现有技术手段也难以对抖音、微信等平台的视频、图片类舆情信息做到及时、有效监测，这也在一定程度上为基层舆情应对处置带来了一定的困难和隐患。

四是处置方式简单，引导力度不够。在一些基层领导干部眼中，舆情出现后，要么采用冷淡处理、拖延处理或者忽视略过的方式，以避免事态进一步升温；要么通过隐瞒、封堵、查删等手段，眼睛只盯着网上，不考虑网下，只堵不疏、只删不回，以致错过了舆论回应引导的最佳时点，为今后社会治理埋下了隐患。这种简单、粗放的舆情处置方式，使基层领导干部不能体会到舆情处理对当代政府管理现代化过程中的重要影响，难以达到标本兼治、推动创新的效果。

五是线上线下脱节，缺乏预警联动。由于线上与线下信息不对称，加上相关基层涉事实体部门的故意"隐瞒"或者延迟沟通，导致出现了线上舆情处置与线下事实真相脱节的情况。此外，基层网络舆情治理中还存在管理碎片化的现象，各基层部门间尚未建立统一规范的舆情监测、预警、会商研判等长效工作机制，导致在横向分工过程中动作迟缓、责任推诿，造成了舆情管理的碎片化，使线下问题处置与线上舆论引导步调不一致，不能形成互为资源、相互配合、协调联动的舆情综合治理效果，为舆情问题的有效解决埋下了隐患。

▌ 二、武城县的主要做法

武城县坚持问题导向、人民情怀，统筹用好公关思维和统战思维，把守正创新作为第一动力，构建起具有县域特色的"三个三""事前预警、事中联动、事后复盘"的闭环工作模式，取得了较好的工作成效。

（一）强化事前评估排查，"三个加强"减少舆情发生的"引爆点"

一是加强源头治理。宣传、网信、公安、"12345"、信访常态化"五位一体"深度融合，畅通群众线上线下诉求表达渠道，确保问题隐患能够及时发现、妥善化解。特别对可能冲击道德底线、违背公序良俗的线索，实行专人包保、重点监测，避免成为舆情策源地，将问题"防在网前、控在线下"。按照"线下管什么、线上就要管什么"的原则，坚持预防为主、关口前移，每月开展网络舆情风险隐患排查。例如，涉教育类舆情社会关注度高，针对外地发生的校园欺凌、招生考试等网络舆情事件，县委网信办第一时间向县教育局发送《网络舆情提醒函》，并提出意见和建议，有效避免了类似关联事件的发生。二是加强风险评估。建立重大决策事项舆情风险评估和敏感信息发布前置备案制度，在制定重大政策、决定重大事项、开展重大活动前，进行网络舆情风险评估会商，完善发布内容，做好应对预案。三是加强阵地管理。压实融媒体阵地和政务新媒体信息发布"三审三校"责任，对本地网红、自媒体账号等实行分级分类管控引导，强化内容发布监管，避免出现为赚流量、博眼球而发布不当信息引发舆情。

（二）强化事中联动处置，"三个机制"提高舆情响应的"时度效"

一是健全监测发现机制。网信、公安部门全天候监测，及时搜集涉德涉武等敏感信息，掌握舆情处置主动权。发动基层干部、网格员、志愿者等群体，建立全覆盖的社会舆情信息员队伍，第一时间搜集上报舆情信息，妥善将其处置在萌芽状态。二是健全等级评估机制。建立科学评估体系，精准划分舆情信息风险等级，压实部门职责，明确分级上报处置流程，避免因迟报、瞒报而"贻误战机"。三是健全统一指挥机制。探索建立"1+1+1+X+N"网络舆情应对处置机制（第一个"1"为县委常委、宣传部部长，为总协调人；第二个"1"为副县长、县公安局局长，负责做好网络舆情依法处置工作；第三个"1"为县委副书记，在遇到复杂性、综合性网络舆情时，负责牵头推进相关应对处置工作；"X"为分管县级领导，负责牵头分管部门及时调查处理；"N"为所涉及的镇街、部门单位，负责做好职责范围内的网络舆情处置工作）。发生重大敏感舆情后，由相关县领导牵头，坚持依法处理、舆论引导、社会面管控"三同步"：公安、网信部门依法依规管控处置网上有害信息；宣传部门第一时间指导起草回应通稿和网评引导口径，统一对外发声；涉事地方、部门履行主体责任，做好线下稳控，确保舆情应对有力有效。例如，针对网友质疑的洒水车雨天作业浪费水资源问题，武城县快速启动协同会商机制，及时发布辟谣科普信息，回应网民关切，使舆情迅速平息，该案例被评为2022年德州市网络辟谣十大经典案例。

（三）强化事后复盘总结，"三个能力"抓实舆论引导的"主动权"

一是强研判，提高舆情预见能力。定期召开涉意识形态舆情会商研判会议，每周碰头、半月研判、月度会商，针对涉武舆情，及时沟通信息、研判热点，形成横向互通、齐抓共管的工作格局。县委网信办定期编印《网络舆情应对处置学习资料》，及时向各镇街、部门推送，并对责任部门提出意见、建议，不断完善风险防控体系建设。二是强策划，提高主动宣传能力。围绕孝德文化、运河文化、水工文化、状元文化等文化 IP 符号，精心策划制作文旅宣传片，推出一批大流量短视频，树立良好城市品牌形象，让正能量实现大流量。充分发挥新闻舆论的导向、引领作用，聚焦民生需求，推出有思想、有温度、有品质的新闻宣传作品和新媒体作品，搭建起"新闻＋政务＋服务＋民生"的线上线下沟通渠道，实现与人民群众的共鸣、共情、共创，擦亮"大爱与大德同行"品牌，让大流量澎湃正能量。三是强队伍，提高舆论引导能力。坚持宣传力也是生产力，通过条块结合、分级管理、动态调整，不断强化网评员选拔培养，持续壮大网评员队伍规模。针对重要活动、突发事件等，集结力量、快速反应、科学应战。2023年以来，围绕政策解读、社会民生等重点工作开展舆论引导300余次，针对敏感舆情开展舆论引导20余次，答复群众在网上反映的各类问题建议30余次，放大党和政府声音，筑牢网上网下同心圆。

▎ 三、取得成效

（一）形成了可复制可借鉴管用有效的工作机制

舆情事件的突发性、危害性与社交媒体的自由性叠加，加剧了舆情传播的多元性与不确定性。对于舆情危机管理机制的研究，成为地方政府预防舆情危机发生、提高舆情管理成效、化解舆论危机的重要议题。武城县的"闭环管理"舆情应对机制，一是有利于舆情的快速处置。发挥制度的刚性作用，构建统一指挥、部门协同、整体联动的舆情处置工作体系，宣传、公安、涉事领域分管、县领导牵头处置网上舆情，能够第一时间作出研判和处置决定，省去了层层汇报的烦琐。二是真正形成了合力。改变了过去那种只靠宣传、网信、公安等部门在前方"灭火"，涉事部门线下处置主动性差，呈现为"愁怕躲推拖绕"等状态，解决了推诿扯皮、各自为战的情况。例如，武城县委网信办通过先后在春季期间向武城县各镇街发出涉及"四风"问题、农民工集体维权事件、安全生产事故、烟花爆竹燃放等；向武城县综合执法局发出涉及洒水车作业问题，向武城县教体局发出涉及学生心理安全、收费问题、校园安全、学生管理问题等内容的网络舆情提醒函，推动各部门单位排查风险隐患，做好应急预案，有效预防应对舆情的发生。

（二）构建起了服务发展的信息聚合平台

随着互联网时代的全面来临，网络已经成为反映社会舆情的重要载体之一。加强对网络舆情的及时监测、精确研判、有效引导、积极化解，对维护稳定推动发展具有重要的现实意义。武城县以网信部门为枢纽的"闭环管理"舆情应对机制，织密了社区协同的"关系网"、稳固了部门协同的"朋友圈"、打造了群众参与、开放共享的重要平台，有助于把基层百姓所需所盼与党委政府积极作为对接起来，把服务延伸到基层、问题解决在基层，为经济社会发展提供有力舆情支持和信息聚合服务，更有效更强力地夯实执政基础。

（三）锻造了提升基层社会治理效能的有效抓手

习近平总书记指出，随着互联网特别是移动互联网发展，社会治理模式正在从单向管理转向双向互动，从线下转向线上线下融合，从单纯的政府监管向更加注重社会协同治理转变。武城县通过创新舆情管理机制，发挥协同作用，真正融入县域治理体系。武城县"闭环管理"舆情应对机制在实践中着力推动工作重心前移，发挥了三种作用。一是民情民意收集的"蓄水池"。网信、公安部门、基层干部、网格员、志愿者等社会舆情信息员队伍通过收集各方信息，也是收集群众诉求，聚民智、集民力、汇民意，做好上情下达、下情上达引导舆论，凝聚共识工作。二是社会情绪的"拦河坝"。网信部门发挥关键枢纽作用，既做畅通和规范基层群众诉求表达、利益协调和权益保障的有效通道，又要成为疏导群众情绪、有效化解和解决群众矛盾的重要抓手。三是疏解压力的"分洪闸"。通过发送《网络舆情提醒函》等方式，及时发布舆情出现最新动态，加强政策措施宣传，持续提振精神、凝聚力量，有效疏解区域社会情绪。

（四）提升了基层干部的网络素养和舆情应对能力

一是对舆情有了正确认知。过去很多人认为网络舆情仅仅是个负面事件，或者是个不好的消息，总之是从消极的视角来看待舆情的。从实践来看，这种看法是很片面的。在我国如此广袤的土地上，如此复杂的社情民意，经常性地爆发一些大大小小的事件是再正常不过的了。很多领导不能容忍自己的辖区发生任何一点儿"乱子"，有点儿乱子就必须第一时间消灭它，这本身就是空想主义。我们需要关注的是，为什么有的事情闹闹就算了，但是有的事情却"搞大了"，成为网络都在关注的事情？这才是我们需要追根问底的问题，也是研究舆情的精髓所在。要理解的是，事件一旦闹上网，那么它影响力的大小是和吸引的网民的数量和聚焦的程度成正比的，也就是说，关注的人越多，关注程度越高，那么它的影响力就越大。那人们为何会关注一件不是自己的、常常是遥远的他乡发生的事情呢？因为这肯定激起了他的道德义愤，或者悖逆了他的价值观，或者生出休戚与共之感，总之是触动了他的有形无形的利益，为此他留言、跟帖或者围观、转发，以网络行动"拱火"，把事件炒热。更多的人参与进来，热度增加，引发关注，冲突强烈，就成为我们所说的网络舆情。因此，小舆情通常关系到小众或部分群体的利益，而大舆情则关系到更多民众的利益，在热点舆情背后，常常是社会心理的总动员，人们关注一件事，必然是这件事某个方面让他有所牵挂，击中了他内心里最脆弱的地方，焦虑或者愤怒的火苗开始在心底燃起，行动的欲望由此而起。因此，我们可以通过网络热点理解当下社会心理、社会情绪、社会思潮、民生矛盾、社会风险等。这些内容具有重大价值，它是理解当下中国的一把钥匙，一本秘笈。二是掌握了处理的原则和方向。在舆情处置的过程中，如果方法不当，就可能将事件放大而形成真正的危机，其中最典型的错误就是将舆情处置的重点放在信息管控上。的确，信息传播是舆情发酵的重要途径，但很多舆情往往是由一些触发性事件引起的大众情绪或感情的宣泄，这些情感因素又大多是个体对社会不公或信息沟通不畅的直接感受和切身认知。因此，如果仅仅从信息管控的角度来处理，减少事件的曝光或阻断参与讨论的渠道，虽然可以取得一定的效果，但公众的不满很可能通过其他渠道或事件以更大规模的方式再次宣泄出来。所以，处理的重点应是引起舆情的触发性事件，而不是对信息的管控。

四、主要启示

（一）政府主导下的主动应对是重要原则

自媒体的兴起，使各种网络舆情危机的爆发变得更加突然，网络舆情危机的处理变得更加困难。每个人都是自媒体，每个人都可能成为信息来源，这使得各种信息的传播具有病毒式传播的高效率。但舆情不是洪水猛兽，怕不得、躲不得，主动应对才是王道。武城县的"闭环管理"舆情应对机制，通过做实源头治理、风险评估、加强阵地管理等环节，健全了监测发现机制，完善了等级评估机制，形成了舆情应对的统一指挥机制，形成了统一的领导、联动响应、资源集中、准确、快速的工作机制，把主动应对的原则落到实处，在实践中起到了较好的效果。

（二）形成应对合力是着眼点

武城的工作实践告诉我们，创新构建舆情应对机制，必须加强网络舆情应对工作的组织领导，彻底改变看待新媒体的传统思维方式，积极适应网络时代公开透明的舆论环境，建立健全常态化舆情应对工作机构，明确工作职能职责，发挥各单位的作用，形成上下联动、齐抓共管的强大工作合力和良好局面，促进网络民间力量与政府力量的良性互动。在这一过程中，首先通过各种形式的宣传培训，争取党委政府领导同志，尤其是主要领导同志的重视。

（三）工作机制创新是第一动力

创新是引领发展的第一动力，当前，我国改革开放事业已进入攻坚克难的关键时期，更加呼唤改革创新的时代精神。武城县的"闭环管理"舆情应对机制，实质上就是把主动、高效、互动的网络舆情应对原则具体化、动作化、实践化。武城县的工作实践启示我们，创新必须坚持问题导向，以能推动工作、解决问题为标尺。

（四）线上线下结合是主要工作方向

网络舆情是通过互联网首发或传播，网民在一定时期、一定社会空间内围绕新闻事件、社会现象、社会问题所表达的信念、态度、意见和情绪的集合。但舆情是社会的皮肤，是社会形势的晴雨表，舆情的发生，其实质是由现实社会问题决定的。因此，解决线上问题首先需要处理线下问题，把解决线下问题作为首要任务，及时采取有效措施加以解决，形成线上引导、线下处置的工作合力。

（五）推进社会治理水平是落脚点

网络舆情是现实社会多元利益诉求的综合体现，网络舆情是社会协商的重要形式。它一方面是社会问题的真实反映，另一方面也推动了社会协商的深度展开，因而不完全是负面的。舆情处置的重点应是解决现实问题，而不应是简单的信息管控，那样会打击大众参与社会协商的积极性。政府或相关组织以正式身份参与舆情处理和社会协商，需要经过缜密的思考与决策；在舆情处置的过程中，舆情部门是一个重要的协调角色，而相关部门的协同工作是解决舆情问题的关键。

推进紧密型医共体建设
提高县域医疗服务水平 *

健康是促进人的全面发展的必然要求，是经济社会发展的基础条件，是民族昌盛和国家富强的重要标志，也是广大人民群众的共同追求。习近平总书记指出，医疗卫生服务直接关系人民身体健康，要推动医疗卫生工作重心下移、医疗卫生资源下沉，推动城乡基本公共服务均等化，为群众提供安全有效方便价廉的公共卫生和基本医疗服务，真正解决好基层群众看病难、看病贵问题。紧密型县域医共体建设是深化医药卫生体制改革的重要内容之一，是打通医疗服务体系"最后一公里"的迫切需要，更是不断提升患者看病就医获得感的必然要求。

一、背景情况

国内大环境：推进优质医疗资源扩容和均衡布局，是破解医疗资源总量不足、区域分布不均衡的有力手段。党的二十大报告指出，要提高基层防病治病和健康管理能力。近年来，我国通过在县域组建医疗共同体，进一步补齐了农村地区医疗卫生短板，提升了基层医疗卫

---

* 本案例由中共德州市陵城区委党校（陵城区行政学校）助理讲师杜丽丽、讲师李俊生撰写。

生服务能力。

县域医共体是指以县级医院为龙头、乡镇卫生院为枢纽、村卫生室为基础，县乡村三级医疗卫生机构分工协作、三级联动的县域医疗服务体系。

近年来，我国坚持以预防为主，深入推进健康中国行动，推动卫生健康事业发展从以治病为中心向以人民健康为中心转变。今天，人民群众不但要求看得上病、看得好病，更希望不得病、少得病。我国城乡医疗服务能力存在一定差距，优质医疗资源主要集中在大城市大医院，县域内尤其是偏远地区的基层医疗服务能力薄弱，一些基层群众面临看病难、看病贵的问题。通过推进县域医共体建设，补齐县域内医疗服务短板，能够让群众不出县就能享受到优质医疗服务。对于县级医院而言，能有效提升县级医院常见病、多发病诊疗以及急危重症患者抢救和疑难复杂疾病向上转诊服务的能力；而对于乡镇卫生院、村卫生室等来说，能获得更优质的医疗资源，提升基层服务的能力和效率。经过持续努力，我国县域医共体数量快速增长。国家卫生健康委公布的数据显示，目前，我国已组建县域医共体超4000个，县域内常见病、多发病的就诊率超过90%，800多个市县开展紧密型县域医共体建设试点，90%以上的试点地区实现医共体内的检查检验结果互认。实践表明，持续推进县域医共体建设，是优化医疗资源配置的有效途径。

陵城区现状：陵城区位于鲁西北平原，总面积1213平方公里，常住人口48.68万人，辖13个乡镇（街道），是山东省德州市的辖区。拥有人民医院、中医院2家二级甲等公立医院，疾控中心和妇幼保健院2家专业公共卫生机构，20家乡镇卫生院，4家社区卫生服务站，509家村卫生室，33家一体化管理中心村卫生室。目前，陵城区医疗服务仍面临着医疗资源总量不足、分布不均衡、基层卫生院基础设施条件差、群众看病难、看病贵等问题。具体表现为：一是全科医生总数少，且分配严重不均。截至2020年9月，陵城区通过转岗培训取得合格证在职员工155名、执业医师加注全科医学专业的医生数为60名、执业助理加注全科医生62名，共计277名。虽然陵城区目前已经达到了2020年城乡每万名居民拥有2～3名合格全科医生的目标，但是医生分配极度不平衡。由于家庭医生主要为全科医师承担，每2000名居民中原则上要有一个家庭医生团队，而每个团队至少要有一名全科医生。现有的全科医生分布不均衡，甚至有的乡（镇）卫生院根本就没有一名全科医生，也不具备派送到培训基地进行全科转岗培训的条件。此外，还有一部分已参加培训并取得合格证的同志因工作需要等原因调离基层工作岗位，造成目前在基层服务的全科医生屈指可数。二是基层卫生院医技人才短缺。陵城区基层卫生院多年未开展人员招聘，在编不在岗的占比40.5%，在岗人员中40岁以下的仅有115人，临床影像等专业技术人才短缺，无法满足基层百姓就医需求和现行诊疗规范。除去宋家卫生院、糜镇卫生院原由陵城区人民医院派遣了部分医护人员，其余7家乡镇卫生院实际在岗执业（助理）医生仅有116人、护士48人。人员分布上，116名执业（助理）医生中，陵城镇卫生院有72人，其他6家卫生院仅有44人；48名注册护士中，陵城镇卫生院有37人，其余6家卫生院仅有11人。迭代更新上，各乡镇卫生院多年没有开展人员招聘，医疗技术人才短缺，部分乡镇卫生院聘用乡医为业务骨干，技术水平较低。三是基层医疗机构负债严重。多年来，对基层乡镇卫生院投入不足，历史欠账较多，加之实施药品零加成改革，乡镇卫生院总负债达2000余万元。四是乡镇卫生院医疗设施设备老化。部分乡镇卫生院房屋破旧、医疗设备老化，除宋家、糜镇、义渡等卫生院拥有 CT 设备外，其余的仅停留在简单的生化检测、CR 检测水平。五是医保政策制约经济发展。由于乡镇卫生院医疗服务水平的限制，基层群众跨县域就医现象突出，医保资金大量外流，加上看病衣食住行费用，百姓就医负担沉重。六是区乡医疗机构之间的无序竞争。医疗资源的不均衡导致区乡两级医疗机构在内部科室设置、专业人才吸引、患者就医等方面出现无序竞争现象。七是医疗水平低导致群众不信任。由于缺乏名医名家和足够的骨干医生队伍，陵城区医疗机构高精尖的重点学科和知名度高的学科带头人较少，医疗技术水平还不够高，部分患者选择到区域外就诊；医疗机构信息平台特别是乡镇卫生院信息平台建设滞后、老化，无法满足信息共享、远程会诊、互联互通的需要，许多基层群众往往不顾路途遥远，到区级二级医院就诊，群众的治疗支出和就医负担大大提高。

2018 年以来，陵城区坚持问题导向，直面医疗卫生管理体制不顺、基层医疗基础薄弱、城乡医院无序竞争等堵点难点问题，坚持基层为重点、人民为中心的理念，全面启动了"三医联动"改革，着力推进紧密型医共体建设，构建了以区人民医院和区中医院为牵头医院的两大紧密型医共体。通过五年的发展，牵头医院服务能力显著提升，基层卫生院发展活力倍增，医防融合和慢病管控成效显著，群众看病就医获得感不断提升，构建起了聚汇融合、协同发展的新秩序，让广大群众享受到了全过程、全周期的优质高效的医疗服务，打造出紧密型县域医共体建设新样板。

二、主要做法

陵城区认真贯彻落实习近平总书记关于健康中国建设的战略思想，

将医共体建设作为重大民生工程切实抓细抓实抓好。紧紧围绕"提高基层防病治病和健康管理能力"这个核心，以满足老百姓多层次、多样化的健康新需求为目标，通过"一二三四"工作总基调，破解群众就医难，实现基层卫生健康体系的高质量发展，打造紧密型县域医共体建设样板。

（一）加强领导，凝聚一个共识

一是加强组织保障。成立了以区委书记、区长任双组长的深化医改领导小组，区委书记亲自调度医改进展情况，区卫生健康局等相关部门和医疗机构成立相应工作专班，建立了医改工作横向到边、纵向到底的医改工作机制。二是确定改革思路。在赴天长、三明等地学习考察的基础上，结合陵城实际，以县域医共体建设为核心，确定了全区医疗改革体制，即以人事薪酬、医保医药改革为框架，以分级诊疗改革为抓手的改革模式。三是健全政策体系。配套出台了《关于印发陵城区公立医院人员控制总量备案管理实施方案（试行）的通知》《关于印发〈德州市陵城区医疗服务共同体建设实施方案（试行）〉的通知》等方案，为改革提供了政策支撑。四是凝聚思想共识。召开全区卫生健康系统解放思想动员会，深入基层医疗机构调研走访，动员全区医务工作者参与医改、支持医改，凝聚了造福全区人民的思想共识，为全面深化医药卫生体制改革形成了共识。

（二）稳妥推进，开展两项清理

一是妥善进行人员安置。按照公平、公正、公开的原则，分类施策，对基层卫生院的在编不在岗人员实行返岗培训或协议离岗，对临时工人员实行即辞即聘政策，依法保障每名员工的合法权益。二是稳步实施清产核资。组织审计局、物价局等单位组成专项审计组，对纳入医共体范围的基层卫生院开展清产核资，历时两个月，对纳入医共体范围的基层卫生院完成了清产核资工作，各基层卫生院的真实家底已全部摸清。三是顺利完成移交。完成人员安置和清产核资后，由区卫生健康局、医共体牵头医院、基层卫生院三方共同签订移交协议书。整个过程平稳有序、规范合规。

（三）破旧立新，推进三项改革

一是推进管理体制改革。真正打破管理壁垒，形成"管理、服务、责任"共同体。以2家县级公立医院为牵头核心，将20家基层卫生院的人、财、物全部划转，赋予牵头医院办医自主权。在上级"六统一"的基础上，创新形成统一党建管理、统一人事管理、统一财务管理、统一资产管理、统一业务管理、统一药械管理、统一信息平台、统一医保支付管理、统一绩效考核管理、统一文化管理，形成新的管理共同体；总牵头医院成立党建、财务核算、人事管理、消毒服务、后勤管理、药械配送等服务中心，建立心电、影像、检验、超声、病理等诊断中心，实现医共体内检验、影像资源共享、结果互认，定期安排专家坐诊，派驻"业务院长"等，形成新的服务共同体。聘请专业绩效改革团队，在医共体单位推行目标责任制和全面质量控制考核，突出服务质量、患者满意度等指标，建立健全绩效考核指标体系，严格责任考核，对不达标者问责。医共体对所属乡镇卫生院进行统一管理，起到了"办医"的作用，整合预防、保健、诊断、治疗和康复等功能，形成一体化的"责任共同体"。二是推进整体长远发展改革。为避免龙头医院对基层资源的虹吸，在医院功能上实现差异化发展，积极推进一院一特色建设，在精准服务、有效服务、靶向服务上下功夫，在实现基层院区错位发展、差异化提升上下功夫，综合考虑各院区的地理位置、技术专长、群众需求等因素，合理界定其未来发展方向，使每个院区都有亮点、有特色、有专长，避免资源浪费和重复建设。例如，位于城区与医疗资源严重重合的临齐街道院区，根据其发展需要，逐步建设了老年人康养中心和慢病管理中心，重点抓好老年养护、慢病防治、中医中药和安宁疗护等项目；根据区位需要，将糜镇打造为县域医疗服务次中心，建立德州市首家乡镇120急救站，新建精神卫生中心，提升15公里区域覆盖圈内的急救能力；将中医基础较好的5个乡镇卫生院与中医院形成医共体，在区中医院的技术扶持、中医人才培养和中医药发展等方面实现新突破；其他乡镇驻地院区同步发展为综合医院；非乡镇驻地院区工作重点转为公共卫生，提高公共卫生服务质量。三是推进医保支持模式改革。医保总控指标共享各牵头单位和各成员单位对医共体总控指标的使用情况实行统一核算，由各牵头单位统筹使用，合理分配。积极开展推广中医适宜技术的"中医日间病房"医保结算试点。医共体内病人转诊起付线连续计算，基本形成了基层首诊、双向转诊、上下联动的分级诊疗秩序，基层群众看病难、看病贵的问题进一步得到缓解，医共体内的医院由过去争病源变为利益共享、风险共担的共同体。

（四）多点开花，做到"四个实现"

一是实现人才上派下沉。打破原有人事管理制度，率先实行人事备案制度，为牵头医院招聘人事备案制医护技术人员，为基层院区招聘事业编制人员144人。采用区招乡用的方式，将专业技术人员充实到基层医疗人才队伍。在医共体内部推进人才柔性流动，实行人才培养"请上来、沉下去"的模式，对专家坐诊、手术、定期帮扶实行常态化下派，长期坐诊采取双向选择的方式进行，分层级培训基层人员，选派基层骨干进修学习，通过传帮带提升基层院区医疗技术水平及服务能力，为基层人才"造血"。例如，区人民医院为促进基层护理工作上水平，选派了"业务护理院长"到各院区挂职；区中医院以党建带业务发展，把党支部书记派驻到各卫生院。二是实现先进技术管理下沉。牵头医院加大对基层院区设施设备的投入力度，5年来，牵头单位投入资金升级医疗、公卫用房等基础设施，更新落后设施设备，不断提升基层院区检查诊断水平。借助医共体影像、检验、心电等中心一体化建设，大大缓解了基层医疗设备短缺、医疗技术薄弱的问题。牵头医院每月对各院区进行 PDCA 质量管理评价，做到同检查、同考核、同整改，同质化管理，及时发现问题，并有针对性地整改、提高。三是实现服务模式转变。通过做实基本公共卫生服务项目，推动基层医疗机构从以治病为中心转向医防融合，当好群众健康的"守门人"。通过提升服务能力、完善激励机制，促使基层医务人员扎实开展基本公共卫生服务，定期为群众体检，走村入户开展随访、签约服务，分类管理，实现了医疗服务从被动变主动。发挥牵头医院专家对家庭医生团队的技术支撑作用，创新打造家医签约"1+1+1+X"诊疗模式，组建由乡村医生、基层院区医生、配1名二级医院专家，共同组成"1+1+1"家庭医生服务团队，遇到疑难杂症，及时邀请上级医联体医院专家会诊。为家庭医生团队、家庭医生服务提供技术支持，家庭医生可以根据老年人、慢病患者、孕产妇儿童等群体的不同需求，制定有针对性的健康服务签约包，为病人提供连续、综合、长期、个性化的医疗服务。在二级医院的牵头带领下，各基层医疗机构均开展"三高共管、六病同防"服务，健全医防融合健康管理服务机制。四是实现分级诊疗形成合力。依托牵头医院标准化建设、重点专科和六大中心建设，构建高效的区域协同救治体系。每个乡镇卫生院均配备救护车，开通双向转诊绿色通道，对基层院区上转患者，落实"三个优先"服务。为村卫生室购置远程心电等信息化设备，构建"城乡心电一张网"，打通"救心高速路"，将乡医转诊纳入医共体管理。开展县域医共体中心药房建设，成立"慢特病"药品管理中心，保障患者用药安全、有效、可及。例如，糜镇60多岁的李某，因糜镇院区和区人民医院合作，患者从发病到进行溶栓只用了36分钟。宋家镇是距城区最远的乡镇，一名38岁的男性患者因胸痛就诊，经初步判断服药后，人民医院与宋家院区救护车同时出发，30分钟完成途中对接，手术过程非常顺利。一件件急救案例是医共体成果的真实体现。

截至目前，陵城区医共体建设的总体框架已经建成，成为德州市唯一的国家紧密型县域医共体建设试点，深化医药卫生体制改革、推进紧密型医共体建设取得了群众得实惠、医院得发展、价值得体现、观念得转变、政府信任度得提高的成效。主要表现在4个方面。一是基层医院得发展。两家牵头医院自医共体建设以来，累计为医共体单位投入资金近2亿元，购置更新CT、胃肠镜、远程影像、远程心电等设备，新建了4个医共体单位门诊综合楼、3个健康管理中心、改建扩建项目多处。2022年组织专业骨干进行技术培训37次，帮扶坐诊1290次，手术761例，进行B超、放射、检验、心电专项技术指导4万余次，通过一系列技术及业务指导，使医共体院区从业务到管理水平得到了整体提升。全区13家乡镇（街道）驻地卫生院已实现国家"优质服务基层行"活动基本标准全覆盖，6家达到推荐标准，2家成功创建省级社区医院。33处一体化管理中心村卫生室建成投用。二是中医中药得推广。陵城区所有乡镇卫生院均建成高标准"国医堂"，先后有7家医疗机构开展"中医日间病房"医保结算试点，为德州市最多的县市区。"中医日间病房"充分发挥中医药简、便、验、廉的特色和优势，患者既能享受医保报销，又能享受做完治疗就回家的便利，在推动试点医疗机构中医业务发展的同时，提高了医保基金的使用效率，一经推广便得到广大患者的高度认可。2022年共办理"中医日间病房"医保报销3977人次，累计报销1043万元。区中医院"共享中药·智能配送中心"建成投用，全区中药煎煮服务能力大幅提升，百姓看中医更方便、用中药更放心。三是基层群众得保障。牵头医院帮扶基层开展了90项新技术、新项目。县域内就诊率2022年比2018年提高14.99%，牵头医院下转患者数量比2018年增加306人次，基层医疗机构慢性病患者管理率达到68.8%，比2018年提高40.7%；对老年人、儿童、孕产妇、残疾人等特殊人群实行"应签尽签"，群众在基层得到全面持续的基本公共卫生服务，家庭医生签约服务质量有了较大提高。全区就诊率在2022年达到93%以上，基层就诊率也正在逐年提高。通过医共体建设，逐步减少了百姓的医疗支出和额外支出，群众在基层就医更有保障。四是医改工作得民心。陵城区为紧密型县域医共体建设试点县是国家卫生健康委、国家中医药局于2019年8月确定的。陵城区紧密型县域医共体建设入选陵城区2021年"改革试点成果"和德州市2021年"改革试点成果"，典型经验入选国家卫生健康委《紧密型县域医共体工作专刊》和《医疗联合体建设案例集》。陵城区人民医院医共体建设案例入选"首届全国县域医共体建设优秀创新成果展"，医共体疫情防控措施在"寻找县域医共体实践价值案例"征集活动中荣获卓越战役奖。医改工作赢得了百姓的认可，全区支持医改的氛围更加浓厚。

三、经验启示

（一）领导重视是保障

深化医药卫生体制改革、推进医共体建设的关键是党委政府的高度重视。陵城区高度重视紧密型医共体建设工作，为此成立了以区委书记、区长任双组长的深化医改领导小组。区委书记亲自调度医改进展情况，把好总开关，把它视为当前各项工作的重中之重。

（二）摸清底子是基础

摸清改革前的底子和问题，才能为下一步医改工作打下坚实的基础。陵城区组织审计局、物价局等单位组成专项审计组，对纳入医共体范围的基层卫生院开展清产核资，充分掌握各基层卫生院的真实家底，为后期紧密型医共体建设工作的顺利开展铺平了道路，扫清了障碍。

（三）体制改革是关键

陵城区破旧立新，将区级医院与基层卫生院进行整合，通过带动、帮扶，实现发展、责任、利益、服务的共同化，推进医共体建设在管理体制、基层医院整体发展、医保支持模式等方面进行改革创新，打破了原有体制的束缚，为紧密型医共体建设的推进提供了制度保障。

（四）全员参与是核心

牵头医院医务人员的主动参与是紧密型医共体成功的关键。陵城区召开全区卫生健康系统解放思想动员会，动员全区医务工作者参与医改，为紧密型医共体建设提供坚实的人员力量。

（五）分级诊疗是目标

破解人民群众普遍关心的"看病难"问题，最现实的办法就是采取分级诊疗制度。陵城区依托牵头医院标准化建设、重点专科和六大中心建设，构建高效的区域协同救治体系，开通双向转诊绿色通道，构建"城乡心电一张网"，打通"救心高速路"，开展县域医共体中心药房建设等，解决基层群众看病难的问题。

健康关系千家万户的幸福，关系国家民族的未来。习近平总书记指出，要推进县域医共体建设，改善基层基础设施条件，落实乡村医生待遇，提高基层防病治病和健康管理的能力。持续推进县域医共体建设，不断探索新的模式，大力提升服务质量，我们定能打造更加完善的健康保障体系，不断增进人民群众健康福祉。

新风公益"小基金"
撬动城乡"大文明"*

——"平原好人"新风公益基金实施过程中的经验做法启示

社会的发展以及民族的复兴，不仅需要雄厚的物质力量，更需要强大且充沛的精神支撑。也就是说，在中国式现代化的建设进程中，为实现中华民族伟大复兴，除了要不断夯实现代化的物质根基，还需要持之以恒地建设社会主义精神文明。党的二十大报告明确指出，要统筹推动文明培育、文明实践、文明创建，推进城乡精神文明建设融合发展。"新风公益基金"是平原县的一项新探索、新实践，是加强乡村社会治理、推进乡村振兴和新时代文明实践工作的创新举措。本报告采用案例分析法，从背景情况、主要做法、经验启示三个方面介绍了平原县在开展"平原好人"新风公益基金工作中的探索和实践，为更好地让新风公益基金在广度和深度上延伸，让更多群众受益提供启发。

一、背景情况

（一）实施新风公益基金是统筹城乡协调高效发展的迫切需要

统筹城乡发展是系统工程，涵盖城乡经济、政治、文化、生态以

---

* 本案例由中共平原县委党校（平原县行政学校）助理讲师宋慧敏撰写。

及精神文明建设诸多方面。当前，各地区在统筹城乡经济社会发展的过程中，往往更加关注政治、经济建设等层面，出台了一系列政策措施，然而相对来讲，城乡精神文明融合发展对于地区经济社会发展同样有极其重要的作用。推进城乡精神文明建设融合发展，就是在城乡统筹发展的整体框架之下，优化城乡精神文明建设资源配置，将城乡精神文明建设紧密融合、协调发展，切实调动并充分发挥城市精神文明建设在人力资本、科学技术等方面的优势，强化农村精神文明建设，提升广大农民思想道德素养及农村地区社会整体文明程度的发展，为统筹城乡协调高效发展提供强大且稳定的动力支持。

实施新风公益基金在统筹城乡协调发展中的作用主要体现在以下几个方面。第一，促进城乡资源共享。新风公益基金可以推动城乡资源的优化配置，通过基金的运作，将城市的优质资源引入农村，提升农村的发展水平。同时，也可以将农村的特色资源引入城市，促进城乡经济的交流与合作。第二，推动城乡基础设施建设。新风公益基金可以为城乡基础设施建设提供资金支持。通过基金的投入，可以帮助农村改善交通、水利、电力等基础设施，提升农村的生产生活条件。同时，也可以支持城市向农村延伸的基础设施建设，如公路、桥梁、管道等，促进城乡基础设施的一体化。第三，提升城乡居民素质。新风公益基金可以用于支持城乡居民的教育和培训。通过基金的支持，可以帮助农村提高教育水平，提升农民的素质和能力。同时，也可以为城市居民提供培训和学习的机会，促进城乡居民的交流和互动。第四，优化城乡生态环境。新风公益基金可以投入城乡生态环境的保护和治理中。通过基金的支持，可以推动农村的环保工作，改善农村的环境状况。同时，也可以支持城市的环保项目，促进城乡生态环境的可持续发展。第五，促进社会和谐发展。新风公益基金可以通过各种形式的社会公益活动，促进社会和谐发展。比如，可以为贫困地区提供援助，帮助贫困人口脱贫致富；可以为老年人、残疾人等提供关爱和帮助；可以支持文化、体育、卫生等事业的发展。这些活动的开展可以增强社会的凝聚力和向心力，推动城乡的协调发展。实施新风公益基金是统筹城乡协调发展的重要手段之一。它可以发挥基金的优势，动员社会各方面的资源，推动城乡经济、社会、文化的全面协调发展。

（二）实施新风公益基金是提高整体社会文明程度的重要抓手

精神文明建设不仅体现了人的主观精神世界和追求，而且极具感染力和号召力，能够充分凝聚群众的智慧和力量，克服建设社会主义现代化强国过程中可能遇到的各种困难与挑战。建设社会主义现代化强国，最艰巨、最繁重的任务都在农村，而农村精神文明建设则是要点也是挑战。只有实现城乡精神文明建设的协调发展，彻底改变环境、转变风气，才更有助于激发广大人民群众建设文明生活的积极性、主动性以及创造性，继而为建设社会主义现代化强国提供有力保障。

首先，新风公益基金的实施能够让经商大户、在外能人有意愿通过这个渠道反哺家乡，为村庄兴办一些公益性事业，促进家乡村风民风转变、村容村貌改善。其次，该基金鼓励群众发扬新时代文明实践志愿服务精神，形成人人参与、人人尽力、人人享有的社会治理共同体。通过募集资金，用于村容村貌提升、敬老爱老、孝德评选、助学拥军等民生公益活动，推动村级公益事业的发展。最后，通过开展"平原好人"新风公益评选表彰活动，对各村评选出的"好婆媳""美丽庭院""节俭之家"等进行表彰奖励，可以正确引导积极向上的文明新风，引领广大群众摒弃陋习，树立和谐新风尚、新风气，助推乡风文明。

（三）实施新风公益基金是加强农村基层党组织文化感召力的关键依托

农村基层党组织要不断彰显政治领导力、政策宣传力、组织动员力，全面增强以乡土文化塑造农村社会行为的本领。首先，突出政治功能，加强基层党员管理教育。基层党组织要善于引领党员成为农村社会各行业的先行者，正确发挥模范带头作用，以提高政治素养、政治能力为目标，进一步凸显基层党组织以乡土文化塑造农村社会行为的政治领导力。其次，加大政策宣传力度，营造美丽乡村良好氛围。《中共中央 国务院关于做好二〇二三年全面推进乡村振兴重点工作的意见》强调，要推动各地因地制宜制定移风易俗规范，强化村规民约约束作用，党员、干部带头示范。大力开展"除陋习，树新风"活动，坚决抵制"天价彩礼"、铺张浪费、人情攀比、厚葬薄养等恶习，积极宣传文明乡村政策，大力弘扬社会主义先进文化，以先进文化涵育文明乡风。此外，加强对村民的法治宣传教育，创建村规民约，引导村民家庭争当"文明家庭"。最后，要发挥农民主体作用，调动农民参与乡村振兴的积极性、主动性、创造性。

新风公益基金活动借助区域党建共同体的平台，让活动规格提升，影响力增强。基层党组织引领带动作用从全村扩展到整个区域党建共同体，将新风公益基金效能发挥到最大。同时，以党建共同体为单位开展新风公益基金活动，密切了共同体内各村庄之间的交流与沟通，共同助学、拥军，不断加强联系、加深融合。这有利于突破村庄之间的壁垒，凝聚乡情。通过实施新风公益基金，进一步强化基层党组织的引领作用，扎实推进新时代文明实践中心建设工作向纵深开展。

二、主要做法

（一）顶层设计，以点带面

平原县委、县政府通过多次到基层调研，创新性提出以改善人民生活、增进人民福祉为出发点和落脚点，在全省探索设立"平原好人"新风公益基金，通过发动爱心企业、乡贤能人和党员干部群众募集资金，搭建起社会各界反哺家乡、奉献爱心、回报社会的公益平台，打造了城乡共建共享、文明善治，基层组织夯实的新模式。聚焦村级公益事业发展，突出党建引领，健全推进机制，坚持循序渐进，以点带面推开，推动新风公益基金工作破题上路。

一是高位推动。平原县委、县政府高度重视"平原好人"新风公益基金工作，将其作为全县经济高质量发展的"软实力"、民生保障的"硬支撑"。2022年1月11日，召开了全县"平原好人"新风公益基金工作启动会议，为保障工作顺利开展，县委成立工作专班，建立健全联席会议机制，由县委副书记任组长，县委常委组织部部长、县委常委宣传部部长任副组长，各乡镇（街道）、县直有关部门主要负责同志为专班成员、联席会议成员通过深入镇村开展调查研究。县级层面，成立新风公益基金工作领导小组，制定出台《平原县设立"新风公益基金"实施方案（试行）》，明确基金性质、募集方式、管理办法、使用程序。各乡镇（街道）设立专人专班，同时发挥县农业农村、工会、团县委、妇联、民政等部门的作用，加强职能整合，确保高效推进。

二是试点带动。2021年11月，选取王庙镇作为试点乡镇，在杠子李村先行先试，按照自愿公开、量力而行的原则，通过线下、线上等多种方式宣传、募捐。全村200余名村民参与活动，参与率达到95%，仅一个村就募集资金11.6万元，全镇共筹集资金170万余元。在试点成功的基础上，2022年1月，启动全县"平原好人"新风公益基金工作，各乡镇（街道）迅速研究部署，广泛宣传发动，层层推进、压茬开展。到2月底，乡镇层面"平原好人"新风公益基金活动全部启动，855个自然村，已有640个村庄开展了新风公益基金募集活动，村庄参与率达到74.85%，共筹集资金1131万元。在公益新风的感染带动下，同年3月4日，山东国瑞新能源集团捐资1000万元，注入"平原好人"新风公益基金，全县各级各部门、企事业单位捐款10万余元，"平原好人"新风公益基金成为全县深化改革响当当的工作品牌。持续推进新风公益基金工作向纵深开展，全县855个自然村启动工作，实现了全覆盖。县、乡、村三级累计募集公益基金2600余万元，直接受益群众14万余人次。

三是宣传发动。拍摄制作"平原好人"新风公益基金纪录片和公益广告，通过电视、报纸、微信公众号等形式，广泛宣传新风公益基金的意义、用途。依托"平原宣传"和"平原时讯"，开设"新风平原·每周一星"专栏，宣传报道基金募集和使用过程中涌现出的典型人物、典型事迹，真正让新风公益活动深入人心、家喻户晓。在新时代文明实践工作中，"平原好人"新风公益基金发挥了扬正气、树新风的正向激励作用。2022年以来，开展"道德模范""新时代好少年""优秀志愿者""最美农民""平原好人之星"等评选表彰活动。联合工会、妇联、团委等部门开展"五一劳动奖章""最美女性""好婆婆好媳妇""最美青年"等评选表彰活动。通过召开表彰大会、组织先进事迹报告会及新闻媒体宣传报道等方式，加大先进典型的宣传力度，在全社会营造学习先进、崇尚先进、比学赶超的浓厚氛围。

（二）公开公正，完善机制

为确保基金工作得民心、顺民意、惠民利，切实办成一件民心工程，平原各乡镇（街道）深入开展调研，通过召开座谈会、入户走访、发放调查问卷等形式，不断完善新风公益基金募集、管理、使用、监督制度，确保把基金花在"刀刃"上，确保有限的资金用在群众最需要的地方，树立良好社会形象。

一是建立募集机制，搭好基金"入口"。鼓励创业有成的企业家、经商大户、种养大户等在外能人及热心公益的村民自愿捐款，做大做强新风公益基金。要特别明确，各村庄募捐资金后，须在一天内存入村级对公银行账户，由乡镇（街道）经管站监管，严格实行收、支"两条线"管理，不得单设"小金库"、不得存入个人账户。同时通过张榜公示、发放荣誉证书、感谢函等方式，让捐赠者享荣誉、有地位、受尊重。

二是理顺管理机制，管好基金"收口"。制定出台《关于加强和规范"平原好人"新风公益基金管理的指导意见（试行）》。在村级层面，成立新风公益基金议事会，设会长1名、成员3~5名，由热心公益、威望较高的党员群众代表组成，负责新风公益基金组织募集、管理使用、申请发放等工作；在乡镇层面，将村庄（社区）募集的基金纳入农村财务"双代管"范围，由乡镇（街道）经管站设立单独账目、单独核算。

三是规范审批机制，把好基金"出口"。建立基金申请、动议、公示、审批等程序，严格按照适用范围进行使用。把好申请关，村级开展民生公益活动或有需求的家庭及个人向议事会提出申请，详细说明申请事由、预算金额。把好动议关，"新风基金"议事会对申请进行讨论，研究是否符合基金使用条件。符合条件的，进行公示或征求群众意见；不符合条件的，及时向申请对象作出解释说明。把好公示关，通过大喇叭广播、公开栏张贴等形式，对符合条件的基金申请进行公开公示，公示时间不得少于3天，并接受群众监督。每季度通过邮寄信件、打电话等形式，将基金使用情况告知在外捐助人。把好审批关，公示结束且无异议的，将基金申请报乡镇（街道）经管站审批，履行相关程序，及时拨付资金，做到安全合规。

四是建立监督机制，守好基金"关口"。将新风公益基金全部纳入县纪委开发的"平原基层治理智慧监督平台"，公示基金募集、使用情况，确保花出去的每一分钱都有迹可循、公平公正。对不合理支出基金、未使用基金、基金使用不规范等现象实时预警，对不符合发放条件却给予办理或贪污挪用新风公益基金的，一经发现严肃处理，情节严重的依法追究责任。有效杜绝了村级干部玩忽职守、徇私舞弊等违法违纪问题发生。

（三）破解难题，倡树新风

坚持取之于民、用之于民，积极发挥基金引领教化群众、助推乡村文明的作用，将基金用于表彰奖励农村孝老爱亲、关爱他人的道德先锋和亲善邻里、踊跃奉献的文明榜样，广泛传播文明正能量。

一是发挥争先创优"强心剂"作用。把"平原好人"新风公益基金融入日常、抓在经常，真正发挥好新风公益基金"四两拨千斤"的作用。春节前后，县、乡两级都开展了"新风公益基金"表彰大会，积极评选表扬"道德模范""好人之星""最美农民""文明榜样"等先进典型，引导广大群众见贤思齐、争做"平原好人"，让群众充分感受到做平原好人的幸福，充分发挥新风公益基金春风化雨、润物无声的巨大作用。2023年1月15日在平原县艺术中心剧场举办了2023年春节联欢晚会，评选表彰了"平原好人"新风公益基金工作优秀基层党组织、"新风大使"和"平原好人"代表。各乡镇（街道）相继开展"新风公益"主题年会，评选表扬了一批先锋模范，总结推广了一批先进经验。2022年春节前夕，王庙镇所有村庄启动了"大学生座谈会""现役军人表彰"等活动以及"镇级十大孝善之家"等评选工作，临近春节，这些活动集中了2天时间敲锣打鼓送荣誉、送表彰，让获奖者有荣誉，让周围邻居有比较。德原街道开展了"德原好人"新风典范表扬仪式，对"最美新风公益之星""德原榜样""德原好人——助人为乐之星、敬业奉献之星""最美家庭"进行表扬奖励。围绕孝老、拥军、移风易俗、最美系列评选等主题开展新风公益活动3700余场次，直接受益群众达14万余人，新风公益基金影响力不断扩大。

二是发挥扶弱助困"及时雨"作用。对贫困学子、身有残疾、患有疾病等家庭生活困难群体，新风公益基金给予精准救助帮扶，确保共同富裕路上一户不少、一人不落。帮扶过程村党支部书记全程参与，真正将党的关怀和温暖送到群众心坎上。例如王呆铺镇发挥"新风公益基金"汇聚民力办好民事的作用，为全镇85岁以上的老人送去防疫中药汤剂，全力解决"重点人群"急难愁盼的问题。德原街道厚坊村启动新风公益基金后，经村议事会商议，决定拿出1000元新风基金用于资助梁有强（妻子患有白血病）渡过难关。王呆铺镇焦家寺村启动新风公益基金后，经村议事会商议，决定拿出2000元新风基金用于资助王清亮（儿子罹患骨癌）渡过难关。王庙镇路庄村利用新风公益基金，对村里突患胰腺癌的女孩给予8000元救助。这些依托新风公益基金开展的救助善举，既有效帮助了突然遭遇困境的家庭，又通过基金使用凝聚了全村群众守望互助的乡情。活动启动以来，全县累计救助困难家庭200多户。

三是发挥村容改善"助推器"作用。结合农村人居环境整治，开展美丽庭院、卫生标兵等一系列评选活动。对涌现出的先进家庭，给予适当奖励，形成"人人参与、人人共享"的农村环境治理长效机制。

为提高群众参与文明家庭和美丽庭院创建积极性，联合县委宣传部、县文明办、县文联，以"平原好人"新风公益基金为依托，开展"文明实践走基层·翰墨飘香沁乡村"书画进万家活动，将每月美丽庭院"PK赛"获胜擂主、最美家庭等纳入其中，通过送家风家训、送精美山水画等，提升美丽庭院和文明家庭的创建内涵。为充分发挥新风公益基金效能和志愿服务作用，按照全县创城工作的要求，县直各部门、各乡镇（街道）积极开展"依托新风公益基金助力'四城联创'和志愿服务工作"主题的新时代文明实践活动。

四是发挥移风易俗"风向标"作用。在新风公益基金使用上明确标准，凡是铺张浪费、人情攀比、高价彩礼、厚葬薄养的家庭，一律不纳入基金评选使用范围，引导群众树正气、改陋习，形成婚事新办、丧事简办的新风尚。平原县桃园街道以桃园社区为试点，组织成立新风公益志愿服务婚车队，包含奥迪、帕萨特等车型的20余辆婚车，利用新风公益基金给予车主补助燃油费，并根据出车次数给予车主志愿服务积分奖励。还号召各村成立文明迎亲志愿服务队，为结婚家庭提供全程服务，劝导结婚家庭拒绝高价彩礼、抵制恶俗婚闹，为结婚家庭带去便利服务的同时也推进了移风易俗。王打卦镇郭家堂村通过"新风公益基金"共募集爱心资金8.4万元，随后更新修订村规民约，村里所有丧事由红白理事会统一提供火化、骨灰盒、安葬等费用约1000元，极大地减轻了群众负担，为乡村振兴注入文明力量。

三、经验启示

（一）高标准开展精神文明工作

乡村两级对于新风公益基金工作的认知程度不同，大部分乡镇以推行新风公益基金为抓手助推基层党建工作，加强机关自身建设，进一步发挥新风公益基金汇聚民力办民事的作用。少部分乡镇由于认知不到位，把新风公益基金视为基层负担，工作开展存在形式主义。个别部门借助新风公益基金开展志愿服务活动是因为精神文明建设考评的需要，受到传统管理思维与习惯影响，重数据、重结果、方式行政化，活动组织随意性大，志愿服务工作推进缺乏制度化、规范化、常态化。要督促各乡镇（街道）扎实扛起主体责任，牢固坚持实事求是和自愿原则，坚决杜绝硬性摊派，杜绝走过场，夯实"文明新风公益基金"工作基础，同时，要结合春节在外人员集中返乡的黄金时机，督促镇、村用好、用活资金。在基层精神文明建设工作中，一方面，科学整合资源，以志愿服务质量提升促进精准化、专业化服务供给。帮助基层群众解决政策法规、生产生活、卫生健康、情感心理等方面的实际问题，打通了宣传群众、教育群众、关心群众、服务群众的"最后一公里"。通过整合理论宣讲、教育服务、文化服务、科技与科普等内容，增强志愿服务专业化优势。另一方面，推进志愿服务进基层、进社区、进家庭，有效回应了基层群众诉求。志愿服务向农村基层延伸，以农村群众为主要服务对象，各级各类志愿服务组织和志愿者采用开设讲堂、心理疏导、公益帮扶等多样形式，开展全覆盖、分众化、菜单式的文明实践活动，有效解决了人们的实际问题，回应了人们对美好生活的需求。

（二）完善基金良性运行机制

在乡镇层面，将村庄（社区）募集的基金纳入农村财务"双代管"范围。农村财务双代管，是指在集体资金所有权不变的情况下，乡镇政府委托经管站对村组集体资金和财务账目实行统一管理的一种管理体制。实行农村财务双代管后，规范了财务手续，严肃了财经纪律；

加强了民主管理，促进了农村基层政治建设；加强资金运行的管理，提高资金使用效益。然而，也存在一系列问题，基金的申请、动议、公示、审批程序复杂，基金发挥作用时效延迟。

加强基金管理。坚持专款专账，专项管理，继续督促乡镇（街道）及时将募集的公益基金纳入农村财务"双代管"范围，一方面，确保基金用在"刀刃"上，加强基金监管，源头把控基金动向，实地考察基金落地情况。另一方面，召集审批手续单位牵头成立工作组，集中处理审批，简化审批流程，缩短审批时间，精准发挥基金功效。

探索基金良性运行机制。在资金募集方面，常态化募集，严格履行接受捐赠手续，收到捐赠资金后，及时向捐赠人开具收据，并将情况登记造册。在基金管理方面，健全管理制度。基金使用需要通过申请备案、议事会成员讨论、征求群众意见、公示公开、报县直部门单位党组（党委）审批五项议程，基金主要用于表彰奖励社区涌现的道德模范、先进典型，救助由于不可抗因素导致的家庭困难等公益事业，以及社区内开展公益活动，严禁挪作他用。在基金使用方面，干部通过入户走访、召开座谈会等形式，了解群众期盼，收集活动信息，真正做到民有所盼、我有所应。在基金监督方面，每次使用情况都上传至"智慧监督"平台，定期公示公开，每季度公开一次"新风基金"募集、使用等情况，接受群众监督。一经发现违规使用，视情节轻重依法追究相关人员责任。

（三）创新居民诚信积分机制

目前，全社会还没有形成人人参与、人人奉献的良好社会氛围。志愿者参与志愿服务活动，是一项个人自愿的行为，其动机是满足自我受他人尊重和自我实现需要的影响。平原县积极倡导公民自愿投身和参与志愿服务活动，但是公众对志愿者服务行为在一定程度上还存在认识上的误解和偏差，公众参与社区志愿服务的内生动力表现不足。

志愿服务是精神文明建设和社会治理的有力抓手，依托新风公益基金助力志愿服务积分的探索，在一定程度上把基层治理从"任务命令"转为"激励引导"，通过积分奖励、能人引领、意识提升三个阶段的发展，用"小积分"撬动新风治理的"大杠杆"，可进一步解决群众在志愿活动中参与不足的问题。第一阶段，通过小区党支部、业委会等各类组织开展群众性议事协商活动，让居民全程参与积分制的制度设计过程，通过积分高低对参与居民实行物质及精神奖励刺激、引导，发掘群众领袖；第二阶段，发挥群众领袖先锋带头作用，以点带面引导更多热心群众参与；第三阶段，主动将积分活动提升到道德价值层面，不断拓展和延伸，逐步固化为一种有意义的居民习惯，良性循环。社区群众以主人翁的身份参与到小区治理服务中，以此带动居民的参与意识，从而实现社区良性治理。

▶ 四、结语

新风公益基金既是我们奋斗路上的有益探索，更是党建引领文明实践的有力举措。要继续久久为功做实、做深新风公益基金的各项工作，让老百姓有更多的参与感、获得感、幸福感。

依托智能化管理平台，点亮"武爱相伴"分散供养照料服务品牌*

　　社会救助是社会建设的兜底性、基础性工作，关系着困难群众的基本生活和衣食冷暖。习近平总书记对做好社会救助兜底保障工作提出了明确要求，要把农村社会救助纳入乡村振兴战略统筹谋划，健全农村社会救助制度，完善日常性帮扶措施；要坚持传统服务方式和智能化服务创新并行，针对老年人、残疾人等群体的特点，提供更加贴心暖心的社会保障服务。

　　社会救助事关困难群众的基本生活和衣食冷暖，关系民生、连着民心，是保障基本民生、促进社会公平、维护社会稳定的兜底性、基础性制度安排。党的十八大以来，随着中国特色社会救助体系基本建成，我国民生兜底保障安全网越织越牢，保障政策日趋精细化、精准化，最低生活保障等社会救助兜底保障工作逐渐从"人找政策"向"政策找人"转变。根据相关文件，我们必须积极发展服务类社会救助，以完善"物质+服务"的社会救助兜底保障方式为方向，以满足分散供养特困人员照料服务需求为目标，建立健全分散供养特困人员照料服务标准规范和监管机制，不断提升服务质量，确保分散供养特困人员"平日有人照应、生病有人看护"，提升他们的获得感、幸福感和安全感。

---

　　* 本案例由中共武城县委党校（武城县行政学校）助理讲师李亚宁、高级讲师田华丽、讲师徐树全、正高级讲师刘兰杰撰写。

▶ 一、背景情况

（一）上级部门高度重视分散供养特困人员照料服务工作

2014年，国务院公布施行了《社会救助暂行办法》，将城乡"三无"人员保障制度统一为特困人员供养制度。为切实保障特困人员的基本生活，2016年，国务院发布了《关于进一步健全特困人员救助供养制度的意见》，要求解决城乡特困人员突出困难，满足城乡特困人员基本需求。2019年12月，民政部印发《关于加强分散供养特困人员照料服务的通知》，明确了分散供养特困人员救助的重大意义、照料标准、服务内容、资源链接等。在上级引导下，德州市民政局于2022年10月印发了《关于在全市开展分散供养特困人员社会化照料服务的通知》，要求各县级民政部门具体负责牵头组织购买社会化照护服务，并对购买服务的主体、承接主体、服务对象、服务内容等具体环节进行说明，确保分散供养特困人员社会化照料服务取得实实在在的成效。

（二）武城县分散供养特困人员照料服务工作取得诸多成就

武城县始终坚持以人民为中心的发展思想，按照健全分层分类的社会救助体系的工作要求，全面提升社会救助工作整体效能，推动形成衔接有序、政社联动、精准施策、兜底有力的社会救助格局。强化党建和社会救助融合。按照党政领导、民政牵头、部门配合的原则，成立以县委书记、县长任双组长，副县长任副组长，30个部门主要负责人为成员的社会救助工作专班，召开联席会议6次，专题研究相关事宜。将社会救助工作与党建工作同部署、同落实，并将社会救助工作纳入"党员积分制"管理范围，推动党员干部主动参与到困难家庭的帮扶服务中，让社会救助更精准、更及时、更温暖。围绕加大低保扩围增效工作力度、进一步加强急难临时救助、健全完善工作机制、优化规范办理流程、落实保障措施5个方面持续发力，及时将符合条件的困难群众纳入社会救助范围，实现最低生活保障等社会救助扩围增效，兜住、兜准、兜好困难群众的基本生活底线。

（三）武城县分散供养特困人员照料服务工作仍存在不平衡不充分的问题

2022年6月，德州市民政局印发《关于公布分散供养特困人员社会照料服务试点的通知》，武城县被确定为全市分散供养特困人员社会化照料服务试点县。此前，武城县特困供养人员的救助主要是通过发放补助的方式进行，经过分散供养特困人员本人同意，由乡镇人民政府（街道办事处）委托其亲友、近亲属提供日常看护、生活照料、住院陪护等照护服务，第三方鉴定机构对特困人员的生活自理能力鉴定之后再进行救助，相关部门按照标准每月向其照护责任人发放照料服务费。但是这种照料方式的效果未能达到预期，主要原因在于照护人多为亲友兼职，文化水平有限，照护理念僵化、照护手段匮乏，特困人员得到的服务质量水平不高。虽然签订了委托照料协议，但真正能履行监护照料义务的却较少，监护照料责任在一定程度上流于形式。同时，镇街政府、村（居）委会也缺乏对分散供养特困人员照护人履行监护职责的监督手段，照料护理补贴资金的社会效益未能充分发挥。

为了有效解决分散供养特困人员照料服务面临的困境，提升分散供养特困人员照料服务标准化、专业化水平，武城县决定将以往直接发放护理补贴资金的方式改为统筹使用分散供养照料护理费，在全市率先开展分散供养特困人员社会化照料服务项目，通过政府购买服务方式委托第三方机构开展探访关爱、助浴助洁、心理疏导、康复训练等生活照料或住院陪护服务，扎实开展分散供养特困人员社会化照料服务试点工作，织密兜牢分散供养特困人员基本生活保障网，切实增强他们的获得感、幸福感。

▎二、主要做法

武城县积极探索"物质＋服务"的救助模式，以"四化"措施，实现"四有"照护，纵深推进社会救助体制改革，聚焦全自理分散特困人员照料服务难题，探索建立全链条定制救助模式，走出了一条"兜底民生"向"品质民生"迈进的新路子。

（一）政府公开招标确定服务主体

在2022年9月底前，武城县民政局通过走访调研，研究制定了分散供养特困人员社会化照料服务实施方案，后期研究制定招标文件，根据政府采购程序，通过公开招标的方式确定服务主体，由一家社会照护服务机构负责特困人员的日常照料工作，提供散居特困供养人员上门照料服务。

通过一系列招标程序，2022年12月，武城县民政局与某公司签订了政府采购合同，该公司对武城县现有的全自理人员718人开展为期一年的服务，具体服务对象的数量和名单以县民政局根据分散供养特困人员迁出、死亡、新申请等新情况定期更新的服务对象名单为准。

（二）提供专业化、定制化服务内容

第三方公司为分散供养特困人员提供每月4次、每次不低于1小时的照料服务。在服务内容方面，照护服务聚焦服务优质，努力提升专业化水平。制定了助餐、助医、助行、如厕、助洁等12大类28项基础性护理服务项目清单，细化服务标准，实现照护服务无死角。建立了

"4个1"机制，即每天一监测、每周一电话、每周一服务、每月一排查，具体包括24小时监测独居、高龄等重点人员的生命体征，做到及时预警；每周电话探访，及时了解特困人员的实际服务需求；每周进行上门照料服务，服务内容涵盖个人卫生、居家卫生、健康检测、安全隐患排查、精神慰藉、转介援助、动态信息更新等，旨在切实提升服务对象的获得感、安全感和幸福感；每月开展安全巡查，全方位保障特困人员生命财产安全。

（三）建立专业服务队伍

在照料护理人的选择方面，第三方公司的服务人员采取专业人员引领，属地化聘用的方式，在招收人员上，着重优先招收品质好的、低保、低收入人群、留守妇女、下岗职工中具有劳动能力者，以及经考核能胜任的残疾人。公司负责定期对服务人员进行技能培训，并组织参加护理员职业资格考试，同时对照护人员实行常态化培训。除此之外，在项目的实施过程中，公司制订了详细的日常培训计划，主要内容包括服务技能培训、服务设备操作、服务平台操作等，并组织专业的养老行业心理培训师、医护人员为其提供专业的医护培训，定期举办照护技能大赛、"最美照护员"评选等活动，对获奖者予以绩效奖励，激励其提高技能水平。目前，已经开展照护技能培训6次，评选出"月度优秀员工"6人、"最美照护人"1人。

（四）做实服务依托，定制智能化管理平台

投入100余万元，搭建县分散供养特困人员社会化服务管理平台和配套服务体系，推动社会救助数字化、信息化改革。一是实地访查收集数据。以民政救助业务数据为基础，结合实地走访核查，汇集整合特困人员基本信息、监护人信息、评估信息、位置信息、环境照片等基础数据上传平台，建立覆盖全县的全自理分散供养特困人员数据资

源库。照料服务人员在照料服务时及时上传服务信息，并更新特困人员信息和个性化救助需求，实现救助对象、救助信息、救助资源关联互动。二是智能分析精准研判。以平台信息资源为基础，整体分析年龄占比、审核满意度、服务项目占比等数据，准确掌握服务需求。依托服务数据和生命体征监测设备每日回传数据，搭建个人健康状况数据模型，形成一人一档精准画像。比如，数据分析显示，春季由于早晚温差较大，易引发心律不齐、血压不稳，平台将预警信息提前反馈至照料服务人员，给予重点关照。三是高效监管便捷服务。依托平台监管调度功能，可实时查看照料服务人员位置、服务项目和时长等相关数据，实现照料服务动态监管。照料服务人员统一使用手机端小程序，从入户服务开始，将签到签退、服务现场视频、前后对比照片、满意度视频等服务记录信息现场上传至云平台，实现照料服务事前、事中、事后全程线上监管。在后台服务监管端，对服务是否符合要求、是否真实有效、是否规范、是否满意等方面，进行"后台初审、镇街复审、民政复核"三重审核。

（五）建设照料服务站，打通精准救助的"最后一公里"

为全面落实救助政策，切实提高照料质量，实现群众"家门口享受服务"，县民政局在抓好县级照料服务中心建设的基础上，按照人员集中、交通便利、覆盖面广的原则，建设镇级网格照料服务站4处。服务站设立洗衣缝纫、照料物品储备、休闲娱乐等功能区，为辖区特困人员提供被褥拆洗、衣物修补、生活用品援助等服务，打造照料服务人员和被救助对象的"家园驿站"。针对有医疗需求的特殊困难家庭人员，创新服务模式，打造"流动的医疗服务站"，为有需求的特殊困难家庭人员送医上门，让其在家中即可享受到专业医疗服务，有效破解了失能人员就医难、康复难、护理难的堵点、痛点。

（六）创新"一个平台、两种机制、三支队伍"监管模式，确保服务质量

为增强服务人员的责任感和使命感，提升照料服务工作的质量和水平，县民政局制定了"一个平台、两种机制、三支队伍"的监管模式，规范服务质量标准，确保分散供养特困人员社会化照料服务工作落实到位。

搭建的武城县分散供养特困人员社会化服务管理平台有效推动了社会救助数字化、信息化改革。平台包括服务平台和监管平台，服务人员通过手机服务端在微信公众号上传基础服务、拓展服务、增值服务、安全隐患排查提醒等数据信息；监管平台包括后台服务监管端和大屏展示端，后台服务监管端包括服务管理、订单统计、信息统计、基础数据、系统维护、监督管理等部分，经过后台初审、街镇复审、县民政局复审三层监督管理，依托平台对服务人员实时跟踪，获得反馈信息，以确保照料服务质量。

"两种机制"包括"线上"和"线下"两种机制。县民政局印发了《武城县分散供养特困人员社会化照料服务工作考核管理办法》，严格考核、奖惩分明，压紧压实照料服务人员责任，进行"线上＋线下"双向考核。在线上，按照每月享受照护特困人员总数的5%进行抽取，对上传至监管平台的服务时长、服务内容、服务质量、服务满意度进行考核。在线下，公司每天随机抽取特困人员名单，推送网格组长，由网格组长入户回访，并上传回访记录。每个片区每月按照不低于20%的比例对服务人员服务质量进行随机抽查，服务质量不达标的，由组长给予服务人员黄牌警告，责令整改。下次抽查，服务质量仍不达标的，予以开除。此外，乡镇（街道）统一组织村级民政协理员，每月最少随机入户走访10%的享受照护的特困人员，实地核实照护服务情况。县民政局也随机抽取10名特困人员进行电话抽查。考核与照料服务人员工资绩效挂钩，制定百分制标准，对照料服务工作进行月考评赋分，按分值比例计算工资绩效，连续服务不达标的予以辞退，切实提高服务质效，压实第三方服务公司责任。通过建立"平台+协理员入户+电话抽查"三级回访制度，不断提升服务水平，充分保障服务质量。

"三支队伍"包括县级管理人员队伍、片区组长队伍和话务回访人员队伍。县区负责人及质量管理人员对已完成线上回访及审核的订单进行抽查，并不定时地进行线下走访，了解真实情况，强化质量监督，对痛点难点进行针对性解决。片区组长按期完成公司制定的线下走访抽查任务，每月举行相互监督活动，共同学习、共同进步，提高监督工作的质量和水平。话务人员将对已完成服务的特困人员进行电话回访，以了解服务质量和服务满意度，并实时掌握服务空档期特困人员的居家状态。

三、经验启示

武城县民政部门通过政府购买服务的方式，引入第三方机构，为特困人员、行动困难的低保老年人提供专业照料护理服务。引入的第三方机构，充分发挥自身在老年人照料护理、医养结合、信息管理方面的资源优势，通过承接政府购买服务和提供志愿服务的方式，积极为困难老年人提供专业化、规范化、标准化的照料护理服务。此外，还总结提炼了一套困难老年人照料服务的经验与标准，培养了一支专业化、高素质的照料服务团队，形成了较为成熟的经验做法，可以概括总结为以下几条经验。

（一）强化服务理念，定制便民化救助体系

武城县民政局转变以往单一资金的救助模式，整合服务资金，将补贴资金统筹集中使用，通过政府购买服务的方式，委托第三方机构提供每月4次、每次不低于1小时的专业照料服务。按照自愿原则，全面征求分散供养特困人员意见，为有需求的特困人员提供照料服务。目前，全县872名分散供养特困人员中，已有699名选择了该服务模式。为了提高服务效能，按照"人熟、事熟、路熟"的原则，根据辖区照料服务人数，属地化聘用照料服务人员，优先招收有爱心的低收入、留守妇女、下岗职工等群体。2名人员组成1支照料服务小组，开展职业培训、考核上岗，按照距离进行派单，点对点开展照料服务，打造"15分钟服务圈"。

（二）聚焦特困人员服务需求，实现精准化服务

为了保证服务项目满足特困人员的基本需求，县民政局成立了专项调研小组，实地调研摸排特困人员生活需求，为特困人员定制个性化、精准化服务。根据特困人员年龄大、独居、行动不便等实际，定制形成助餐、助医、助行、助洁等12大类28项基础性照料服务项目清单，细化服务标准，明确服务流程。照料服务人员依据项目清单提供定向服务，兜底特困人员基础生活，切实对接其需求，定制个性服务。在开展基础服务中，根据特困人员的生活习惯、健康情况、个人爱好等，因人而异开展个性化服务。例如，提供助餐服务时，根据特困人员的口味进行差异化备餐；为80周岁以上患病特困人员配备生命体征监测设备，动态、实时监控心率等健康情况，实现自动提示预警。在完成基础服务后，根据特困人员的意愿，开展隐患排查、房屋修葺、菜园浇灌等拓展服务。同时，与文明实践志愿服务相结合，由20支县级专业志愿服务队对特困人员提供医疗健康、法律咨询等服务。

（三）建立"三级"回访机制，持续优化服务内容

为了对特殊困难群众照料服务实施及时、有效的监管，保证服务护理责任的逐项落实，照料服务项目建立了"三级"回访机制。"一级"回访即随机抽取10%参与该模式的特困人员，安排村级民政协理员入户走访，实地核查服务情况。"二级"回访由第三方公司通过监管平台对照料服务人员的服务时长、内容、群众满意度等指标进行抽取分析。"三级"回访由监管调度中心对特困人员"全覆盖"电话回访，及时梳理汇总问题，集中反馈至第三方公司整改，持续优化服务内容。此外，项目还创新群众评议工作机制，定期对第三方照料服务情况进行评价考核，邀请特困人员代表参与考核过程，可对服务质量进行评议，并提出相应意见和建议。根据评价结果做出照料服务费用资金审批决定，将群众意见整合后会同第三方公司研讨解决，进一步提升特困人员的幸福感和获得感。

（四）坚持以人为本，提供多样化暖心服务

人文关怀是凌驾于专业技能之上的一种能力，在照料服务中融入人文关怀，会使服务变得更有生机和活力。县民政局坚持以人为本，在基础性服务项目清单之外，定制暖心项目关怀特困人员。创新实施"住院＋陪护＋救助"融合式服务项目，全力打造特困人员住院专区"有爱相伴、暖心病房"住院专区，提供24小时免费陪护，为特困人员提供优良的住院环境和医疗服务，解决了特困人员的住院难题。每次入户服务时，遇到服务对象突发疾病，服务人员紧急联系监护人、村（社区）专干后，协助送往医疗机构就医，并提供陪护。遇到老人家里的电线老化、柴火堆放不规范、屋顶漏雨等情况，服务人员都会一一进行安全隐患排查，将排查内容及时反馈至村（社区）。组织"粽香留情"、"生日祝福"等关怀活动，在中秋、端午、生日等特定节日为特

困人员送去月饼、粽子、生日蛋糕等礼物并陪伴他们过节，很多老人都是第一次吃生日蛋糕，他们非常感谢党和政府的好政策，感谢民政部门的关心。

在完成基础服务的同时，第三方公司开展多样化的拓展服务，为需要长期吃药的老人开展上门送药服务，邀请有行动能力的老人游览武城县弦歌湖公园，到武城县档案馆参观党史主题教育馆、县革命军事历史长廊，中午到武城县第一敬老院吃一顿丰盛的午餐，带领老人观看红色电影，丰富其日常生活，增强精神慰藉。

（五）融合"线上"和"线下"发展，变"人找政策"为"政策找人"

努力实现线上预警和线下核处高效衔接，精准识别救助保障对象，建立全覆盖照料体系。在线上，通过动态监测平台及时监测预警，根据困难类别、困难程度和自救能力等情况实时推送信息至乡镇（街道），由专人进行跟进。若发现困难指数排名处于前10%的困难人群，立即开展兜底、扶助、应急等救助工作。在线下，成立县、镇、村三级社会救助专业队伍。县级投资200万元建设1400平方米的中心服务大厅，采用"开放式"模式运营；在各乡镇（街道）设立救助工作站，公开招聘14名民政专职社会工作者，配齐配强工作力量；充分发挥393名村级协理员"铁脚板"作用，做好民情调查、材料报送等工作，真正把社会救助政策落实到每名困难群众身上。截至目前，已主动发现需救助人员1100余名。

自我革命

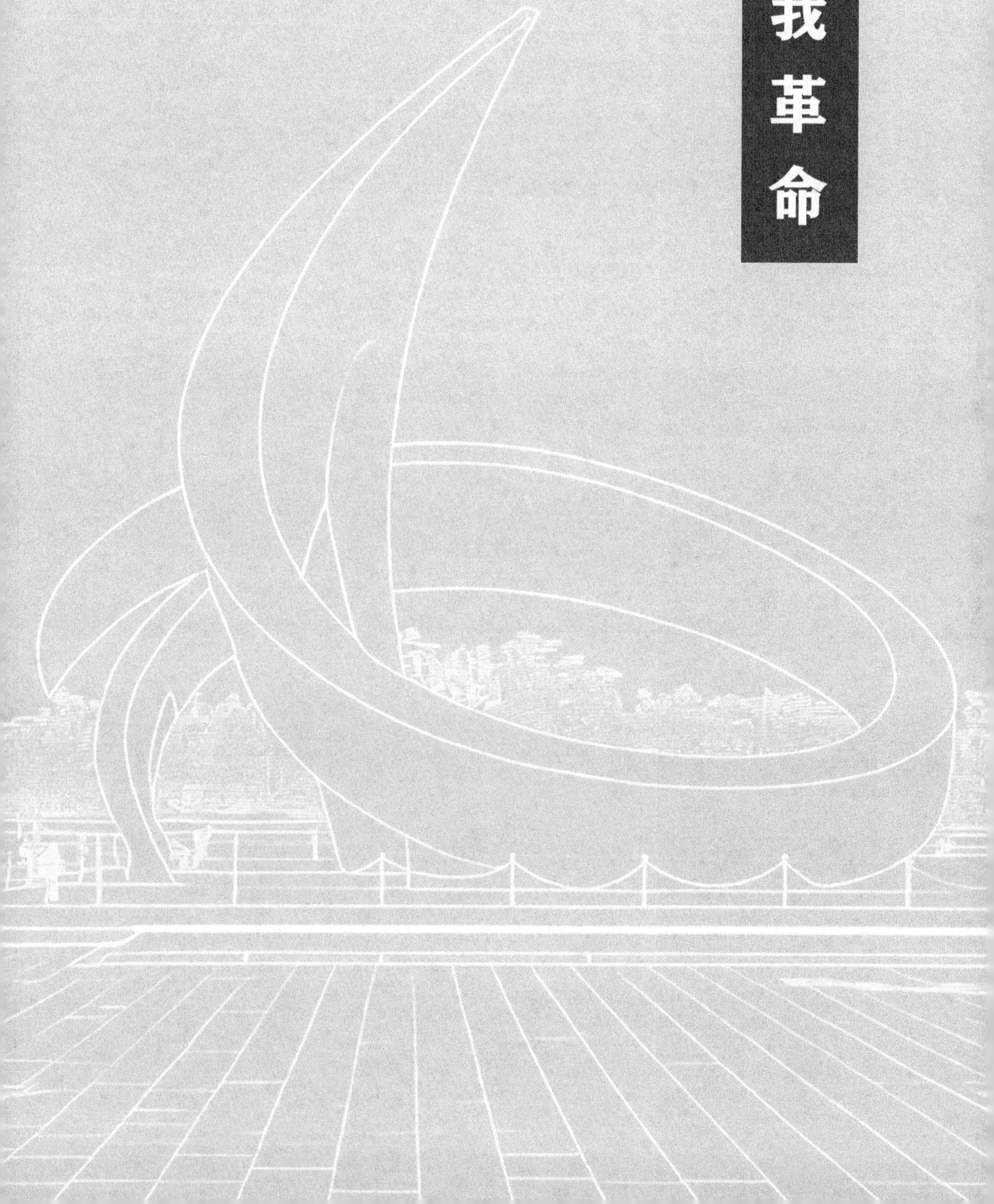

为政治生态精准"画像"*

——德州市开展政治生态分析研判的创新实践

习近平总书记指出，要努力营造积极向上、干事创业、风清气正的良好政治生态，激励领导干部积极应对和引领经济发展新常态，积极应对工作中存在的突出矛盾和问题，积极应对各种风险和隐患，扎扎实实把党和国家各项工作落到实处。

党内政治生态是指党内政治运行中的主体要素、客体要素、主体与客体关联性要素、环境要素等相互作用所形成的一种关系状态，是中国共产党人生态观在党内政治运行中的展现形态。营造风清气正的良好政治生态，是旗帜鲜明讲政治、坚决维护党中央权威和集中统一领导的政治要求，是以党的政治建设为统领、推动全面从严治党向纵深发展的基础性、经常性工作，是锻造优良党风政风、确保改革发展目标顺利实现的重要保障。

政治生态分析研判是对政治生态作出客观评价、发现问题、解决问题、树牢干事创业鲜明导向的重要手段，是营造良好政治生态的关键抓手。近年来，德州市认真学习贯彻习近平总书记关于政治生态建设的重要论述和党中央、山东省委有关部署要求，将政治生态建设作为各级党委（党组）"一号工程"，从精准分析研判入手，推动政治生

　＊　本案例由中共德州市委党校（德州市行政学院）党史党建教研部主任、副教授李荣梅、讲师于媛撰写。

态建设化虚为实、走深走实。

一、背景情况

一个地方要政通人和、安定有序、百业兴旺，必须有良好的政治生态。这项工作做得越早、越坚决、越彻底就越好。实践中，德州市探索开展政治生态分析研判工作主要基于以下几个方面的考虑。

（一）先行先试，为加强地方政治生态建设探路

2013年1月，在十八届中央纪委二次全会上，习近平总书记首次提出"净化政治生态"这一重大命题，此后多次就政治生态作出重要论述和重要指示。《中共中央关于加强党的政治建设的意见》指出，加强党的政治建设，必须把营造风清气正的政治生态作为基础性、经常性工作；要求探索建立本地区本部门政治生态评价体系。《中共中央关于加强对"一把手"和领导班子监督的意见》和山东省委《贯彻落实〈中共中央关于加强对"一把手"和领导班子监督的意见〉》都明确要求党委（党组）建立健全政治生态分析研判机制，定期分析本地区本部门政治生态状况。2022年5月，山东省第十二次党代会把开展政治生态分析研判作为纵深推进全面从严治党的重要举措，作出部署。为深入贯彻落实习近平总书记重要指示和党中央、山东省委决策部署，德州市深刻领会加强党内政治生态建设以及开展政治生态分析研判的重要意义，在由市纪委、监委牵头，从监督执纪问责角度进行初步探索的基础上，2021年5月起从落实党委主体责任角度创新开展政治生态分析研判工作。2022年8月9日，山东省委批准德州开展政治生态分析研判工作创新试点。

（二）再接再厉，为坚定不移全面从严治党助力

加强党内政治生态建设、解决政治生态中出现的问题不是一蹴而

就的，也不是一劳永逸的。2023年1月，在二十届中央纪委二次全会上，习近平总书记把"如何始终保持风清气正的政治生态"作为大党独有难题之一作出深刻阐释和部署。近年来，德州市全面从严治党形势持续向好，干事创业氛围日益浓厚，政治生态健康向上。但同时，全面从严治党仍然存在薄弱环节，与发展要求和群众期盼还有一定差距。例如，有些地方和领域政治生态出现了病症，"一把手"腐败对所在单位、系统、地域政治生态产生严重破坏。再如，部分干部缺乏精气神，干劲闯劲不足，"庸懒散"现象还比较突出。又如，全面从严治党责任还没有完全到位，查办违纪违法案件数量在全省相对较高，反腐败尚处在遏制"不敢腐"阶段。此外，基层组织建设、意识形态、纠治形式主义和官僚主义等方面仍存在短板。解决这些问题，营造并始终保持风清气正的良好政治生态需要久久为功。

（三）激浊扬清，为推动全市高质量发展夯基

净化政治生态是推动高质量发展的必然要求和基础保障。推动高质量发展，必须坚持以人民为中心的发展思想，不断提升人民群众的获得感、幸福感、安全感；必须使市场在资源配置中起决定性作用，更好地发挥政府作用，坚决扫除经济发展的体制机制障碍。如果政治生态污浊，这些都将无从谈起、无法保证。推动高质量发展，必须先解决好政治生态方面的问题。当前，我国已如期实现全面建成小康社会的第一个百年奋斗目标，开启了全面建设社会主义现代化国家新征程。德州正处于新型工业化、城镇化、农业现代化、信息化融合发展加速期，京津冀协同发展、黄河流域生态保护和高质量发展两大国家战略交会，省会经济圈、省级天衢新区建设两大省级战略叠加，机遇难得，优势突出，动力充足，潜能巨大。2022年2月，德州市第十六次党代会确定了实现"三个高于"的奋斗目标，营造良好政治生态，将为其保驾护航，也将为开创富强活力幸福美丽的新时代社会主义现代化强市建设新局面提供坚强政治保证。

▶ 二、主要做法

两年多来，德州市政治生态分析研判在实践运行中形成了"谁来研判 - 研判谁 - 研判什么 - 怎么研判 - 研判后怎么办"的完整工作链条。

（一）政治生态"谁来研判"——建立体制机制，夯实责任

德州市在体制机制上采取了由党委主抓、纪委监督协助、党的工作机关协同发力的架构。市委成立政治生态建设暨分析研判工作领导小组，市委书记任组长、各市委常委任副组长。领导小组下设实体化办公室，市纪委监委、市委组织部、市发改委等18个职能部门设立专职联络员，切实发挥总体谋划、统筹协调、会商研究、督导推进作用。

2021年5月，德州市委研究起草了《德州市政治生态分析研判实施办法（试行）》，7月，市委十五届十次全体会议审议通过；2021年12月，市委又制定了《关于把政治生态建设作为各级党委（党组）"一号工程"的意见》，进一步压实了各级党委（党组）的主体责任，从而推动政治生态分析研判工作扎实推进。

（二）政治生态"研判谁"——实事求是确定研判对象

本着试点先行、稳妥推进的原则，目前，主要是对全市12个县市区、74个市直部门单位进行分析研判，每半年进行一次，年中进行半年分析研判，次年初对上一年全年进行分析研判，分别形成分析研判报告。研判报告着重画好"三张像"。其一，聚焦"一把手"，画好"关键少数"的个人像。对"一把手"的评价，注重结合党委巡察和纪

委日常监督、组织部门日常管理和考察结果的综合运用，把握"一把手"第一责任落实、政治能力、工作作风、绩效情况等。其二，重点研判班子的状况，画好领导班子的集体像。其三，研判干部队伍状态，画好干部队伍的群像。

（三）政治生态"研判什么"——科学制定评价指标体系

两年多来，德州市政治生态分析研判指标体系在运行实践中多次调整优化，形成了目前运用的"7+N+M"指标体系。

"7"是指内容指标。依据《中共中央关于加强党的政治建设的意见》，列明严肃党内政治生活、严明党的政治纪律和政治规矩、发展积极健康的党内政治文化、突出政治标准选人用人和永葆清正廉洁的政治本色五项一级指标要求。同时，结合德州实际，加入"政治监督"和"激励干事创业"两项内容，从而形成"七看七评"的一级指标评价体系。一看政治生活质量高不高，评对党忠诚度、政治引领力；二看政治纪律规矩严不严，评领导表率度、班子凝聚力；三看党内政治文化优不优，评正气充盈度、文化感染力；四看选人用人导向正不正，评程序规范度、用人公信力；五看清廉政治本色纯不纯，评干部廉洁度、拒腐免疫力；六看政治监督效果实不实，评监督精准度、制度约束力；七看干事创业氛围浓不浓，评落实时度效、改革攻坚力。以上7个一级指标之下，细化为28个二级指标、62个三级指标，并制定评价细则，分别赋予一定分值，二、三级指标在实践运行中保持动态调整。

在"七看七评"内容指标基础上，按照执简驭繁、若纲在网、便捷直达的原则，设立N个"评议指标"和M个"成效指标"。N个"评议指标"，即选取N个层面对被评单位政治生态进行评价，目前包括县市区和市直部门内部评议、县市区和市直部门相互评议、"两代

表一委员"评议、市级领导干部评议、群众代表评议、企业代表评议、社会满意度7个方面。M个"成效指标",即选取M个层面对被评单位政治生态建设的成效进行评估,目前包括重点经济社会指标完成情况、法治诚信政府建设、守牢安全底线、化解信访矛盾等8个方面。"N"和"M"根据每年实际情况动态调整。

政治生态分析研判实行千分制赋分,"七看七评"占700分,综合评议占200分,建设成效占100分。

（四）政治生态"怎么研判"——构建评价机制,强化研判效果

建立会商评价机制。每年初由18个职能部门共同梳理制定《政治生态建设"一号工程"责任清单》,以清单督促抓好落实。领导小组办公室定期召开会议,动态掌握各县市区和市直部门政治生态状况,开展分析研判,尤其是巡视巡察、审计、督查、"12345"市民热线等方面情况,与18个职能部门掌握的情况相互印证,尽可能避免信息不对称、出现偏差。

建立智能评价机制。开发建设数字化分析研判平台,植入指标体系。18个职能部门每个季度填报相应数据,研判平台根据填报和抓取的数据,由内置模型直接计算得分,形成"柱状图""雷达图",直观展现被评单位的政治生态状况、变化趋势等。领导小组办公室通过平台"驾驶舱",可以看到全市总体分析情况和各被评单位的具体情况。各被评单位通过平台能够看到所有指标的得分情况以及与最高分、平均分的对比情况,找到短板弱项。可以看出,这是依靠大数据支撑的一项集成改革。

建立开门评价机制。政治生态的状况,干部群众最有发言权。在实践中,尽可能开门让干部群众评议,评议指标能用则用,能多用则多用。比如干部选用评价,主要以"一报告两评议"结果为主,充分考虑全体干部、大多数干部的意见。比如干部作风评价，充分用好"两代表一委员"的评议结果，并由国家统计局德州调查队组织群众代表和服务对象评议赋分。

建立可比评价机制。对所有在全省全市可比的指标，如营商环境评价、群众满意度等，均定期分析变化情况，根据位次进退情况给予一定加减分。

通过上述评价，每年由被评单位党委（党组）认真查摆自身问题，形成年度政治生态自评报告，18个职能部门结合平时掌握情况和平台分析数据，对各被评单位政治生态情况进行深入分析，出具分析研判报告，领导小组办公室在以上报告的基础上，重点聚焦"一把手"、班子的状况以及干部队伍状态开展分析研判，着重画好被评单位关键少数的个人像、领导班子的集体像、干部队伍的群像"三张像"，形成各县市区、市直部门分析报告和全市综合分析研判报告。分析报告依评判结果采用"红黄蓝绿"4色管理，并纳入领导班子高质量发展综合绩效考核中。

（五）政治生态"研判后怎么办"——强化结果运用，实现以评促建

对全市政治生态分析研判发现的问题，先从市级领导特别是市委常委班子上查原因、找根源。对2021年政治生态分析研判后，针对面上存在的突出问题，及时修订《加强市委常委会自身建设的规定》，明确了市委常委"13个带头"要求；针对管党治党责任压得不实特别是"一岗双责"较薄弱问题，建立了党委书记主动约谈访谈分管领导机制和市级领导"一岗双责"推进巡察整改机制；针对重点领域廉政风险问题，先从市级领导干部抓起，完善了领导干部违规插手微观经济活动、违规干预司法案件等报告记录制度，对亲属子女违规经商办企业、违建别墅、违规进人、大棚房等廉政重要事项，要求所有市级领导干部作出承诺，并在分管行业部门廉政建设会议上公开表态；针对基层反映的形式主义、官僚主义和负担较重的问题，要求市委常委同志带头转变作风，倡导"周一不下县、二三无会天、四五到一线、周末主动干"；针对有些干部"精气神"不足的问题，明确了市委常委带头争创一流的要求，规定"确保分管工作只进不退，凡单项工作被中央、省约谈、通报批评，在全省位次下降、居后3位或连年位次不前移的，分管常委要向常委会作出说明检查"。在发挥市级领导以上率下示范作用的前提下，着重从以评促改、以评促廉、以评促管、以评促治、以评促干5个方面推动政治生态建设。

以评促改，着力推动突出问题整改。对分析研判发现的重点领域、重点问题，建立清单台账，一般要求3个月内完成整改，并举一反三完善相关制度机制，构建"分析研判－发现问题－及时修复－全面优化"的工作闭环。工作中，主要聚焦源头性问题进行改进。一是针对研判中干部政治素质不高的问题，重点在提高政治能力上改进。制定《关于进一步加强新时代干部队伍政治能力建设的实施办法》，明确了3个方面17项具体措施，通过开展理论培训、实践锻炼等多种方式提升干部政治判断力、政治领悟力、政治执行力。二是针对研判中政治监督存在薄弱环节的问题，重点在强化政治监督上改进。从德州实际出发，借鉴省黄河战略专项巡视的做法，开展了京津冀协同发展战略、粮食安全和耕地保护、生态环保3个"国之大者"专项巡察，对靠企吃企、不动产权证办理等领域问题开展25项专项整治，推进政治监督具体化、精准化、常态化。三是针对研判中政治安全存在的短板问题，重点在维护政治安全上改进。对民族宗教、意识形态、反恐等风险点进行全面梳理排查，着力化解风险隐患。落实民族、宗教协作机制，筑牢民族宗教领域意识形态防线。实施全员全领域全链条舆情素养提升工程，提升各级干部舆情意识和防范风险意识，强化应急处置，守好舆情底线。

以评促廉，着力深化党风廉政建设。坚持政治生态评价和党风廉政建设双向反馈、双向促进。一是针对研判中"关键少数"监督不到位的问题，注重压实"一把手"和领导班子全面从严治党责任。制定"一把手"监督清单和自我监督对照检查清单，细化11个方面40项监督任务。对2021年度政治生态综合评价较低、"四风"问题突出的单位，开展廉政谈话，作为整治重点，相关单位2022年综合评价均有大幅提升。将政治生态建设情况作为巡察重点，建立"两必看"机制，党内问责、巡察整改评估验收必看政治生态分析研判情况。二是针对研判中重点领域监督不到位的问题，重点强化纪委专责监督。对政治生态评价不优的单位，开展嵌入式、点穴式监督；对问题突出的领域，如卫生等领域加大了线索核查、案件查办力度；对农村领域，坚持以"小切口"解决微腐败，在全市先后开展改厕、公益岗等专项整治。三是针对研判中廉政风险防控不到位的问题，创新推行廉政风险防控"鱼骨图"。把同一领域出现过的、本外地发生的违纪违法案件，均作为廉政风险点，绘制在"鱼骨图"上，直观展示风险及根源。目前，市直部门单位已排查重点廉政风险点404个，查找风险原因1313条。

以评促管，着力提高选人用人质量。将政治生态分析研判结果作为抓班子、带队伍、管干部的重要依据。一是结合单位政治生态分析研判，做深做实干部政治素质考察。变过去主要考察干部个人政治素质为评价单位政治生态与考察个人政治素质相结合，做到既看班子整体，又看干部个体，立体地作出评价。选拔任用干部时区分"四种情形"：对单位政治生态评价好、干部本人政治素质测评高的，一般放心使用；对单位政治生态评价好但对干部本人政治素质测评有异议的，加强干部个人考察；对单位政治生态评价不优、干部本人政治素质测评好的，重点分析单位政治生态存在的问题以及问题是否与干部本人直接相关。比如，前几年，市直单位一个主要负责人比较主观、搞一言堂，不善于听取其他班子成员意见，单位矛盾比较多、信访也比较多，政治生态不好，单位"二把手"坚持原则，敢于提出不同意见。根据日常考核、巡视巡察等，对"一把手"进行调整，对"二把手"进行提拔重用，该"二把手"做的后续工作得到了大家的一致认可；对单位政治生态评价不优、干部政治素质不托底的，一般要放下。这一做法获山东组织工作创新奖。二是结合政治生态分析研判，严格执行干部选用标准。通过对政治生态的正反向评价，严把政治、品行、作风、廉洁"四关"，形成了干部选用"八用八不用"的正负面清单，真正做到为事业选人、选对事业负责的人，为发展选人、选为发展出力的人，让有为者有位、能干者能上、优秀者优先。选人用人满意度明显提升，2022年全市"一报告两评议"总体满意度达到98.4%，列全省第6位，较上年度提高8个位次。全市12个县市区中有10个满意度达到100%，74个市直部门中有45个满意度达到100%。三是结合政治生态分析研判，深化开展干部胜任度评价。综合运用政治生态评价、高质量发展绩效考核结果、干部岗位胜任考察情况等，建立干部胜任指数评价体系。干部是否胜任，让实绩说话、让数据说话、让多数人说话，对工作落后、群众认可度低的及时作出调整。

以评促治，着力提升社会治理水平。坚持把政治生态评价运用于正风气、促治理，始终把群众工作放在全市高质量发展大局中部署推进，抓党风政风、引领社风民风。一是针对研判中疑难复杂信访事项化解不到位的问题，实行领导接访接线制度。坚持市级领导"单月接访、双月上线"，县市区领导"每月接访、每月上线"，乡镇领导"每周接访、每周上线"，谁接访谁接线谁负责，写实领导干部民情记录，扎实推动问题解决。二是针对研判中群众诉求解决不及时的问题，建立系统集成解决群众诉求工作机制。深入推进"一网统管、一办到底"解决群众诉求数字化系统集成改革，打造24小时群众诉求受理平台。在市、县两级部门单位创新设立412个群众工作科或专人专岗，专人快速解决群众急难愁盼问题。信访工作被评为全国先进，有关做法得到了省委主要领导肯定性批示。三是针对研判中调处纠纷化解矛盾不彻底的问题，积极推进"一站式"矛盾纠纷多元化解。认真贯彻落实习近平总书记关于坚持和发展"枫桥经验"的重要指示精神，推动"陵城做法"上升为市域层面治理经验，建成1个市级、12个县级、134个乡镇级矛盾调处中心，注重社会参与，锻造全领域群众服务队伍，矛盾纠纷化解率连续3年在95%以上，被列为全省建强"一站式"矛盾纠纷多元化解功能试点市。

以评促干，着力激发干事创业热情。结合政治生态分析研判，一体推进全面从严治党和激励干事创业。一是针对研判中干部不敢作为的问题，着重增强干部工作底气。制定了《关于推进"干部敢为、地方敢闯、企业敢干、群众敢首创、德州敢争先"营造良好政治生态的意见》，按照"三个区分开来"的要求，制定容错纠错、改革背书等办法，上级鼓励下级干、下级责任上级担，让"敢"成为德州政治生态的鲜明标识。二是针对研判中干部不愿作为的问题，重点激发干部内生动力。在全市推行"及时表扬、及时追究"激励机制，2022年以来对338个集体和638人进行了及时激励。建立"对标先进、比学赶超"工作机制，在全市开展"五争""五比"竞赛，贡献突出的在选拔使用、评先树优上优先考虑。三是针对研判中干部不能作为的问题，着力提升干部专业能力。制订提升干部专业化能力赋能现代化强市建设三年行动计划，实施"赢德青年"年轻干部能力提升工程，开展区域协调发展、现代产业、生态文明绿色低碳等10大专题系列培训，选派100多名干部到国家部委和央企挂职实训，常态化开展干部讲坛、业务比武等活动，引导和帮助干部填知识空白、补素质短板、强业务能力，努力成为各领域的行家里手。

两年多来，以政治生态分析研判为主要抓手的德州市政治生态建设已经显现出很好的效果，主要体现在3个方面。一是全面从严治党责任进一步压实。县市区和各部门党委（党组）书记抓全面从严治党的责任意识明显增强。有县委书记表示，"抓政治生态建设就是抓全面从严治党，现在这根弦越上越紧了"。有的县委提出，要争做政治生态建设"优等生"。各县市区也普遍探索对乡镇、县直部门单位开展政治生态分析研判，压力传导的效果逐步增强。二是干事创业、争先进位的氛围越来越浓厚。在全省2022年度高质量发展综合考核中，德州比上年进步了8个位次，全省进位幅度最大，党的建设16项指标中有7项位居前列，其中3项位居第一。经济社会发展拼来的、争来的全国全省第一明显增多，成为全国首个整域推进高标准农田建设试点城市、全省首批国家区域医疗中心，深化医药卫生体制改革等3项工作获国务院督查激励，形成了"共富型"社会大救助体系等一批全国有影响的改革品牌。三是高质量发展动力更足。2022年主要经济指标增幅均高于全国、全省平均水平，其中固定资产投资、规上服务业、数字经济核心产业、农民人均可支配收入等多项指标增幅列全省第一。2023年以来经济社会发展继续保持稳中向好的良好势头。

▨ 三、经验启示

（一）开展政治生态分析研判，建立体制机制、夯实责任是前提

推进全面从严治党，各级党委（党组）是重要的责任主体。在实践中，德州市抓住了3点。一是坚持在市级层面和范围推进政治生态建设。"地级市"在党的组织体系和行政体系中处于"承上启下"的"中观"位置，既有条又有块，既有统筹谋划的空间又有务实操作的职能。在市级层面和范围内部署加强政治生态建设，既能体现市委抓落实的职责，又能发挥市委规划设计、部署推进、组织实施的关键作用。二是突出党委主体责任。与有些地方由纪委牵头抓政治生态建设工作不同，德州市从落实党委主体责任方面入手，以党委主导推动政治生态建设。市委牵头抓总，纪委监委监督协助，部门协同发力，这更有利于发挥党委"总揽全局、协调各方"的作用，使这项工作推动起来思路和举措更系统、更全面、更有力。三是强调抓"关键少数"，尤其是抓各级党组织书记。在实践中，德州市把政治生态建设作为各级党委（党组）的"一号工程"，这就抓住了政治生态建设的"牛鼻子"。

（二）开展政治生态分析研判，制定科学的评价指标体系是关键

正像世界银行制定了18项指标体系评价营商环境一样，一个地方的政治生态不仅可以感知，而且可以量化评价。德州市政治生态评价"7+N+M"指标体系抓住了以下几个特点。一是指标设计具有权威性和价值导向性。"七看七评"的内容指标体现了党的基本理论、基本路线和基本方略，体现了党规党纪、宪法法律的规范要求，体现了深化改革、推进法治政府和服务型政府建设的要求，彰显了党和国家政治生态发展趋势。二是体系比较系统完备。内容指标、评议指标、成效指

标从三个不同维度综合测量，把"怎么做"与"怎么看"结合起来评，把自身建设和效果产出结合起来评，最大限度确保了测量效果的权威性与可信性。三是指标体系具有较强的可操作性。依托数字化分析研判平台，只需要18个职能部门填报数据，其他部门和各县市区无须提报数据，即可得出分析研判结论。四是指标体系具有开放性。一切要想获得生存发展的系统，都必须是开放包容的。"7+N+M"指标体系中，无论是内容指标、评议指标还是成效指标，都是在实践中动态优化调整的。内容指标由最初的"六看六评"调整为目前的"七看七评"，评议指标由原来的4个方面延伸至群众、多维市场主体、社会满意度，成效指标也在实践发展中进行相应的动态调整。正是这种开放性，才使得评价指标体系在不断调适的过程中建构出更为有序的内在结构。

（三）开展政治生态分析研判，评价结果的深度运用是根本

政治生态分析研判是基础，结果运用才是根本。在整个分析研判工作中，德州市从3个方面确保了这一点。一是在指标体系设计中，尽可能考虑到了评价结果的四个功能。导向功能，即为政治生态建设提供明确的价值导向进而引导评价对象不断完善自身建设；评价功能，即根据指标体系，以"雷达图""柱状图"等形式给被评单位政治生态多角度"画像"；预警功能，即根据平台数据和平时掌握情况，对指标异常单位及时发起预警提醒，对苗头性、倾向性、有代表性的问题进行更大范围的自查自纠；问效功能，即建立"问题立项－跟踪督办－及时修复"闭环机制，促进问题解决和生态优化。二是切实做好分析研判"后半篇"文章。在实践中，根据分析研判结果，通过以评促改、以评促廉、以评促管、以评促治、以评促干5个方面持续推动政治生态建设。三是将研判结果纳入考核，切实发挥了"指挥棒"的作用。一方面，对政治生态分析研判进行单独考核、排名评价，指出存在问题，明确整改方向。另一方面，确定适当权重，作为"党建"考核项纳入经济社会发展综合考核，强化其"指挥棒"效能。

（四）政治生态建设，必须锲而不舍、久久为功

德州市从政治生态分析研判入手，对政治生态建设形成一种倒逼，为健全全面从严治党体系提供了一种很好的制度设计，在实践中产生了非常好的效果。但是，其中仍有问题尚未解决好，主要有4个方面。一是政治生态评价有时存在滞后性，特别是在一些突发性事件中，预判和预警功能还很有限。二是评价主体参与还有一定的局限性，比如，当前评价指标主要由领导评、单位评、群众评、企业评等，虽然照顾到了代表性，但很难做到没有误差。三是政治生态评价还没有做到全覆盖，对高校、国企还没有建立起有针对性的评价指标体系。四是政治生态评价结果运用上，有些方面还不深入、不精准、不具体。一个部门单位的政治生态，可能会因为主要领导和班子调整而较快发生变化，但发展实绩需要一个相对长的过程才能显现，二者往往不是同步的。这些问题的解决，需要理论研究的不断深化和实践的不断检验探索，这是一个长期的、永不止步的过程。

创新领导干部述法机制 推动县域法治建设走深走实[*]

——以禹城市法治建设创新实践为例

　　法，乃国之重器，建设中国特色社会主义法治体系、建设社会主义法治国家，是新时代中国共产党人的执着探索与不懈追求。党的二十大就法治建设作了专章阐述，强调了法治在国家治理中的革命性意义以及新征程上继续推进的重点工作，明确强调必须更好发挥法治固根本的保障作用，在法治轨道上全面建设社会主义现代化国家。习近平总书记强调，各级领导干部在推进依法治国方面肩负着重要责任，全面依法治国必须抓住领导干部这个"关键少数"。领导干部是法治建设的关键，开展述法工作是抓住领导干部这个"关键少数"的有效手段。为实现"关键少数"带领"绝大多数"的法治建设目标，必须锻造出一支以法治为引领、以服务人民为根本的优秀领导干部队伍，积极探索建立各级领导干部常态化述法机制尤为必要。

▶ 一、背景情况

（一）领导干部述法缘起

　　党的十八大以来，习近平总书记高度重视法治建设，亲自谋划、

　　* 本案例由中共禹城市委党校（禹城市行政学校）教务科高级讲师邵斐、市委依法治市办秘书股股长李若南撰写。

亲自部署、亲自推动全面依法治国。党的十八届四中全会专门研究全面依法治国，出台了关于全面推进依法治国若干重大问题的决定。党的十九大提出了到2035年基本建成法治国家、法治政府、法治社会的目标。党的十九届二中全会专题研究宪法修改，推动宪法与时俱进完善发展。党的十九届三中全会决定成立中央全面依法治国委员会，加强党对全面依法治国的集中统一领导。党的十九届四中全会从推进国家治理体系和治理能力现代化的角度，对坚持和完善中国特色社会主义法治体系，提高党依法治国、依法执政能力作出部署。党的十九届五中全会对立足新发展阶段、贯彻新发展理念、构建新发展格局的法治建设工作提出新要求。党的二十大报告将法治建设单独作为一个部分进行专章论述、专门部署，这在党代表大会的历史上是第一次。

2020年11月16日至17日，中央全面依法治国工作会议在北京召开。这次会议的一个重要成果，是首次提出习近平法治思想。这一思想的确立不仅丰富和发展了习近平新时代中国特色社会主义思想，而且对法治建设具有重大意义，既是马克思主义法治理论中国化最新成果，也是全面依法治国的根本遵循和行动指南。习近平法治思想的核心要义集中体现为"十一个坚持"，而坚持抓住领导干部这个"关键少数"是其中之一。

2021年2月，中央全面依法治国委员会印发《关于党政主要负责人履行推进法治建设第一责任人职责情况列入年终述职内容工作的意见》，强调县级以上地方党委和政府的主要负责人年终述职要进行述法，报告年度履行推进法治建设第一责任人职责情况。领导干部述法工作正式提上重要日程，成为党政主要领导干部履行推进法治建设第一责任人职责年度体检的"硬指标"、政绩考核的"硬杠杆"。重视和加强领导干部述法工作，实现以述法促履职，促进依规治党与依法治区相结合，提升党政主要负责人的法治素养和法治能力，发挥"关键少数"在依法执政、依法行政、依法治理中的示范带头作用，以各级领导干部带头尊崇法治、敬畏法治、厉行法治的"头雁效应"，倒逼各级党委、政府始终在法治的轨道上推进经济社会高质量发展，成为推进新时代法治建设发展的重中之重和关键所在。《法治社会建设实施纲要（2020—2025年）》提出，建设信仰法治、公平正义、保障权利、守法诚信、充满活力、和谐有序的社会主义法治社会，是增强人民群众获得感、幸福感、安全感的重要举措。习近平总书记多次强调，要完善国家工作人员学习宪法法律的制度，推动领导干部做尊法的模范，带头尊崇法治、敬畏法律；做学法的模范，带头了解法律、掌握法律；做守法的模范，带头遵纪守法、捍卫法治；做用法的模范，带头厉行法治、依法办事。这既表明了中央对加强领导干部法治教育的高度重视，也体现了中央在全面依法治国新形势下对各级领导干部法治教育的新要求，为领导干部法治教育提供了重要依据。

（二）领导干部述法工作的意义与内涵

领导干部述法是深入学习贯彻习近平法治思想，贯彻落实中央全面依法治国工作会议精神和党中央关于加强法治建设决策部署的有效举措，是纵深推进全面依法治国的有力抓手，也是促进领导干部切实落实推进法治建设第一责任人职责的有效手段。各级党委、政府要从做到"两个维护"和协调推进"四个全面"战略布局的政治高度出发，深入学习贯彻习近平法治思想，深刻认识加强领导干部述法工作的重要性、必要性，切实把思想和行动统一到党中央关于全面依法治国的重大决策部署上来。

一是领导干部述法工作是推进第一责任人职责落实的关键所在。

党政主要负责人切实履行推进法治建设第一责任人职责，是推进法治建设的重要组织保障。通过开展述法工作，将法治建设成绩和问题摆一摆、晒一晒，能够有力提升各级领导干部抓法治的思想自觉和行动自觉，提升领导干部法治意识和依法办事能力，为服务高质量发展提供有力法治保障，让尊法、学法、守法、用法见到实效。

二是领导干部述法工作是建设更高水平法治山东的重要举措。近年来，山东各级各部门深入学习贯彻习近平法治思想，认真贯彻落实中央办公厅、国务院办公厅印发的《党政主要负责人履行推进法治建设第一责任人职责规定》，积极探索创新，健全工作机制，全面推开述法工作，取得了积极成效。党政主要负责人年终述法被确定为2021年度全省改革试点成果。山东省委全面依法治省工作会议、山东省委全面依法治省委员会会议多次对述法工作作出部署、提出明确要求，将开展党政主要负责人述法工作作为学习贯彻习近平法治思想、建设更高水平法治山东的重要实践。

2021年6月，山东省委全面依法治省委员会印发《党政主要负责人履行推进法治建设第一责任人职责情况列入年终述职内容工作方案》，对述法范围、述法形式、述法内容、考核评议等作出具体规定，要求自2021年年终述职开始全面推开党政主要负责人年终述法工作。2021年7月，山东省委印发《贯彻〈法治中国建设规划（2020—2025年）〉实施方案》，明确提出把党政主要负责人履行推进法治建设第一责任人职责情况列入年终述职内容，作为考察使用干部的重要依据。2022年5月，山东省委依法治省办召开全省推进党政主要负责人述法座谈会，就深入推进述法工作作出部署。各市、县（市、区）通过召开党委常委会会议、委员会会议对述法工作进行部署，推动工作有序开展。2023年9月，"山东发挥领导干部尊法学法守法用法带头作用——抓好

'关键少数'推动法治建设"的典型经验做法被《人民日报》肯定并推广。

三是领导干部述法工作是提升基层领导干部法治素养的现实需要。法治建设重点在基层，难点也在基层。在县一级开展述法工作时，述法工作基本以县委、县政府工作部门、乡镇（街道）党政主要负责人为述法主体，其他班子成员及村一级两委负责人述法工作仍在探索中，各类述法主体"怎么述、向谁述、述什么"尚未形成明确标准，法治建设责任层层落实的良好局面尚未形成，县、乡、村各级领导干部对法治建设的责任意识和依法履职的法治思维还需进一步加强，使得健全完善各级领导干部述法工作成为必要。笔者认为，必须因势利导，分类施策，例如，禹城市先行先试，坚持怎么述？就是逐级召开专题述法会议；向谁述？就是既要向党委、党组述法，又要向人大代表、政协委员、服务对象和群众代表述法；述什么？就是要求党政主要负责人重点围绕履行推进法治建设第一责任人职责六个方面，其他班子成员重点围绕法治学习情况、重大事项依法决策情况、依法履职情况三个方面，各村（社区）两委负责人重点围绕法治建设组织领导情况、重大事项依法决策情况、法治宣传教育情况、基层民主规范有序四个方面进行述法。其做法能够为县一级以述法为切口推进法治建设提供可复制、可推广的禹城实践。

二、主要做法

天下之事，不难于立法，而难于法之必行。习近平总书记指出，领导干部具体行使党的执政权和国家立法权、行政权、监察权、司法权，是全面依法治国的关键。各级领导干部是否带头厉行法治，直接

334

影响着全面依法治国的进程、决定着法治体系运行的质效。作为山东省首批法治政府建设示范市，禹城市坚持抓住领导干部这个"关键少数"，切实发挥领导干部尊法、学法、守法、用法的示范带头作用，在全省率先打造"四级＋多维"的述法模式，以"专题述法"为切口，推动法治建设责任层层落实。

（一）高层级谋划，四级干部"齐上阵"，述法工作更有分量

坚持高点定位健全述法机制，对领导干部述法工作作出具体安排，形成述法工作"上下贯通"体系。围绕解决"怎么述、向谁述、述什么"的问题，按照主体分级、内容分类的原则，构筑起专题述法工作框架，切实提升述法工作的针对性、科学性。坚持示范引领、跟踪指导的原则，统筹协调述法模式，确保全市专题述法工作"一盘棋"开展，"一层层"落实。

一是坚持顶层设计，禹城市委常委会专题研究审议党政主要负责人履行推进法治建设第一责任人职责工作。审议通过《党政主要负责人履行推进法治建设第一责任人职责情况列入年终述职内容工作实施方案》《落实〈党政主要负责人履行推进法治建设第一责任人职责规定〉市级层面工作责任清单》，明确将党政主要负责人履行推进法治建设第一责任人职责情况和其他领导班子成员学法用法情况列入年终述职内容。把领导干部履行法治建设职责的考核结果作为考察评价干部的重要内容，推动形成重视法治素养、法治能力的用人导向。

二是加强统筹协调，禹城市委全面依法治市委员会将党政主要负责人履行推进法治建设第一责任人职责工作作为推进法治建设的重要抓手。每年将其列入委员会年度工作要点并专门部署推动。先后出台《禹城市领导干部述法工作实施方案》《关于充分发挥党政主要负责人在法治建设中示范引领作用的若干措施》《禹城市"四级＋多维"述法工作实施方案》等文件，对领导干部述法工作作出统一规范和具体安排。

（二）高效率推进，多个维度"同发力"，述法工作更有力量

禹城市委、市政府主要领导切实承担起推进法治建设第一责任人职责，坚持"四个亲自"部署推进法治建设，将法治建设纳入禹城市第十四个五年规划和年度工作计划，与经济社会发展同部署、同推进、同督促、同考核、同奖惩。2021年以来，禹城市委、市政府主要领导对法治建设相关工作作出重要批示7次，市委常委会会议专题研究法治建设工作5次，市政府常务会议专题研究法治政府建设工作14次。

一是坚持"书面＋会议"，推动工作落实。坚持年终述职"普遍述"、会议现场"重点述"、专题述法"覆盖述"、电视媒体"公开述"的工作原则，下发《关于做好2022年度领导班子及班子成员年度考核的通知》，全市共641名领导干部参与述职述法。组织全市60余名党政主要负责人在全面依法治市委员会会议上"书面＋现场"述法，禹城市委主要负责同志进行述法点评。召开全市"四级＋多维"专题部署会议，53个单位（部门）及11个镇街班子成员、558个村（社区）两委负责人在党委（党组）会议、全面依法治镇（街）委员会会议上进行2022年度专题述法。

二是坚持"新闻＋媒体"，强化公众参与。打造禹城市融媒体中心"一把手谈法治"述法特别节目，在《禹城市报》上开辟"法治大家谈"专栏，每月定期组织开展，推动领导干部述法工作层层落实，以公开述法形式谈成效强监督。

三是坚持"学法＋考法"，延伸述法链条。在全市广泛开展习近平法治思想学习宣传贯彻"四个一"活动、搭建完善学法考法平台、定期组织法治素养测试，领导干部带头尊法、学法、守法、用法意识和依法履职、依法办事能力明显提升。

（三）高标准落实，跟进联动"看成效"，述法工作更有质量

坚持述法与跟踪整改联动，分类设定述法工作评议票和述法报告评议标准，邀请政府法律顾问、公职律师、部门法制科长及司法所长成立评议团，实现述法报告评议整改全覆盖。坚持述法与督察巡察联动，将述法评议整改落实情况作为法治督察重点内容，对督察整改落实情况进行专项通报。坚持述法与年终考核联动，推动述法评议与年终考核深度融合，同步部署推进，通过考核"催化剂"作用助推述法评议工作质效稳步提升。

一是述法与年终考核联动。将党政主要负责人履行推进法治建设第一责任人职责情况列入年终考核，作为衡量党政主要负责人工作实绩、作用发挥的重要内容和考察干部、推进干部能上能下的重要依据，推动述法评议与年终述职考核深度融合，同步部署推进。

二是述法与督察、巡察联动。建立《2023年度禹城市法治督察事项清单》，举办法治督察专项培训会。以政法委书记、司法局负责人为组长，成立9个专项督察组，对全市47个镇街和部门开展法治督察，镇街、党委政府工作部门党政主要负责人及领导班子成员年终述法情况、整改落实情况成为法治督察的重点内容，并形成督察报告以通报、约谈等形式逐一向被督察单位反馈。推动将党政主要负责人履行推进法治建设第一责任人职责纳入市委巡察内容，在巡察工作中对党政主要负责人履行推进法治建设职责中发现的问题及时督促整改，实现日常巡察与法治督察深度融合。

三是述法与跟踪整改联动。严格规范"述法＋质询＋点评＋评议＋整改"述法流程，组织人大代表、政协委员、法律顾问、公职律师、企业代表、群众代表必到场、必质询、必评议。组织开展述法报告评议工作，针对1000余份2022年度述法报告梳理反馈出的405条问题清单，通过制定整改时限，细化整改措施并不断加强跟踪问效，实现以述促改、压实责任、改进工作，扎实做好述法报告"后半篇文章"。

（四）高标准探索创新，述法工作更有能量

一是广度延伸，增强述法辐射效应。进一步明确扩大述法主体范围，除常态化开展党政主要负责人述法评议工作外，积极探索将市委市政府工作部门、人大、政协、群团机构、直属事业单位领导班子和村（社区）两委负责人纳入述法范围，形成层层重视法治、抓好法治的责任链条，实现全市各级领导干部述法工作全覆盖。

二是深度挖掘，细化述法工作流程。依据《党政主要负责人履行推进法治建设第一责任人职责规定》，对党政主要负责人、其余领导班子成员、村（社区）两委负责人等不同述法主体制定不同述法内容、设定不同述法工作评议票、确定不同述法报告评议标准，采取"试点观摩、指导开展"形式推动全市专题述法工作"一盘棋"进行，推进专题述法流程体系化。

三是力度加大，提升述法公众参与。通过电视栏目和报纸专栏公开述法，将述法工作从"纸面"搬到"台前"，广泛征求社会各界的意见和建议30余条。严格规范述法会议中代表质询评议、述法对象脱稿回答环节，发放民主评议票1600余张，切实强化履职监督，实现责任倒逼，提升述法影响力。

综上所述，禹城市深入学习贯彻落实习近平法治思想，坚持抓住抓好领导干部这个"关键少数"，在全省率先开展"四级＋多维"领导干部述法工作，以述法为切口压紧、压实领导干部履行推进法治建设职责，取得了良好成效。2023年，禹城市各级各部门单位1050名领导干部和村（社区）两委负责人完成2022年度述法工作，实现了述法对象"市级＋市直部门（单位）＋镇（街道）＋村（社区）"四个层级全覆盖，"书面＋会议＋专题＋媒体"多维方式齐发力，形成了领导干部述法工作的"禹城经验"。

▨ 三、经验启示

习近平总书记指出，领导干部的一言一行、一举一动，在无形中营造一种风气，提倡一种追求，引导一种方向。各级领导干部要带头转变作风，身体力行，以上率下，形成"头雁效应"。领导干部述法工作是贯彻落实习近平法治思想的具体实践和推进领导干部带头尊法学法守法用法的有力举措，更是推进法治建设、压实法治责任的重要抓手。领导干部对待法治的态度深刻影响着全社会对待法治的态度，只有各级领导干部以实际行动带头尊法、学法、守法、用法，才能在全社会营造办事依法、遇事找法、解决问题用法、化解矛盾靠法的良好法治氛围。只有"关键少数"以身作则、率先垂范，一级做给一级看，一级带着一级干，才能形成法治建设"头雁效应"，带动全社会形成法治信仰，切实筑牢全面依法治市的基础。要做好领导干部述法工作，本文认为可以从以下几个方面进行加强。

（一）明确重点，丰富内容，强化领导干部法治素养教育

持续在全市推动开展学习宣传贯彻习近平法治思想"四步走"活动，以"领导干部原文诵读，法制科长、执法人员、青年干部交流心得，组织集中学习培训研讨，总结提炼以法治思维化解矛盾案例"为抓手，切实增强领导干部对习近平法治思想的学思悟践能力，更加自

党地用以武装头脑、指导实践、推动工作。推动各级领导干部牢固树立"抓法治也是抓发展"的意识，绷紧法治建设工作弦，提升法治责任意识。

一是加强社会主义法治理论教育。增进领导干部特别是主要领导干部的法治精神，在法治宣传教育中不能只灌输法律知识，还必须加强社会主义法治理论的宣传教育。唤醒领导干部对法治价值、法治精神的认同，培养领导干部的法治情怀，牢固树立领导干部的法治信仰，形成依法用权、从严约束的法治自觉。

二是加强宪法教育。将宪法教育作为领导干部法治教育的基本内容，不断增强宪法意识，维护宪法至上权威。

三是加强党章和党内法规教育。将党章党纪与国家法律并列作为领导干部法治教育的重要内容。为领导干部遵守法律筑牢一道防护堤坝，确保党员领导干部在法律范围内活动，依法行事、秉公用权，自觉远离党纪国法红线，成为党纪国法的自觉尊崇者、模范遵守者、坚定捍卫者。

通过"四级＋多维"述法全覆盖，指导镇街、部门、村居结合工作职责实际，出台本单位党政领导干部推进法治建设职责"个性化"清单，将依法执政、依法行政融入日常工作全过程，提高各级领导干部依法履职、依法办事的能力。

（二）加强党的领导，强化组织保障，助力述法工作取得实效

全面依法治国最广泛、最深厚的基础是人民，必须坚持为了人民、依靠人民，要把体现人民利益、反映人民愿望、维护人民权益、增进人民福祉落实到全面依法治国全过程各领域。

一是进一步健全党领导法治建设工作机制。不折不扣落实党中央和山东省委、禹城市委关于法治建设的决策部署，加强本单位法治建设的统筹协调。充分发挥市委全面依法治市委员会牵头抓总、把关定向的作用，加强统筹协调、督促检查，推动落实。将述法工作列为市委全面依法治市委员会年度法治督察重要内容，压实工作举措，推动落实法治建设职责。与党委理论学习中心组学法、法治镇街（部门）典型培树、领导干部任前法律知识考试、行政机关负责人行政诉讼出庭应诉等工作紧密结合起来，推动"软述法"催生"硬约束"，助推述法工作各项要求全面落实落地。

二要加强对专题述法工作的指导监督。尤其是对镇（街）开展村（社区）两委负责人述法工作应通过现场交流、组织培训等方式将述法工作在村（社区）层面落实落细，细化村干部依法决策、依法调解、普法宣传等职责，切实发挥村干部群体在基层法治化治理中的示范引领作用，助力述法工作取得实效。

（三）不断总结提升，强化质量跟进，坚持提升述法质效

在全市专题部署、整体推进、跟踪落实专题述法工作，增强领导干部对述法工作的重视性。从源头、过程和结果等方面多重发力，进一步发挥述法工作对于加强法治监督、推进法治建设的制度功能，将述法工作纳入法治建设考核评价体系，以述法促履职，倒逼法治建设责任落实，加强对述法中暴露出的短板不足跟进整改，以法治建设实绩检验述法工作实效。讲成绩用事实和数据说话"不夸大"，摆问题有具体事例支撑"不泛化"，谈打算切合实际"不空洞"。严格规范公正文明执法，创新矛盾纠纷调处化解方式，持续提升依法治理水平，以更高水平推进法治政府建设。通过提升代表质询评议的针对性增强领导干部依法履职的压力感，要质询群众最关心、矛盾最突出、急需解决的问题，述法对象要当场回应质疑、提出解决方案、做出现实承诺。真正让述法述出差距、述出压力、述出责任。

（四）坚持述法成果转化，提升基层治理效能

社会治理是国家治理的重要内容，法治是国家治理体系和治理能力的重要依托，实现国家治理体系和治理能力现代化，必然要求实现社会治理法治化。新时代十年，我国之所以能创造出经济快速发展、社会长期稳定"两大奇迹"，同我们不断推进社会主义法治建设有着十分紧密的关系。党的二十大明确提出，到2035年，我国要基本实现国家治理体系和治理能力现代化。要推进多层次多领域依法治理，提升社会治理法治化水平。要坚定拥护"两个确立"、坚决做到"两个维护"，把党的二十大关于法治社会建设的部署要求贯彻好、落实好。坚持在法治轨道上完善社会治理体系、提升社会治理效能，用好述法年终考核机制。

将领导干部述法工作作为法治建设重要指标，纳入经济社会发展综合考核体系，述法评议结果作为考察使用干部、推进干部能上能下的重要依据。要进一步提升述法的影响力，切实将述法效果转化为工作成果，充分展现法治对经济社会发展的推动作用和保障功能。建立健全领导干部学法用法考法述法评法机制，以制度为抓手切实将满意的述法效果转化为丰硕的法治实践成果，坚持用法治保护人民群众的合法权益，在法治的轨道上推进经济社会的高质量发展。

奉法者强则国强。新征程上，各级领导干部带头做习近平法治思想的坚定信仰者、积极传播者、模范实践者，带头尊规、学规、守规、用规，带头尊法、学法、守法、用法，带动全社会遵纪守法、知法用法，必将不断开创全面依法治国新局面，为推进中国式现代化贡献更大的法治力量。